U0555547

中青年法学文库

版权交易制度研究

来小鹏 著

中国政法大学出版社

中青年法学文库

总　序

　　中华民族具有悠久的学术文化传统。在我们的古典文化中，经学、史学、文学等学术领域都曾有过极为灿烂的成就，成为全人类文化遗产的重要组成部分。但是，正如其他任何国家的文化传统一样，中国古典学术文化的发展并不均衡，也有其缺陷。最突出的是，虽然我们有着漫长的成文法传统，但以法律现象为研究对象的法学却迟迟得不到发育、成长。清末以降，随着社会结构的变化、外来文化的影响以及法律学校的设立，法学才作为一门学科而确立其独立的地位。然而，一个世纪以来中国坎坷曲折的历史始终使法律难以走上坦途，经常在模仿域外法学与注释现行法律之间徘徊。到十年"文革"期间更索性彻底停滞。先天既不足，后天又失调，中国法学真可谓命运多舛、路途艰辛。

　　70年代末开始，改革开放国策的确立、法律教育的恢复以及法律制度的渐次发展提供了前所未有的良好环境。十多年来，我国的法学研究水准已经有了长足的提高，法律出版物的急剧增多也从一个侧面反映了这样的成绩。不过，至今没有一套由本国学者所撰写的理论法学丛书无疑是一个明显的缺憾。我们认为，法学以及法制的健康发展离不开深层次的理论探索。比起自然科学，法学与生活现实固然有更为紧密的联系，但这并不是说它仅仅是社会生活经验的反光镜，或只是国家实在法的回音壁。法学应当有其超越的一面，它必须在价值层面以及理论分析上给实在法以导引。在建设性的同时，它需要有一种批判的性格。就中国特定的学术背景而言，它还要在外来学说与固有传统之间寻找合理的平衡，追求适度的超越，从而不仅为中国的现代化法制建设提供蓝图，而且对世界范围内重大法律课题作出创造性回应。这是当代中国法学家的使命，而为这种使命的完成而创造条件乃是法律出版者的职责。

"中青年法学文库"正是这样一套以法学理论新著为发表范围的丛书。我们希望文库能够成为高层次理论成果得以稳定而持续成长的一方园地，成为较为集中地展示中国法学界具有原创力学术作品的窗口。我们知道，要使这样的构想化为现实，除了出版社方面的努力外，更重要的是海内外法学界的鼎力相助和严谨扎实的工作。"庙廊之才，非一木之枝"；清泉潺潺，端赖源头活水。区区微衷，尚请贤明鉴之。

中国政法大学出版社

序 一

在整个知识产权法律制度中，著作权是理论魅力最强、人性化色彩最浓的研究课题之一。它的魅力不仅在于它的主体广泛、客体丰富多彩、权利体系别具一格，更为重要的是它的权利内容和权利变动与传统民事权利有较大的差异。我国知识产权法律制度起步较晚，可取的实践经验并不多，无论是著作财产权的许可使用，还是著作财产权的转让或者质押，其交易的市场、方式、规则等都尚未形成一个有效的模式，尤其是面临网络技术以及知识产权国际化发展所带来的挑战，版权交易过程中所涉及的利益冲突问题更加突出。当人类的脚步迈入 21 世纪时，伴随着知识产权法律制度一体化、国际化和战略化的发展趋势，版权交易制度的理论和实践更加受人们的关注。目前，在我国著作权研究领域，对版权贸易进行研究的成果应当说不少，但从法律的角度研究版权交易制度的成果还不是很多，国外相关的研究也多是从单一的版权交易行为展开研究的。因此，立足于我国的历史、现实背景及未来发展和保护版权产业的需要，有必要全面、系统地探讨版权交易的合理性、正当性、版权交易制度的特点、版权交易的途径及方式、版权交易中的评估及代理以及版权交易模式的构建和完善等问题。

"版权交易制度研究"是一个兼具理论思维和实践探索的选题。该选题研究的宗旨是基于经济全球化、经济知识化国际发展的需求和我国知识产权保护的现实需要。WTO的建立和TRIPS协议的实施表明了知识产权贸易国际化和国际贸易知识产权化已成为国际经济发展的潮流和趋势。知识产权也已成为各国振兴本国经济战略决策的重要方面。我国也于2008年6月5日颁发了《国家知识产权战略纲要》。实践证明，版权及其相关产业在当今国家经济增长中占据着举足轻重的地位，甚至对本国民族文化的传播以及国家综合竞争力的增强都具有重要作用。随着著作权保护水平愈来愈高，版权交易的方式愈来愈迅捷，各国由此产生的利益冲突也愈来愈激烈。如何能使版权交易及其利益最大化，已成为著作权领域关注的焦点。因此，依据科学发展观和和谐社会发展的理念，针对我国目前有关版权交易研究缺失的现状，寻求其交易规律，探讨版权交易的最佳模式，不仅有助于建立和完善我国版权交易市场，推动我国版权交易活动，实现作品及著作权权益最大化，保障我国版权产业及其相关产业健康发展，而且从理论上对这些问题予以解读，也应当是我国法学理论研究中的一个重要课题。

这本书的作者来小鹏教授一直研究知识产权，尤其是其中的著作权，相关著述颇多，且思想解放、思维敏捷，擅于从市场经济角度思考法律现象，从理论高度构建法律制度。

当他从西北政法大学作为引进人才来到中国政法大学之际，便同时考入我的博士生，这本书正是他当时博士生论文研究的课题。扎实的法律理论功底，常年学术研究的不断积累，对问题思考的不断升华及严肃认真的治学作风形成了现今这本书。值此书问世之际，欣然为其作序并力荐给读者。

2009 年 6 月 9 日

序 二

  本书作者以著作财产权的变动为主线,运用法历史学、法哲学、法经济学、比较法学等研究方法对版权交易的正当性、合理性进行分析,并对版权交易的客体与主体制度、交易模式、交易限制、交易中的评估以及版权代理等版权交易的理论问题进行了比较深入的探讨。在版权交易的正当性部分,作者以著作财产权的性质为切入点,以著作财产权是否具有商品性为线索,从经济学的角度分析了著作财产权的形成成本、交易成本、保护成本以及最终借助交易实现其经济利益的可行性。在版权交易的客体和主体部分,作者运用比较分析的方法,从交易法律关系要素角度出发,认为版权交易的对象总是以其版权受法律保护为前提和条件。随着科技水平的发展,著作财产权的内容不断得以拓展。同时不同的主体意味着其具有不同的交易资格及法律地位,只有具备交易主体资格的人,才能通过一定的交易方式从事版权交易活动并产生相应的法律后果。在版权交易的方式部分,作者对著作财产权许可使用、转让及质押等不同变动形式进行了系统分析。在版权交易的限制部分，基于权利义务平衡理论，认为版权交易中应当坚持作者与传播者、社会公众以及社会公共利益平衡的原则。在版权交易的评估部分，作者从版权评估的基本含义出发，分析了版权评估所涉及的法律关系并从整体上建议，应当厘清版权评估中涉及的法律关系内涵、确立版权评估原则、明确版权评估主体地位、界定版权评估客体范围、明晰版权评估中权利义务的内容等。在版权代理部分，作者从版权代理的基本含义出发，分析了版权代理与版权交易的法律关系，评析了版权代理在版权交易中的功能和作用，并从立法、行政、行业以及司法体系上提出了完善我国版权代理制度的建议。针对我国版权交易的现状和存在的问题，在本书最后一部分作者提出应当从实施国家知识产权战略的高度来确立版权交易制度，进一步优化交易环境、制定交易规则、规范交易行为，创建我国科学、合理、规范、高效的版权交易机制，最终实现作品及版权的价值和作者及社会公众利益的最大化，促进我国社会主义文化和科学事业的发展与繁荣。

  本书作者来小鹏教授长期从事知识产权法学的教学与研究工作，是我国版权战线上的一位老兵。本书在其博士论文基础上修订而成，内容丰富，观点明确，语言朴实，反映了作者长期对这一问题的关注和研究，也体现了作者扎实的法学理论功底和对我国版权事业的挚爱。我对该书的问世表示祝贺，也相信它会对我国版权产业的发展，特别是版权交易的规范有所帮助。

是为序。

2009年6月16日

目 录

I	总序
III	序一
VI	序二
1	导 论
2	1. 研究的缘起
4	2. 选题的宗旨
6	3. 研究的基本思路和主要内容
10	4. 研究的方法
11	第1章 著作财产权交易制度概述
11	1.1 著作财产权
16	1.2 著作财产权交易制度及特点
17	1.2.1 交易主体的特殊性
17	1.2.2 交易客体的无形性
18	1.2.3 交易内容的复杂性
18	1.2.4 交易方式的多样性
18	1.2.5 交易范围的广泛性
19	1.3 我国著作财产权交易制度简要回顾
21	1.4 相关用语的界定
21	1.4.1 无体物
26	1.4.2 无形财产

30	1.4.3 虚拟财产权
33	1.4.4 版权贸易
34	1.4.5 著作权移转
35	1.4.6 版权产业
42	**第2章 著作财产权交易正当性分析**
42	2.1 著作财产权性质分析
43	2.1.1 赞助学说
45	2.1.2 特许权学说
46	2.1.3 财产权学说
47	2.1.4 人格权学说
48	2.1.5 混合学说
51	2.2 著作财产权交易的可能性分析
51	2.2.1 著作财产权的财富性
52	2.2.2 著作财产权的商品性
52	2.2.3 著作财产权的传播性
53	2.2.4 著作财产权的实用性
54	2.3 著作财产权交易的经济学分析
54	2.3.1 著作财产权的经济属性
57	2.3.2 著作财产权交易的环境分析
64	2.3.3 著作财产权交易的成本分析
75	**第3章 著作财产权交易的客体和主体**
75	3.1 著作财产权交易的客体
76	3.1.1 著作财产权交易客体的立法现状
87	3.1.2 著作财产权交易客体的范围
101	3.1.3 著作财产权交易客体的类别
103	3.2 著作财产权交易的主体

103	3.2.1 著作财产权交易主体的涵义
108	3.2.2 著作财产权交易主体的范围
109	3.2.3 著作财产权交易主体的确认
126	3.2.4 著作财产权交易主体的分类

132	**第4章 著作财产权交易的方式**
132	4.1 著作财产权许可使用
133	4.1.1 著作财产权许可使用合同及其种类
137	4.1.2 著作财产权许可使用合同的特点
139	4.1.3 我国著作财产权许可使用合同中存在的问题
141	4.1.4 国（境）外著作财产权许可使用合同的立法现状
143	4.2 著作财产权转让
143	4.2.1 著作财产权转让的缘由
146	4.2.2 国外著作财产权转让的一般规定
151	4.2.3 著作财产权转让的方式
155	4.2.4 我国著作财产权转让之规定及其检讨
161	4.3 著作财产权质押
162	4.3.1 著作财产权质押的特征
167	4.3.2 著作财产权质押合同的设定
168	4.3.3 著作财产权质押合同的内容
172	4.3.4 著作财产权质押中的质权实行
174	4.3.5 著作财产权质押合同的登记
177	4.3.6 我国著作财产权质押的完善
181	4.4 著作财产权交易的类型化分析

181	4.4.1	自行交易与委托交易
182	4.4.2	直接交易与间接交易
183	4.4.3	整体交易与部分交易、单项交易
183	4.4.4	域内交易与域外交易
184	4.4.5	定期交易与不定期交易
185	4.4.6	完全自由型、相对自由型、特许型交易与强制型交易
186	4.4.7	回复型交易与不回复型交易
187	4.4.8	用益型交易与担保型交易

第5章 著作财产权交易的限制

189	5.1	著作财产权交易限制的理论基础
190	5.1.1	交易中的私益和公益
191	5.1.2	交易权利滥用及限制
195	5.1.3	交易利益平衡及价值取向
196	5.2	著作财产权交易限制的必要性
197	5.2.1	防止权利人垄断市场
199	5.2.2	防止交易对象失范
200	5.2.3	防止交易公平颠覆
202	5.2.4	防止不当利益博弈
205	5.2.5	防止未来利益受损
206	5.3	著作财产权交易限制的经济理由
206	5.3.1	著作财产权中的利益构成
207	5.3.2	著作财产权中的利益冲突
208	5.3.3	著作财产权中的利益均衡
209	5.4	著作财产权交易限制的方式
209	5.4.1	交易客体的限制

211	5.4.2	交易形式的限制
212	5.4.3	未来作品著作财产权交易的限制
213	5.4.4	特殊作品著作财产权交易的限制
214	5.5	我国著作财产权交易限制制度的完善
215	5.5.1	增设著作财产权交易最高年限制度
215	5.5.2	对未来作品著作财产权交易的限制
216	5.5.3	采纳"精神权利部分穷竭"原则
216	5.5.4	赋予著作财产权交易登记的对抗效力

第6章 著作财产权交易中的评估

218	6.1	我国知识产权评估的演变及地位
227	6.2	国外知识产权评估的基本情况
227	6.2.1	国际评估准则
230	6.2.2	美国评估情况
234	6.2.3	欧盟评估情况
238	6.2.4	日本评估情况
239	6.3	我国知识产权评估中的问题
242	6.3.1	知识产权评估法律关系的基本内涵
243	6.3.2	知识产权评估法律关系的主体
249	6.3.3	知识产权资产评估的范围
251	6.3.4	知识产权资产评估法律关系的内容
255	6.4	影响版权评估的法律因素

第7章 著作财产权交易中的代理

261	7.1	版权代理与著作财产权交易
261	7.1.1	代理及其版权代理
262	7.1.2	版权代理的法律特征
265	7.1.3	版权代理在著作财产权交易中的作用

267	7.2	国外版权代理简况
267	7.2.1	英美版权代理的基本情况
269	7.2.2	德法版权代理的基本情况
270	7.2.3	日韩版权代理的基本情况
272	7.3	我国版权代理的演变及存在的问题
272	7.3.1	我国版权代理的历史演变
275	7.3.2	我国版权代理的现状
276	7.3.3	我国版权代理存在的主要问题
278	7.4	完善我国版权代理制度的建议
278	7.4.1	立法上明确版权代理机构的法律地位
279	7.4.2	行政上加强对版权代理机构的管理
280	7.4.3	行业上规范版权代理人的行为
280	7.4.4	体系上完善我国版权代理机制

282　第8章　著作财产权交易制度的构建和完善

282	8.1	著作财产权交易制度构建的背景
283	8.1.1	我国著作财产权交易现状
290	8.1.2	北京国际图书博览会历届情况分析
293	8.1.3	2005—2007近三年版权交易情况及发生的变化
301	8.1.4	网络环境下涉及版权交易的案例评析
322	8.2	著作财产权交易制度构建的障碍
323	8.2.1	理论研究不足
323	8.2.2	交易意识缺乏
325	8.2.3	版权代理欠缺
326	8.2.4	交易市场无序
326	8.2.5	交易规则缺位

327	8.3 构建和完善我国著作财产权交易制度的设想
327	8.3.1 确立交易的战略地位
330	8.3.2 构建科学的交易体系
332	8.3.3 建立中国著作财产权交易中心
337	8.3.4 制定我国《著作财产权交易规则》
341	8.3.5 规范著作财产权交易合同文本
355	8.3.6 完善著作财产权交易法律保障机制
358	结 语
359	主要参考文献
373	后记

导 论

欲望的无限性与满足欲望条件的有限性始终是人类的基本矛盾之一。欲望的无限性不仅表现在欲望的数量上，还包括欲望的质量要求，而满足欲望条件的有限性不仅指我们所面临的物质资源是稀缺的，还包括人认识世界和改造世界的能力是有限的。正因为如此，人类的欲望虽然不可能全部满足，但人们可以将有限的资源进行最优的配置以实现其欲望的最大化满足。[1] 著作财产权作为一种人文资源，虽然可以满足人们（包括作者、其他著作权人、作品的传播者、作品的使用者等）一定的欲望，但其本身的稀缺性不仅从数量和质量上影响着人们欲望的满足程度，而且它的交易和利用的程度也直接影响着著作财产权的功效。如何从法律上对著作财产权交易（或称之为"版权交易"）进行规制和促进，[2] 使其达到最优的配置，从而提高著作财产权的功效，以实现作者、传播者和社会公众欲望的最大化满足，并最终促进社会文化和科学事业的繁荣与发展便成为本书所要研究和探讨的

---

[1] 朱启才：《权力、制度与经济增长》，经济科学出版社，2004年7月版，第1页。
[2] 本书使用"版权交易"与"著作财产权交易"系同一用语，特此说明。

问题。

1. 研究的缘起

1986年5月,当我初次接触新中国第一部《版权法》(草案)时,虽谈不上对其有多么深刻的理解,但却立刻被该法的理念、内容和精神所吸引。经过初学,我开始对其产生浓厚的兴趣。20多年来笔者尽管一直从事民商法的教学研究工作,却对著作权法律制度有所偏爱,并出版和发表了一些尚不成熟的著文,也热衷参与著作权法及其相关法律制度的立法和司法实践活动。笔者认为,在整个知识产权法律制度中,就其客体的价值而言,作品系人类智慧之产物,人类愈进化,其智慧财产之价值与效用亦愈增加。基于作品而产生的著作权,作为一项特殊的民事权利,其内容虽集人身权与财产权于一体,但其财产性更彰显了法学体系化的要求;[1]其范围涉及政治、经济、文化、科技、道德、习惯等各个领域;其发展和保护水平往往标志着人类文化和社会进步的程度。版权交易同样具有较强的可操作性和实践性。笔者曾参与我国多起版权交易纠纷案件的诉讼活动,深感版权交易的复杂性和难度,也由此促使自己多年来一直偏爱这一领域的研究和探讨,试图寻求解决我国在版权交易方面现存问题的

---

[1] 基于法学体系化的要求和发展趋势,学界对知识产权"一体两权"的认识也有所变化,多趋向于知识产权财产化,至于其人格属性,则应纳入传统的人格权法。相关论述有:刘春田:"知识财产权",《中国社会科学》,2003年第4期;吴汉东:"论财产权体系",《中国法学》,2005年第2期;李琛:《论知识产权法的体系化》,北京大学出版社,2005年3月版。

途径和方法。

目前，在我国著作权研究领域，对著作权贸易进行研究的成果应当说不少，[1]但是，从法律的角度研究著作财产权交易制度的成果还不是很多。国外相关的研究也多是从单一的著作财产权交易行为展开研究。因此，立足于我国的历史背景、现实需要及未来版权的创新、运用、管理和保护，有必要全面、系统地探讨著作财产权交易的合理性、正当性、交易制度的特点、交易的方式以及在交易过程中是否要对交易行为进行必要的限制等问题，也需要从全局出发研究我国著作财产权交易的模式、交易中的评估与版权代理以及交易的规则等。

"版权交易制度研究"是一个兼具理论思维和实践探究的选题，旨在针对我国目前有关著作财产权交易研究缺失的现状，探讨著作财产权交易制度，寻求其交易规律，不仅有助于建立和完善我国著作财产权交易市场，推动我国著作财产权交易活动，实现作品及著作权权益，繁荣和发展我国版权产业，而且从理论上对这些问题予以回应，也是知识产权法理论研究中的一个重要课题。

---

[1] 近年来，从版权贸易方面对著作权进行研究的成果主要有：辛广伟：《版权贸易与华文出版》，重庆出版社，2003年7月版；陈风兰、吕静薇：《西方版权沿革与贸易》，河南人民出版社，2004年版；张美娟：《中外版权贸易比较研究》，北京图书馆出版社，2004年版；徐建华：《版权贸易新论》，苏州大学出版社，2005年版；蒋茂凝：《国际版权贸易法律制度的理论建构》，湖南人民出版社，2005年版。

2. 选题的宗旨

本选题的宗旨是基于国际发展的需求和我国知识产权保护的现实需要。21世纪是经济全球化和经济知识化两种潮流紧密结合的新世纪。[1]经济全球化意味着各国立足于国际经济大平台，使本国的各种资源要素依赖于国际经济大循环实现配置最优化和效益最大化；经济知识化则意味着人类正处于知识经济的崭新时代，世界经济正从以传统商品为主的有形贸易转变为以知识和信息为基础的无形贸易。世界贸易组织（World Trade Organization，WTO）的建立和《与贸易有关的知识产权协议》（Agreement on Trade—related Aspects of Intellectual Property Right，TRIPS）的实施表明了知识产权贸易国际化和国际贸易知识产权化已成为国际经济发展的潮流和趋势，知识产权也已成为各国振兴本国经济战略决策的重要方面。[2]而著作权及其相关产业在当今国家经济增长中占据着举足轻重的地位，[3]甚至对本国民

---

[1] 张美娟：《中外版权贸易比较研究》，北京图书馆出版社，2004年12月版，第1页。

[2] 日本政府2002年3月成立知识产权战略会议联席制，2002年7月制定出《知识产权战略大纲》；2002年11月通过日本《知识产权基本法》，2003年3月1日生效；2003年7月编制完成《知识产权战略推进计划》。我国已于2005年6月由国务院正式启动制定国家知识产权战略工作，并于2008年6月5日发布了《国家知识产权战略纲要》。

[3] 据美国2002年度报告，在过去的24年中，美国GDP中版权产业的增速为7.0%；无论是发达国家还是发展中国家，GDP中版权产业所占份额大约在3%—6%左右。转引自张美娟：《中外版权贸易比较研究》，北京图书馆出版社，2004年12月版，第3页。

族文化的转播以及国家综合竞争力的增强都具有重要作用。尤其是著作权保护水平愈来愈高，著作财产权交易的方式越来越迅捷，各国由此产生的利益冲突也愈来愈激烈，如何能使著作财产权交易及其利益实现最大化已成为知识产权领域国际关注的焦点。

早在新中国第一部《著作权法》颁布和实施时，就在理论界和司法实践中引发了一场关于作品著作财产权能否交易问题的讨论。无论是法学理论工作者，还是法律实务者，甚至众多的作品创作者，都对著作权法有关著作财产权流转的规定提出了各自的看法。问题的根本在于，著作权法关于作品著作财产权仅规定了著作权许可使用制度，却没有规定著作财产权能否进行其他方式的交易。实践中常常出现的所谓"交易"作品的情形，在发生纠纷时无法可依，甚至出现不正当著作财产权交易活动情况。实践表明，我国如何在法律上为著作财产权交易定位并建立相应的制度成为重要的理论和现实问题。2001年我国《著作权法》第一次修改时，虽增加了著作权转让的有关规定，但就著作财产权的交易来看，尚有许多问题没有得到解决，如著作财产权交易的条件、交易的要素、交易的方式、交易的限制、交易的评估、版权代理以及交易的规则等，还是几乎尚未涉及的内容。据我所知，到目前为止，国内对此问题的研究主要局限于单一性研究，如关于许可使用制度、转让制度、利用制度等，尚无此方面全面、系统研究的专门成果。国外虽有研究，但其研究的政治、经济、文化、交易观念等背景毕竟与我国不同。因此，应立足于我国的历史、现实背景来全面、系统探讨著作财产权交易的合理性、正当性是什么,著作财产权交易的方式是什么,著作财产权交易中如何进行科学的评估以及在著作财产权交易过程中是否要对交易行为进行必要的限制,如何完善我国的版权代理制度,我国是否应当建立一套完整、合理、科学的著作财产权交易模式和体系等一系列基本法学问题。因此,我认为依据科学发展观和和谐社会发展的理念,在我国《知识产权战略纲要》的总体要求下,探讨这些问题有助于建立和完善我国版权交易市场、推动我国版权交易活动,实现作品及著作权权益,大力发展我国版权产业,促进我国文化与科学事业的发展与繁荣。

基于以上考虑,关于本书的论域限定在以下范畴:一是限定在著作财产权领域,其并不包含著作人身权;二是从财产权的变动,即予以动态考查,而非财产权的静态研究;三是依据我国现状,兼顾国际发展动态,从著作财产权的利益实现角度审视著作财产权交易制度,考察其如何通过交易对作品著作权进行利用,从而实现作者利益、传播者利益、公众利益和社会公共利益的最大化。在研究对象中剔除了无偿的著作财产权移转(如著作财产权的赠与、遗赠、遗嘱继承等)、法定的著作财产权移转(如著作财产权的法定继承等)问题。

3. 研究的基本思路和主要内容

本书的基本思路以著作财产权的变动为线索,基于以下命题展开:即著作财产权具有商品性;其价值的体现在于最大限度的利用,只有通过利用才能满足人们不同的需要;而利用的前提在于拥有权利;获得该种权利的主要途径在于交易。全文通过论述著作财产权的产生、交易主体、交易客体、交易方式、交易限制、交易中的评估与代理以及交易的实证分析等，揭示著作财产权的交易行为在于追求作者利益、传播者利益、公众利益、国家利益和社会公共利益的最大化，并在此基础上，提出我国《著作财产权交易规则》（建议稿）。著作财产权的可交易性意味着著作财产权可以从一个主体移转给另一个主体。在著作权领域里，资源的优化配置正是通过著作财产权的自由交易和重组实现的。著作财产权只有通过交易，其资源才能够基于自愿的交换从低价值、低效益的利用向高价值、高效益的利用流动。作品及著作财产权价值的极大化，即该资源的最有效利用，需要一个有效的交易机制，用以推动作者或著作权人将著作财产权通过交易转交给更有效利用它的主体。著作财产权只有通过自由的交易，才能实现其高效率，并体现其最大的经济和社会价值。基于以上思路，本书从以下部分展开研讨：

著作财产权交易制度概述部分，重点探讨研究这一问题的动因，并对著作财产权交易制度的内涵及其与知识产权交易的关系作深入分析。在此基础上，从理论和实践两方面剖析著作财产权交易制度研究面临的困境，并对著作财产权交易的相关用语予以界定，为下文对著作财产权交易的具体论述作铺垫。

著作财产权交易的正当性部分，重点考察著作权产生后，其著作财产权本身的属性具有商品性，从而得出著作财产权交易的必然性和正当性结论。在此基础上，又从经济学的角度审视著作财产权交易，分析了著作财产权形成的成本、交易的成本、社会成本以及最终借助交易实现其利益的可行性。此部分也是对著作财产权交易正当性作进一步阐述。

著作财产权交易的客体和主体部分，对著作财产权交易中的客体和主体进行了具体分析和研究。认为著作财产权作为交易的对象总是以受版权法保护为前提和条件。著作权客体不同于著作财产权交易客体。作品的性质和表现形态不同意味着其著作财产权的归属不同。随着科技事业的发展，著作财产权的内容不断得以拓展，即著作权可交易的对象愈来愈宽泛，国际公约及各国立法之规定亦日趋一致，且其类型亦日益多样化。认为著作财产权交易中主体可能是著作权主体，也可能是非著作权主体。不同的主体意味着其具有不同的交易资格及法律地位，只有具备交易主体资格的人，才能通过一定的交易方式从事著作财产权交易活动并产生相应的交易后果。依据作品的性质可判断交易主体的资格，而不同类型的著作财产权交易主体则意味着交易中各自的权利和法律地位不同。

著作财产权交易的方式部分，主要是从动态的角度分析探讨著作财产权交易的具体方式。即探讨一部作品产生后，作者通过哪些方式可以有效地实现作品著作权，并满足自己在财产方面的需求。许可使用和转让均可引起著作财产权的变动，但这种变动由于受作品本身属性的影响又不同于一般物权的变动。质押从其效果上来看，著作财产权是否发生变动，尚处于不确定状态，但同样可达到交易的目的，满足著作权人财产上的需要。至于其他能够引起著作财产权变动的原因，如互易行为、赠与行为、继承、法人或其他组织的变更或者消灭等，本文并不涉及，将作为笔者以后继续研究的对象。在对具体交易方式分析后，除阐述基本分类外，笔者又对著作财产权交易的类型作了科学归类，将交易的类型划分为完全自由型、相对自由型、特许型与强制型；回复型与不回复型；用益型与担保型等。

著作财产权交易的限制部分，基于权利义务平衡理论，且考虑到作品著作财产权的属性，即任何一部作品的产生均涉及前人的和现有的智力劳动成果的要素；同时考虑到作者和传播者、社会公众以及社会公共利益的平衡，主张应当对著作财产权的交易行为加以限制。这种限制的方式、程度以及价值判断将是该部分探讨的内容。

著作财产权交易中的评估部分，主要认为版权评估往往作为著作财产权交易中的一个必不可少的环节，对著作财产权交易的公平、合理起着非常重要的作用。基于这一思路，该部分从著作权评估的基本含义出发，分析了版权评估所涉及的法律关系，提出应当确立版权评估的原则、明确版权评估主体的地位、界定版权评估的客体范围、明晰版权评估中权利义务的内容、保障版权评估报告书的地位和作用等。尤其是在著作财产权交易中，特别应当关注的是影响版权评估的法律因素。

著作财产权交易中的代理部分，以版权代理的基本含义为切入点，分析了版权代理与著作财产权交易的法律关系，并评析了版权代理在版权交易中的功能和作用。通过评判英、美、德、法、日、韩等国的版权代理制度，分析了我国版权代理的现状以及存在的问题。针对这些问题，笔者从立法、行政、行业以及体系上提出了完善我国版权代理制度的建议。

我国著作财产权交易制度的构建部分，通过对我国著作财产权交易的现状从总体上予以评判,指出构建我国著作财产权交易制度的历史和现实背景,在此基础上结合实证分析指出我国著作财产权交易中存在的不足和问题,最后针对现存问题提出完善和构建我国著作财产权交易制度的建议和具体交易规则。

4. 研究的方法

本书从法历史学、法哲学、法经济学、比较法学的角度进行思考,运用历史分析、制度经济学、比较分析以及实证分析等研究方法对该论题进行研究。笔者力图运用历史分析的方法,对著作财产权交易的历史以及交易制度形成过程中所形成的理论进行分析;运用制度经济学的方法研究著作财产权交易的正当性、合理性以及交易的价值;运用比较分析的方法重点探讨著作财产权交易的主体制度与客体制度;通过实证分析的方法对实践中发生的典型案例和纠纷进行分析,探讨著作财产权交易的可操作性及存在的问题。当然涉及具体问题时还可能采用综合的研究方法及其他相关的研究方法。如从具体到一般、从实践状态、数据到理论上的综合概括,以及文献调研方法、实地调研方法等。

第1章 著作财产权交易制度概述

探讨著作财产权交易制度,首先必须对著作财产权、著作财产权交易以及相关概念进行分析与界定。著作财产权与传统民法上的财产权相比有所不同,著作财产权交易与一般财产交易也有差异。通过透视我国著作财产权交易的历史演变,研究、发现我国著作财产权交易研究所面临的问题,为寻找解决这些问题的对策在基础理论上作一铺垫。

1.1 著作财产权

著作财产权,亦称为著作经济权利,是指作者本人或者授权他人采取一定的方式使用作品而获得物质报酬的权利。具体讲,也就是作者以作品财产上的利益为标的,在其创作的作品上,就其经济方面可以为占有、使用、收益以及处分的绝对的、排他的一种权利。著作财产权作为财产权的一种,无论是国际公约,还是各国立法之规定,普遍肯认著作财产权作为知识产权之一种,其性质为"私权",[1]属民事权利范畴,[2]受民法规范调整。

著作财产权伴随着传播技术的发展、利用作品的形式不断增加而逐渐发展。在1709年世界上第一部著作权法——英国《安娜法令》公布时,作者仅仅享有将其作品印制成图书发行的权利,而无别的权利可言。这表明了早期的著作权法律制度注重于作者自己及其继承人行使作品的使用权,作者依法所享有的财产权利在很大程度上拘泥于出版权的范围。到了20世纪70年代,由于科学技术的飞速发展,使用作品的方式越来越多。对作品的使用不仅可以采取卫星传播、电缆放送、音像录制等多种视听手段,而且作者的出版权被更为丰富多样的权利所代替。关于著作财产权的种类,国际上通常归纳为三大类:一类是复制作品的权利;另一类为演绎作品的权利;还有一类则是向公众传播作品的权利。然在立法上,各国著作权法对作品使用权的具体规定则不尽相同。其中有的国家(如前苏联、匈牙利等)的著作权法只作了原则性规定,而有的国家(如德国、美国、突尼斯等)的著作权法规定的则较为详尽。依据我国《著作权法》第10条之规定,著作财产权主要包括复制、发行、出租、展览、表演、放映、广播、信息网络传播、摄制、改编、翻译、汇编、许可他人使用或者转让他人并获得报酬等权利。对这些著作财产权的具体内容笔者将在后文予以论述。

---

[1] 参见《与贸易(包括假冒商品贸易)有关的知识产权协议》序言部分之规定:"承认知识产权为私权"。
[2] 刘春田主编:《知识产权法教程》,中国人民大学出版社,1995年11月版,第53页。

从当今大多国外著作权立法来看，作者的财产权利从其产生便具有专有权的性质。在一般情况下，对作品的任何使用都必须经作者同意或者授权，除法律另有规定外，未经作者同意或授权而擅自使用、销售或者扩大使用作品范围的行为均为侵害著作权的行为。由于作者自己现实地使用其作品的情形很少，而多数情况是作者将作品的使用权通过一定的方式转让给他人，由他人具体使用而自己收取一定的利益。所以，作者的财产权利总是与使用作品的各种方式相联系。通常是作者与使用者或者其他传播者采取订立出版合同、表演合同、录制合同等著作权许可使用合同或著作权转让合同的方式来实现的。作品的作者一旦和使用者、传播者订立了使用、传播等合同，其作品的使用权则化为版税、上演费、原作品使用费等报酬的请求权。因此，在司法实践中，出版合同、演出合同、录制合同等著作权许可使用合同或者著作权转让合同对作者来说十分重要，它往往直接关系到作者的财产权益。从其他国家来看，为了尽力保护作者的合法利益及其他使用者的合法权益，针对这一问题在著作权立法中均作了许多规定。我国《著作权法》第 24 条规定："使用他人作品应当同著作人订立许可使用合同，本法规定可以不经许可的除外。""许可使用合同包括下列主要内容：（一）许可使用的权利种类；（二）许可使用的权利是专有使用权或者非专有使用权；（三）许可使用的地域范围、期间；（四）付酬标准和办法；（五）违约责任；（六）双方认为需要约定的其他内容。"第 25 条规定："转让本法第 10 条第 1 款第（五）项至第（十七）项规定的权利，应当订立书面合同。权利转让合同包括下列主要内容：（一）作品的名称;(二)转让的权利种类、地域范围;(三)转让价金;(四)交付转让价金的日期和方式;(五)违约责任;(六)双方认为需要约定的其他内容。"第 26 条规定:"许可合同和转让合同中著作权人未明确许可、转让的权利,未经著作人同意,另一方当事人不得行使。"这些规定不仅表明了我国著作权法对著作财产权的基本态度,同时也蕴含了在立法上对著作财产权交易行为的肯认。

在我们探讨著作财产权的过程中,有一个必须要回答的问题就是著作财产权与传统民法上的财产权之间的关系。尽管著作权法上的财产权与传统民法上的财产权其性质均为财产权,且有诸多共同点,但笔者认为二者内涵并非一致。为了进一步说明著作财产权的特性,有必要将著作财产权与传统民法上的财产权的主要不同点归纳如下:

(1) 权利产生的方式不同。传统民法上的财产权无论是物权,还是债权或者其他财产权,其产生的方式主要表现为法律的直接规定、交易行为或者事实行为。而著作财产权的产生则仅有赖于创作完成作品的事实行为,而且该作品客观上必须发表,即必须公之于众。这是因为作品著作权的产生基于自动取得原则,且著作财产权只有基于作品的发表才能够产生。

(2) 权利表现的形态不同。传统民法上任何一项具体的财产权总是针对不同的对象而存在,如不同的物权总是基于不同的物而独立存在,不同的债权总是基于不同的交易行为或者事实行为而存在等。而著作财产权其内容本身不仅具有多样性,即其权利表现为"一束权利",或者称为一系列独立权利,[1] 而且所有权利所针对的对象并无不同,均基于同一作品而存在。

(3) 权利变动的状态不同。传统民法上的财产权基于民法理论的博大精深以及长期研习的缘故,其内容不仅具有严密的逻辑性和体系性,而且具有相对稳定性。而著作财产权由于诞生时间有限且备受文化发展水平的影响,其权利的内容具有易变性,且并未形成相当成熟的体系结构。概览著作权法律制度的历史发展,著作财产权内容的不断拓展现象便说明了这一特点。

(4) 权利实现的途径不同。传统民法上的财产权从其状态主要分为物权和债权,物权基于其支配性,债权基于其相对性,其权利实现的主要途径是依靠权利主体自身或者相对人的行为。而著作财产权则不同,由于著作财产权主要是靠作品的传播使用才能够实现,故该权利依赖权利主体自身往往难以实现,通常必须借助于第三人的行为,即传播者对作品的传播行为,方能使作品及其财产权得以使用并实现财产利益的最大化。

(5) 权利保护限制不同。传统民法上的财产权在法律保护上不存在进入"公有领域"的问题,而著作财产权法律不仅规定了地域、时间和使用上的限制,而且规定一旦保护期限届满,作品著作财产权便进入"公有领域",成为全人类的共同财富,任何人均可无偿使用。

(6) 权利创设的价值取向不同。传统民法上的财产权基于自

---

[1] 吴汉东、胡开忠:《无形财产权制度研究》,法律出版社,2001年9月版,第322页。

由、公平、正义的原则,其创设权利的价值取向在于追求合法私益的最大化。而著作财产权创设的价值取向不仅仅是追求合法私益的最大化,而且基于利益平衡,对著作财产权也作了一定的限制。即一方面赋予作者专有权利,为作者创作提供物质条件,激发作者的创作积极性;另一方面基于作品的创作有赖于全人类的智慧成果,对作者的财产权利又加以限制,平衡作者的个人利益与社会的公共利益,以鼓励优秀作品的传播,促进全人类科技文化事业的发展与繁荣。

1.2 著作财产权交易制度及特点

交易(Exchange),在汉语中,从字面理解应为买卖商品。在经济学中交易常常是指人类经济活动的基本单位,并用来界定人与人之间的权利交换关系。[1] 法律层面的交易有着独特的含义。在英美法律中,"交易是指任何由双方为解决有疑问或者有争议的权利要求而达成的协议"。[2] 著作财产权交易是指作品著作权人将作品著作财产权作为一种特殊的商品通过许可、转让、质押等方式与他人所发生的贸易行为。我国版权界一般习惯将著作财产权交易称之为"版权贸易"。制度通常是指用来指导和约束个人或者组织的社会行为,用来调节人与人之间、组织与组织之间或人与组织之间的社会关系的规则。本文所称的著作财产权交易制度特指著作财产权主体从事著作财产权交易时必须遵守的

---

[1] 黄少安:《产权经济学导论》,山东人民出版社,1995年6月版,第158页。
[2] 《牛津法律大辞典》,光明日报出版社,1988年8月版,第891页。

规程或行为准则。著作财产权交易制度具有一定的特殊性，其特殊性源于著作财产权交易的特殊性。著作财产权交易不同于一般有形财产交易，其具有以下主要特点：

1.2.1 交易主体的特殊性

在具体著作财产权交易中，有权从事著作财产权交易的一方并非均为作者。著作财产权交易仅限于著作财产权，而并不涉及著作人身权，但在实践中署名作者并非在任何情况下均为著作财产权人，尤其是在英美法系国家，非创作人而为版权人的情况很普遍。[1] 同时还涉及合作作品著作权人、演绎作品著作权人以及邻接权人等均可能作为交易主体的情形。如果出现著作权代理机构或者代理人进行交易，还涉及审查代理机构或者代理人的代理资格及代理权限等问题。在涉外著作财产权交易活动中，如果涉及主体资格的相关著作权认证或者公证等，则还可能遇到对这些凭证的真实性、合法性予以查证等问题。

1.2.2 交易客体的无形性

作品著作财产权交易与作品本身交易最主要的不同点是无形财产权与有形财产权的区别。著作财产权交易是权利人对其所拥有的著作财产权依法进行变动，故属于无形财产权的贸易；而作品本身是著作权的载体，在法律上作品的移转并不必然导致作品

---

[1] 郑成思：《版权公约、版权保护与版权贸易》，中国人民大学出版社，1992年版，第149页。

著作财产权的移转，因该移转仅涉及作品物权的变动，故作品载体交易属于有形财产权的贸易。

1.2.3 交易内容的复杂性

著作财产权内容的复杂性决定了著作财产权交易的内容具有复杂性。著作财产权的内容十分广泛，可以说是一个"权利群"。在著作财产权交易中所涉及的内容可能是该"权利群"整体，也可能是该"权利群"中的某项或者某几项权利。由于各国对著作财产权能否交易以及交易的程度有不同的规定，故著作财产权交易较之一般有形财产的交易更为复杂。

1.2.4 交易方式的多样性

著作财产权交易的目的是为了拥有或者利用作品著作权，而交易的方式除著作财产权转让（买卖）外，作品著作财产权的许可使用、作品著作财产权的质押等也属于作品著作财产权交易的方式。至于具体交易方式则更为多样，如在许可使用中可能为专有许可或者非专有许可、授权许可或者集体许可等；而在转让中则可能为全部转让或者部分转让、有期限转让或者无期限转让等。

1.2.5 交易范围的广泛性

互联网的发展为作品的传播和使用提供了更为广阔和便利的空间，也使得著作财产权交易的范围更加广泛。从我国举办的12届图书交易博览会就不难看出这一点。参加博览会的海外展商由首届的 165 个增加到 465 个，著作财产权交易也从最初的 97 项增加到 7000 余项。可见，著作财产权交易较之一般财产权交易具有更显著的广泛性和国际性。

1.3 我国著作财产权交易制度简要回顾

我国著作财产权交易与著作权制度的产生和发展密切相关。从我国著作权制度的历史发展来看，大体上可以分为三个时期：第一时期为封建特许时期，即唐宋以来至清末《大清著作权律》的制定和颁行，系我国著作权制度的萌芽期。这一时期因保护的主体主要是出版人而非著作权人，故可以说此期尚谈不上著作财产权交易问题。第二时期为我国著作权制度的建立时期，即以《大清著作权律》的制定和颁行为标志至新中国第一部《著作权法》的颁行，因保护的主体从出版人转变为著作权人，且已出现了我国最早的现代意义上的著作财产权交易，即南洋公学译书院与严复就《原富》译稿出版所达成的协议。据记载，1896 年严复开始翻译《原富》，因系多卷本，书未译完即由南洋公学译书院约定出版。就译稿出版的版税等问题，严复和时任译书院院长张元济通过书信协商，最后就出版《原富》达成协议，即以 2000 两银子买下《原富》译稿，书籍出版 20 年内再按书籍销售价值的 20% 付给严复。[1] 第三个时期为我国著作权制度的完善发展时期，即以新中国第一部《著作权法》颁行为标志，以我国

---

[1] 李明山主编：《中国近代版权史》，河南人民出版社，2003 年 5 月版，第 23—24 页。

相继加入国际著作权有关公约为补充，显现了我国著作权保护全面跨出国门，走向世界。我国真正意义上的著作财产权交易从最初的内地与港台之间、到后来的面向世界全面开始启动。

尽管著作财产权交易在我国已经产生并有所发展，但仍存在多方面的问题。笔者认为这些问题主要表现为：一是著作财产权交易与其他财产权交易的关系未能厘清。从性质上看，著作财产权无疑当属财产权。基于知识产权法本身从民法中分离出来的事实，也可以认为著作权是从民事权利中分离出来的，并具有私权属性的权利。尽管绝大多数国家对著作权采取单独立法模式，但并不否认著作权为私权属性。然而，在理论研究中，对于著作财产权交易与一般民事权利交易的关系、著作财产权交易与知识产权领域中专利权、商标权交易有何不同等并未在理论上阐述清楚。二是对交易本身缺乏足够的认识和理论研究。我国至今在理论和实践中几乎很少提及著作财产权交易，多数情形下将其称之为版权贸易等。著作财产权作为权利涉及法律上的定位；著作财产权作为交易的对象则涉及经济学上的商品、市场、价格等制度；著作财产权交易的方式又涉及合同等制度。也就是说，著作财产权交易是需要多学科进行规制的问题。而我国迄今为止尚缺乏对此从多学科、多视角、多层次、全方位进行深层面的理论研究。至于著作财产权交易所面临的一些具体问题则更多，如著作财产权交易的条件、交易的要素、交易的市场、交易的价格、交易的方式、交易中的评估、交易的规则、交易的价值取向、交易中不同主体利益的平衡等都是需要研究的实际问题。笔者同时也认为，针对著作财产权交易所面临的问题，需要对其进行科学的制度设计,而著作财产权交易制度的设计是一个复杂的系统工程,涉及多学科基础理论,仅凭个人学术功力实难完成。从这个意义上讲,本书不可能涵盖著作财产权交易所涉及的全部问题。即便是这样,笔者还是尽其全力从宏观和微观视角探讨著作财产权交易中的主要问题并试图从理论和实践层面构建交易的相关规则。

1.4 相关用语的界定

对著作财产权的理解,必须立足于对无体物、无形财产的基本认识。这是因为从历史发展来看,人们一直确信所有知识产权包括著作权从其产生之日起,便与无体物、无形财产无法分开,甚至网络环境下的虚拟财产也引起了知识产权学界的密切关注。但如果从著作财产权变动的角度审视,著作财产权交易又与版权贸易、著作权移转密切相关。因此,对无体物、无形财产、虚拟财产、版权贸易、版权产业以及著作权移转进行初步认识有助于我们深入探讨著作财产权交易。

1.4.1 无体物

物分为有体物与无体物,此乃罗马法的分类。后世民法学者在解释物、无形财产,乃至知识产权时,无不提及罗马法上对物的这种划分。盖尤斯在其《法学阶梯》中指出,"此外,有些物是有形的,有些物是无形的。有形物是那些可以触摸的物品,例如:土地、人、衣服、金子、银子以及其他无数物品。无形物是那些不能触摸的物品,它们体现为某种权利,比如:遗产继承、用益权、以任何形式缔结的债。遗产中是否包含有形物,从土地上获得的孳息是否是有形的,根据某项债而应向我们支付的物品是否通常是有形的(例如土地、人或者钱款),这些都无关紧要;实际上,继承权、用益权和债权本身都是无形的。对城市土地和乡村土地的权利同样属于无形物。"[1]查士丁尼在法典编纂过程中完全采用了盖尤斯的观点,但他在其《法学阶梯》中更明确的强调无体物即权利。他指出:"而无体物是不可被触摸的物。存在于权利中的东西如此,例如遗产、用益权、以任何方式缔结的债。遗产中包括有体物的事实,无关紧要。事实上,从土地获得的孳息,也是有体物,而根据某种债对我们负欠的,通常是有体物,例如土地、奴隶、金钱;事实上,继承权本身、用益权本身以及债权本身,是无体物。"[2] "也被称作役权的对都市和乡村不动产的权利,在同一名目内。"[3]多数学者在介绍或者评析罗马法有关物权法律制度时,对物的这种划分均作了介绍。罗马法对物的这种划分一是出于为了使身份自由的人更好的掌握个人所有的物;另一方面,也说明了罗马的法学理论尚处于具体阐明阶段,并未达到高度概括抽象的水平。[4]当然,罗马法这种对物的宽泛理解虽说明了罗马处于人类社会发展的初级阶段,抽象性

---

[1]〔古罗马〕盖尤斯:《法学阶梯》,黄风译,中国政法大学出版社,1996年11月版,第82页。

[2]〔古罗马〕优士丁尼:《法学阶梯》(第二版),徐国栋译,阿贝特鲁奇、纪蔚民校,中国政法大学出版社,2005年6月版,第137页。

[3]〔古罗马〕优士丁尼:《法学阶梯》(第二版),徐国栋译,阿贝特鲁奇、纪蔚民校,中国政法大学出版社,2005年6月版,第139页。

[4]周枏:《罗马法原论》,商务印书馆,2001年版,第304页。

概念发育不完善，但罗马法这种划分在法律上却具有重要的作用。有体物可以占有，无体物不能占有，基于此，对经占有而取得的财产方式如交付、先占和取得时效等就不适用无体物。此外，罗马法以"物"为客体范畴，在此基础上设计出以所有权形式为核心的"物权"制度，建立了以物权制度、债权制度为主要内容的"物法"体系，对后世各国的民事立法产生了重大影响。从无体物的内涵来看，罗马法所创制的无体物理论主要包括以下内容：一是权利为抽象物，不同于客观存在的有体物。二是物以可以用金钱评价者为限，有体物或者无体物均应如此。所以，人法中的自由权、家长权、监护权等不是物。三是权利与权利客体不分，罗马人认为，所有权是最完整的物权，该权利与物同在，故依习惯人们对所有权与所有物不加区分。

　　罗马法由于体现了资本主义商品生产时期大多数法律关系，[1]故其对物的这种划分对后世民法物权法律制度产生了重大影响，直接继受罗马法这种划分的是《法国民法典》。作为近代民法中财产法的基础，即所有权绝对和契约自由，在法国民法典得到完成。[2]而在财产的分类中，《法国民法典》第516条总体规定为一切财产或为动产，或为不动产。但在第526条规定："下列权利，按其所附着的客体，为不动产：不动产的用益权；地役权或土地使用权；旨在请求返还不动产的诉权。"第529条规定："以请求偿还到期款项或动产为目的的债权及诉权，金融、

---

〔1〕 江平、米健:《罗马法基础》，中国政法大学出版社，1987年6月版，第35页。
〔2〕 谢怀栻:《大陆法国家民法典研究》，中国法制出版社，2004年11月版，第12页。

商业及工业公司的股份或持份,即使隶属于此等公司的企业所有的不动产,按法律规定为动产。此种股份或持份,在公司存在期间,对每一股东均视为动产。"[1] 可见,法国民法将与不动产有关的用益权、地役权或土地使用权以及旨在请求返还不动产的诉权这些无体的权利规定为不动产;而将与动产有关的债权、诉权及公司的股份或持份这些无体的权利规定为动产。这种规定显然沿用了罗马法的分类。

德国法上的物具有特定含义。根据《德国民法典》第90条之规定,"本法意义上的物,只为有体的物"。[2] 据此,德国法上的物为有形之客体,即物是有形、可触觉并可支配的。依此标准,其他所有的财产形式,均被排除在物权法适用范围之外:各种表现形式的债权、无形财产权(专利权、商标权)属于债法,或在特别法中适用专门规定。计算机程序因缺少有体性也不是物;但它们因储存于数据载体中而获得可把握的形式时,却成为物。[3] 从概念界定上来看,德国法上的有体物,指的是符合既能为人所感知又能为人所控制这两个条件的物。有体的意思是指物既可能是固体也可能是液体的,也可能是气体的,但是必须符合能为人控制的条件。[4] 当然,德国民法典的这一规定主要是对物权法具有重要意义。在其他法律制度中,德国法并没有完全

---

[1] 马育民译:《法国民法典》,北京大学出版社,1982年6月版,第117页。

[2] 杜景林、卢谌译:《德国民法典》,中国政法大学出版社,1999年8月版,第20页。

[3] [德] 鲍尔·施蒂尔纳:《德国物权法》,张双根译,法律出版社,2004年2月版,第22页。

[4] 孙宪忠:《论物权法》,法律出版社,2001年10月版,第576页。

拒绝接受无体物的概念,"因为,在德国民事诉讼法中,可以作为民事诉讼执行对象的物,是一切客体或者对象,包括有体物,也包括无体物、甚至包括权利,故诉讼法中的物是广义上的物。但即使是在《德国民法典》的其他各编中,例如债务关系法一编中,物也不仅仅指有体之物,而是也指可以成为民法上的财产的无体物而言"。[1]对德国法上的这样不同规定,有学者认为民法上的物是否包括无体物,其实并不重要,但在物权法上却必须明确,物权的客体只能是有体物,即关于物权仅是有体物的规定,主要对确定物权法的调整范围具有特别重要的意义。[2]还有学者认为,"德国民法的这种思想,也许建立于物权理论体系的逻辑性基础之上:物权的概念及其与物权有关的全部制度,均针对有体物而建立,如果将无体物的概念引入物权法,则物权体系的逻辑基础将被破坏,物权法的体系将变得凌乱不堪。"[3]

德国民法的这一思想也直接影响了日本民法制度,《日本民法典》第85条规定,本法所称的物,为有体物。但作为例外,民法还承认以地上权作为标的的抵押权等权利为物权的客体。[4]作为反映着罗马法系的概念、原则和制度体系载体的《意大利民法典》第810条则规定:"所有能够成为权利客体的东西均是

---

[1] 孙宪忠:《德国当代物权法》,法律出版社,1997年7月版,第1—2页。
[2] 同上。
[3] 尹田:《物权法理论评析与思考》,中国人民大学出版社,2004年8月版,第15页。
[4] 邓曾甲:《日本民法概论》,法律出版社,1995年4月版,第142页。

物。"[1] 我国在理论和实务中通常对物采狭义的概念。因此，无体物如专利、商标、著作、营业秘密、专有技术、信息，均非民法上的物，只能依所涉及的问题类推适用民法诸规定。[2] 从我国正在起草的《民法》（草案）规定来看，物权是指自然人、法人直接支配不动产或者动产的权利。不动产指土地、建筑物等土地附着物。动产指机器设备等不动产以外的物。法律规定权利作为物权客体的，依照其规定。[3] 我国《物权法》第 2 条规定："因物的归属和利用而产生的民事关系，适用本法。本法所称物，包括不动产和动产。法律规定权利作为物权客体的，依照其规定。本法所称物权，是指权利人依法对特定的物享有直接支配和排他的权利，包括所有权、用益物权和担保物权。"可见，我国民法对物权中客体的规定主要肯认了有体物，但并未排除以权利作为客体的无体物。上述分析促使我们必须回答另一个问题，即无体物的理念和学说对著作财产权的构建是否产生了影响？因学界肯认著作财产权性质为无形财产权，故为寻求这一问题的答案，有必要对财产与无形财产作进一步分析。

1.4.2 无形财产

"财产"一词是社会科学中的一个基本概念，其英文为 prop-

---

〔1〕 费安玲等译：《意大利民法典》，中国政法大学出版社，2004 年 11 月版，第 203 页。
〔2〕 梁慧星、陈华彬编著：《物权法》，法律出版社，2005 年 4 月版，第 23 页。
〔3〕 2005 年 7 月 8 日公布的《中华人民共和国物权法》（草案）第 2 条亦作出了相同的规定。

erty，是从拉丁文 proprius 一词派生的。据称 property 一词最初的含义与"权利"或者权利指向的"物"都没有关系，亦即它的初始含义不是财产，而是指某种资质（quality）是某物或者某人的"特性"或者"性能"（proper to something or someone），其意义与"本性"（nature）近似。[1] 古典经济学家庞·巴维克认为"财产"是在四种独立的概念之间选择使用的，即"财产"具有"物的整体"，认为财产就是具体的物，与财产权不同；具有"物的特性"，认为财产具有客观特性、有用性或者效用；具有"物的有用性"，认为财产对人类有用；具有"对物的权利"，认为财产是人对物的权利。[2] 在一般人的观念上，财产无非是物或者是人对物的权利。这种理念早在罗马法中已有所体现，即在罗马法上当人们提及无论是有体物还是无体物，实际上意味着有体财产或者无体财产。[3] 我国古代由于缺乏权利意识，财产含义基本上是指物。如汉书食货志上贾谊上疏："生之者甚少而靡之者甚多，天下财产何得不蹶？"三国志魏明帝纪景初元年："九月，冀、兖、徐、豫四州民遇水，遣御史循行，没溺死亡及失财产者，在所开仓振救之。"[4] 无形财产的出现并日益普遍是近代以来最醒目的事实。在发达的商品经济条件下，科学技术对生产的制约作用日益突出，对科学技术的掌握和支配权成为商品交换

---

[1] 龙文懋：《知识产权法哲学初论》，人民出版社，2003年8月版，第25页。
[2] 庞·巴维克：《权利与关系》，转引自〔美〕康芒斯：《制度经济学》（下），于树生译，商务印书馆，1997年版，第18页。
[3] 费安玲：《著作权的权利体系研究》，中国政法大学博士学位论文，第133页。
[4] 参见《辞源》之解释《财产》，商务印书馆，1987年版，第2951页。

的标的,原来体现于商品之中,其价值隐含在动产和不动产背后的智力成果就从有形产品中分离出来,成为一种新的、独立的财产形态。因而,智力成果和动产、不动产并列,成为三大类财产之一。[1] 到了资本主义时期,英国法将财产划分为"具体物"和"抽象物"。无形财产被定性为是一些抽象的财产,与动产、不动产不同。"不能被感官察到,只能通过思维去想象。就像具体的物一样,他们能够在人们之间转让,经常被买进或卖出。在实际处理问题时,正如可以将法人落实为自然人一样,这些抽象物可以落实到具体物上。"[2] "尽管他们有价值,但其价值并不依附于任何实物客体,而是属于人的思想意识的创造物。"[3] 可见,英国法上的无形财产一是须为区别于实物动产的无体物,二是须为象征财产利益的抽象物。日本学者认为,"无形财产本是随着时代的进步而不断产生、发展起来的,即使是现在也还在不断出现的各种新的知识产物。""无形财产与有形财产以及其他的无形财产相比具有自身的特性。"并强调无形财产为无形财产法之客体,分为创作和标记。[4] 法国学者认为,"无形财产是一种非物质财富。例如,知识产权为无形财产,而知识产权不是直接针对物质资料,故其属于非物质财富。"[5] 法国民法意义上的无

---

[1] 刘春田:《知识产权法教程》,中国人民大学出版社,1995年5月版,第1—2页。
[2] [英]F·H·劳森、B·拉登:《财产法》(中译本),施天涛等译,中国大百科全书出版社,1998年版,第5页。
[3] 同上,第15页。
[4] [日]小岛庸和:《无形财产权》,日本创成社,1998年版,序言,第2页。
[5] 尹田:《法国物权法》,法律出版社,1998年版,第51—53页。

形财产，主要包括权利人就营业资产、顾客、营业所、作品、发明专利、工业设计、商标、商业名称以及现代社会的商业信息等所享有的权利。[1] 可见，无形财产在不同国家有着不同的理解和规定。我国有的学者将其定义为：具有金钱价值而没有实体存在的财富。[2] 认为无形财产最早是就知识产权而言的，而后在法律观念上对诸如票据、股票、计算机软件、商誉、特许权等，以及一切代表财产取得来源和方式的权利都视为无形财产。通俗地讲，传统观念认为表现为实体财产的利益都为无形财产。[3] 并主张无形财产在实际运用中常代表三种不同的含义：一是无形财产指不具备一定形状，但占有一定空间或能为人们所支配的物。这主要是基于物理学上的物质存在形式而言，如随着科学技术的进步和发展，电、热、声、光等能源以及空间等，在当代已具备了独立的经济价值，并能为人们进行排他性的支配，因而也成为所有权的客体。二是无形财产特指知识产权，这主要是基于知识产品的非物质性而作出的界定。另外，通常基于知识产品的无形性，在习惯上学术界将知识产品本身也视为"无形物"或"无形财产"。如德国在不承认传统的"无形物"前提下，将知识产品从客体角度视为"狭义的无形物"。三是无形财产沿袭罗马法的定义和模式，将有形物的所有权之外的任何权利称为"无形

---

[1] 吴汉东、胡开忠：《无形财产权制度研究》，法律出版社，2005年2月版，第31页。
[2] 杨紫：“财产所有权客体新论”，《中外法学》，1996年第3期。
[3] 马俊驹、梅夏英："无形财产的理论和立法问题"，《中国法学》，2001年第2期。

财产",知识产权仅是其中一种"无形财产"。[1] 虽然 20 世纪 60 年代以前,人们把基于智力成果所获得的民事权利称为无形财产权,但就其内涵和外延而言,智力成果并非等同于无形财产,知识产权也并不等同于无形财产权。智力成果为无形财产形态之一,知识产权也是为无形财产权之一。

1.4.3 虚拟财产权

网络环境下的财产及财产权交易的确认和保护,对传统的法学理论提出了新的挑战。据《北京晚报》报道,[2] 北京市第二中级人民法院对我国首例"虚拟财产"失窃案作出终审判决,游戏运营商北京北极冰科技发展有限公司须对游戏玩家李宏晨丢失的虚拟装备予以恢复。这一最终判决结果标明,网络游戏中的虚拟财产作为价值的无形财产也受法律保护。本案当事人李宏晨说,他花费了几千个小时的精力和上万元的现金,在名叫"红月"的游戏里积累和购买了几十种虚拟"生化武器"。2003 年 2 月,这些装备却被一个叫 SHUILI 鄄 U0011 的玩家盗走了。李宏晨找到游戏经营者北极冰公司交涉,但该公司拒绝交出那名玩家的真实资料,并于 2003 年 6 月 10 日和 20 日,擅自封存了他的另两个账号,删除了所有装备。多次交涉未果后,李宏晨以游戏运营商侵犯了他的私人财产为由起诉了北极冰公司,要求恢复丢失的游戏装备,升级他的游戏角色,给予经济、精神赔偿 1 万

---

[1] 马俊驹、梅夏英:"无形财产的理论和立法问题",《中国法学》,2001 年第 2 期。
[2] 参见《北京晚报》,2004 年 12 月 18 日。

余元。但当事人北极冰公司认为，虚拟装备没有价值，而且公司与玩家签订过"玩家账号被盗用期间发生之损失由玩家自行负责"的服务协议，况且公司已尽到了保护义务，所以不应承担责任。

本案一审朝阳区人民法院认为，玩家玩游戏时，获得游戏时间和装备的游戏卡均要用货币购买，所以这些虚拟的"武器装备"是有价值的无形财产。由于运营商没对这些虚拟物品尽到保护义务，所以应恢复李宏晨所丢物品，并赔偿经济损失1560元。一审判决后，双方均不服并提起上诉，北京市第二中级人民法院经审理维持了一审法院的判决。

本案的审理不仅涉及知识产权范围的界定问题，也涉及该财产权能否交易的问题，并从法律上提出了以下值得我们思考的问题：

1.4.3.1 网络空间中的虚拟财产的性质

网络空间中的虚拟财产究竟是不是物？按照网络环境下的特点和人们传统的财产权观点，游戏参与者在网络游戏中获得的财物、身份等完全是虚拟的。从法律的角度审视，首先应当解决的问题就是对"虚拟财产"性质的界定。笔者认为，"虚拟财产"既不是有体物，也不是罗马法以来传统民法所谓的无体物，而是一种无形财产。从获得该"虚拟财产"的途径看，主要是网络游戏的参与者在游戏中可以通过攻关和解决游戏难题的方式，不断升级虚拟角色的身份，并同时根据自己的努力而获得虚拟财物，并以此作为参与游戏的主要目的。另一种方式则是通过实际购买点数的方式获得。虚拟财产之所以是一种"无形财产",根本原因还是基于它是游戏参与者通过个人的脑力劳动而获得的,同时客观上存在着伴随性的财产投入。

1.4.3.2 网络空间中虚拟财产的交易

网络空间中的虚拟财产有无价值和可交易性?虽然虚拟装备是无形的,且存在于特殊的网络游戏环境中,但并不影响虚拟物品作为无形财产而进行网上或者现实的交易。一个不可否认的事实就是虚拟财产与真实财产之间存在着市场交易,且虚拟财产和真实财产在网络上存在一整套固有的、自发的换算与交易机制。其主要形态包括离线交易和网上交易。由此而导致玩家的虚拟财产不仅在网络游戏中具有使用价值,而且由于形成了现实需求,已经成为可以交易的一种现实化的商品,具有一定的价值。如本案中李宏晨坚持认为,自己丢失或被删除的虚拟装备是他在现实交易中以现金的形式购得的私人财产,并向法庭提交了他花费2000元现金从被告那里购得了红月宠物卡和大礼品包;每月400元至500元的上网费用收据等证据以证明他为红月游戏花费了大量金钱。

1.4.3.3 网络空间中虚拟财产的法律保护

网络空间中的虚拟财产是否受法律保护且如何保护?从我国现行立法看,有关玩家对网络游戏中的物是否具有所有权、虚拟物品的价值如何认定、虚拟物品的具体赔偿标准是什么等相关问题,国家都没有明确的法律规定。但是,玩家参与游戏需要支付费用，获得游戏时间和装备的游戏卡也都需要以货币的形式来购买，这些都说明虚拟装备具有价值含量。因此，虽然虚拟财产是无形的，且存在于特殊的网络游戏环境中，尤其是购买游戏卡的费用并不能确定为装备的实际价值，游戏网站上公布的产品售价和原告购买游戏卡的实际花费也并非完全一致，且虚拟装备无法获得现实生活中同类产品的价值参照，亦无法衡量不同装备之间的价值差别，但这些并不影响虚拟物品作为无形财产的一种获得法律上的适当评价和救济。随着网络和网络游戏的普及，包括虚拟财产在内的网络虚拟世界中的纠纷逐渐增多，国外和我国台湾地区的立法和司法已明确承认网络虚拟财产的价值并加以保护。[1] 而我国目前尚无一部法律来规范网络游戏运营环境。基于此，笔者认为在理论上应对网络空间中的虚拟财产进行更深入的研究，尤其是该种无形财产的范围、性质、类别以及与其他无形财产、知识产权的关系等问题。在立法和司法方面，建议应该尽快由立法机关制定相应的法规加以规范和保护，明确虚拟财产的法律地位，并针对网络空间中的虚拟财产的特殊性，确立该种财产权的内涵、交易的方式、构成侵害"虚拟财产"行为的要件、侵害行为的类别、赔偿的范围以及赔偿的标准等。

1.4.4 版权贸易

贸易系进行商业活动，在英美法律制度中是指以营利为目的而从事的买卖行为或者商业活动。而版权贸易，有学者认为，

---

[1] 屈茂辉："关于物权客体的两个基础性问题"，《时代法学》，2005年第2期。

"主要是指在版权许可（Copyright license）或版权转让（Copyright transfer）过程中产生的贸易行为。它属于许可证贸易范畴，也是无形财产权贸易。这种贸易行为在欧美及我国港台地区多称为版权交易（Copyright exchange）。版权贸易是中国版权界的一种习惯用语，其内涵除版权许可和转让外，也常包括与其相关的一些业务或工作。"[1] 还有学者指出，"版权贸易是指版权所有者与版权使用者之间就某作品有偿转移其版权中某几项或全部财产权的交易行为。版权贸易不仅表现为一种文化传播行为，更表现为追求版权资源开发之经济效益的经济行为和遵循版权法律法规的法律行为。"[2] 笔者认为，版权贸易是指以营利为目的而进行的版权买卖或者其他商业性活动。从这个意义上讲，版权贸易与著作财产权交易在本质上并无差别，但应当注意的是，版权贸易与作品贸易（主要是指图书贸易）是根本不同的。版权贸易是无形财产权交易，著作财产权人对其作品所享有的权利不会因作品载体的移转而移转；而图书贸易为有形财产交易，该载体所涉及的物权会随着载体的变动而发生变动。

1.4.5 著作权移转

著作权的移转，即作品著作权在保护期内基于法定事由的出现，权利的使用人或者所有人发生变化的一种情形。著作权移转的事由、范围、是否有偿等均有别于著作财产权交易。依据引起

---

[1] 辛广伟：《版权贸易与华文出版》，河北人民出版社，2001年3月版，第1页。
[2] 张美娟：《中外版权贸易比较研究》，北京图书馆出版社，2004年12月版，第28页。

作品著作权移转的意思表示和法律事实不同，一般可将作品著作权移转划分为以下两大类：一是法定移转，即基于法律规定所引起的著作权移转情形，主要包括法定许可使用、强制许可使用、继承、法人或其他组织变更、消灭后的移转以及离婚中可能涉及的移转；二是约定移转，即基于当事人的约定所产生的著作财产权的移转，主要包括著作财产权许可使用、著作财产权转让、著作财产权赠与、著作财产权质押等。

1.4.6 版权产业

"产业"一词最早由重农学派提出，本来意义是指国民经济的各种生产部门，最初特指农业。到资本主义大生产时代后，产业主要是指工业。马克思主义政治经济学曾将产业表述为从事物质性产品生产的行业。后来随着第三产业的兴起，产业泛指各种制造提供物质产品、流通手段、服务劳动等的企业或组织。20世纪50年代以后，随着服务业和各种非生产性产业的迅速发展，产业不再专指物质产品生产部门而是指生产同类产品（或服务）及其可替代品（或服务）的企业群在同一市场上的相互关系的集合。"版权产业"的概念始于20世纪80年代，最早在瑞典、德国等开始研究。直到1990年11月，美国国际知识产权联盟发表了它的第一份版权产业报告后，版权产业才受到各国普遍关注。依据该报告，版权产业分为四类：第一类是"核心版权产业"，主要包括广播影视业、录音录像业、图书业、报刊出版业、戏剧创作业、广告业、计算机软件业和数据处理业等，其基本特征是研制、生产和传播享有版权的作品或受版权保护的产品；第二类是"部分产权产业",产业内的部分物品享有版权保护,较典型的如纺织、玩具制造和建筑业等;第三类是"发行类版权产业",主要是以批发和零售方式向消费者传输和发行有版权的作品,如书店、音像制品连锁店、图书馆、电影院线和相关的运输服务业等;第四类是"版权关联产业",其所生产和发行的产品完全或主要与版权物品配合使用,如计算机、收音机、电视机、录像机、游戏机和音响设备等产业。

从版权产业对美国经济发展影响来看,版权产业在很大程度上支持着美国经济的实际增长。据美国国际知识产权联盟统计,1999年美国版权业的产值为6779亿美元,约占国民生产总值7.33%。1977年至1999年,美国经济年增长率为3.1%,而核心版权产业经济年增长率为7.2%。到2002年美国版权产业的产值为12 540亿美元,占全年全国GDP的12%。另据《美国经济中的版权产业——2006年报告》统计,2004年,美国的全部版权产业产值为13余万亿美元,其中核心版权产业产值为7.605万亿美元、部分版权产业产值为0.4723亿美元、边缘版权产业产值为2.4余万亿美元、交叉版权产业产值为2.48余万亿美元。2005年,美国的全部版权产业产值为13.9余万亿美元,其中核心版权产业产值为8.19万亿美元,贡献了12.96%的增长率;其余部分版权产业、边缘版权产业、交叉版权产业产值之和为5.69万亿美元,全部版权产业则贡献了23.78%的增长率。该统计报告再一次证实,在对经济实际增长和整个国民经济增长的贡献方面,版权产业都超过了美国其他经济行业。

版权产业在我国是随着市场经济繁荣、版权事业发展和加入世贸组织才逐步被认识和接受，其具体内涵和外延立法并未明确界定，学理上一般认为是指与复制、发行、传播文学、艺术和科学作品有关的行业和收集、储存与提供信息的信息产业。主要包括：图书、报纸、杂志的出版、印刷、发行；音乐、戏剧、舞蹈、杂技的演出；音像制品和电子出版物的出版、复制、发行；电影和以类似摄制电影方法创作作品的制作、发行、放映；广告的设计与传播；工艺美术品的设计、制作与销售；艺术建筑的设计与施工；时装的设计、展览与制作；广播电视节目的制作、播放；计算机程序设计与软件的制作和销售；信息数据库的开发与利用；数码通信与信息高速公路等。

  上述无体物、无形财产、虚拟财产权、版权贸易、著作权移转以及版权产业等，均与著作财产权交易密切关联。著作财产权作为物的形态应为无体物；作为财产形态应为无形财产；作为权利状态应为财产权；作为交易客体应为贸易对象；作为权利变动应为著作权移转。对此加以分析和解释只是为了更好地说明著作财产权交易是一种社会活动，根植于社会之中，可能引起的相关问题，同时也便于能够对著作财产权交易进行深入研究。当然，无体物、无形财产、虚拟财产权、版权贸易、著作权移转以及版权产业本身的属性、范围以及法律上的地位等问题也是值得深入研究和探讨的问题。限于本书研究宗旨，对这些基本问题并没有作深入细致的分析和评判，留作今后进一步探讨。在此，笔者认为，上述基本概念中，其中版权贸易、著作权移转严格来讲都应当属于版权产业范围，故仅就我国版权产业的现状和发展中应当注意的几个问题作一简要探讨。

版权产业在我国总的趋势表现为起步较晚，但发展增长幅度快。据国家版权局阎晓宏副局长在 2007 年中国保护知识产权高层论坛上介绍，我国尚未专门就版权产业的贡献率进行统计，但仅就文化产业和软件产业这两部分来看，实现的年收入就已超过 8000 亿元，其中文化产业为 3700 亿元，软件产业为 4800 亿元。据不完全统计，目前我国整个版权产业的产值将超过全国 GDP 的 6%。但我国版权产业的发展现状仍表现为贸易逆差大、结构不平衡、整体水平与发达国家差距较大。究其原因：一是由于版权产业在我国刚刚起步，公众的版权产业意识仍然比较淡薄，人们对版权产业的重要性认识不足，特别是版权产业直接促进社会经济发展的作用，尚未得到普遍的认同和应有的重视；二是我国版权研究长期以来注重对版权如何保护，而对版权使用、经营、交易和管理研究不够；三是在研究的范围上侧重于版权自身，而对版权产业以及与版权相关产业的开发和利用不够重视；四是对版权产业从理论体系和制度完善方面研究滞后，客观上也阻碍或者影响版权产业的发展等。

国内外版权产业的现状和发展已经表明，当今世界，版权产业已不再仅仅是一个理念，而是随着知识经济时代的到来所出现的一种新型产业，并有着巨大经济效益的直接现实。在经济全球化、法律一体化的发展趋势下，无论是发达与发展中国家，还是在传统市场或者网络环境下，版权产业的发展水平已被国际社会肯认是衡量一个国家或地区创新能力和核心竞争力的基本标尺。笔者认为，面对国际版权产业发展的挑战，我国应当从以下方面加速版权产业的发展：

(1) 顺应国际发展趋势，确立版权产业发展的战略地位。21世纪为知识经济时代，而知识经济是以知识为基础建立的市场经济。在科技进步超速化，知识信息网络化，经贸活动全球化的时代背景下，一国版权产业的发展直接意味着该国是否拥有先进知识、先进文化和先进科技成果，并对该国的经济增长及综合实力产生重大影响。为顺应国际发展趋势，我们应当将版权产业的发展提高到战略地位进行研究。我国已实施知识产权战略纲要，版权产业的战略也作为知识产权战略中的一个重要内容，与国家的科教兴国战略、可持续发展战略、人才强国战略等国家总体战略相互补充、相互依存、相互促进。同时，确立版权产业的战略地位也是落实科学发展观和建立创新型国家的必然要求。笔者认为，我国版权产业的战略应当从两个方面考虑：一方面应当考虑国际版权产业的现状和发展趋势，即在Trips协议框架下，如何使我国的版权产业步入国际平台并不断得以发展；另一方面应当考虑我国国内版权产业的不足和如何完善，即将版权产业方面的政策与国家的科技政策、产业政策、文化政策、教育政策等紧密结合，使其适应版权产业的发展需要。

(2) 加大版权产业的理论研究，为版权产业的快速发展提供依据。版权产业对理论和实务工作者来讲都是新课题，面对版权产业应当运用经济、比较、实证等方法对其进行全方位、综合性的研究，寻求版权产业的规律，以指导版权产业科学发展。同时，应针对我国国情，参考国外的经验，对版权产业中所存在的问题进行个案分析和研究，探索适合我国版权产业发展的理论框架和操作模式。在理论体系方面，首先应当构建人才体系。版权产业专业性、技术性非常强，发展版权产业，人才是第一要素。必须从战略的高度重视对版权产业专门人才的培养，尤其是面对信息化、数字化、国际化的快速发展，应当制定切实可行的人才培养方案和培养目标，采取相应对策，从根本上尽快解决版权产业中的人才问题。其次，应当注重版权产业的体系研究。版权产业具体内容庞杂，涉及范围宽泛，应重点研究版权产业的构成要素，构建版权产业科学的理论体系，版权产业与相关产业协调发展的体系以及版权产业化体系等。最后，应当对版权产业与版权保护的关系进行研究，如版权保护对发展我国版权产业的作用和意义研究、发展版权产业对完善我国版权保护作用研究以及加大版权保护对促进版权产业及与版权相关产业发展的影响等方面的研究。

　　(3) 提高创新和经营意识，促进版权产业良性发展。版权的价值和作用不仅在于拥有，更重要的是在于交易和利用。我国现阶段虽大力提倡自主创新，但将作品的创作、开发和利用当作一种经济活动的程度还不高，也没有以市场规律或价值规律来规范并促进版权产业的发展。事实上，版权产品推向市场的过程实质上就是版权交易和经营的过程，版权产业企业通过对其自主创作作品版权的开发、运用和交易，实现版权的价值，并由此获得利润。从我国实际看，相当多的出版或者代理单位，并未意识到作品创作、开发和利用在版权产业中的地位和作用，且往往将目光投放在国内和港、澳、台地区，而并没有走向世界。

　　(4) 增强版权保护意识，为版权产业健康发展提供法律保障。版权产业的发展水平很大程度上依赖并取决于版权保护的水平。版权产业的产品往往具有复制性、传播性并极易被侵害等特点，如果没有健全的版权保护，版权产业的产品将会被任意复制、使用，版权产业的发展必将受到冲击和不良影响。从我国现有版权产业法律保护来看，对著作权人和传播者权利的保护不仅有《著作权法》和国务院发布的相关行政法规的规定，国家版权局和最高人民法院也发布了有关具体保护措施和司法解释；在版权产业主体和交易方面，各地已经或者正在成立报业、广电、发行等产业集团，如北京市市政府和国家数字媒体技术产业化基地合作已建立了数字版权交易中心等。但由于版权产业在我国刚刚起步，我们必须进一步增强版权保护意识，加大对版权产业的扶持力度，从版权产业作品的创作、使用、交易的全过程着眼，不断完善版权保护的立法和司法体系，加快《民间文学艺术版权保护条例》和《广播电视组织法定许可付酬办法》的起草工作，并在版权产业发展过程中始终遵守和体现保护著作权人以及传播者合法权益的原则；兼顾效率和公平原则；作品创作者、传播者与广大公众之间的利益平衡原则以及繁荣市场、促进科技文化不断发展等原则，为版权产业在我国稳定、持续、健康、快速发展提供完备的法律保障。

第 2 章　著作财产权交易正当性分析

"正当性"一词在英文中为 Legitimacy，从辞源学的意义上讲，正当性具有合法性的含义。故一般情况下正当性就等同于合法性，并主要是从道德、伦理的视角对现存事实进行判断。本文使用正当性一词在于强调著作财产权交易实质意义的正当、合理。著作财产权交易的正当性来源于人们对著作财产权性质的不断认识。本章以著作财产权的性质为切入点，以著作财产权是否具有商品性为分析线索，从经济学的角度审视著作财产权交易，分析著作财产权的形成成本、交易成本、保护成本以及最终借助交易实现其经济利益的可行性，旨在从资源配置的效率和社会福利最大化的角度出发，研究著作财产权交易的各种最优"量化"问题。认为著作财产权交易法律规范的制定和完善应以在保证权利人利益最大化的同时，实现著作产品资源配置全社会的最优化为价值取向。强调法律不仅要体现个人利益最大化，而且要体现社会利益最大化。

2.1　著作财产权性质分析

人们对著作财产权属性的认识水平是随着著作权法和著作权

法理论的不断发展而逐步提高的。透过历史的轨迹，审视著作权及其权利人利益实现的发展，既是对著作权属性的探究，也是对著作财产权本身性质的思考。概览国外学说，就著作财产权性质大体有以下几种观点：

2.1.1 赞助学说

在古希腊和古罗马时代，法学家还不能将精神作品与事实上附着的客体区分开来。他们将在属于别人的纸上进行的绘画与写作仅仅看作是属于财产取得过程中可能存在的"新的"有体物的问题，而不是将他们看作是在别人纸上存在的精神财产所产生的权利问题。[1] 只有那些手稿才会被认为属于财产权，并认为应当通过添附行为对其归属予以确定。这一思想在《法学阶梯》中已有所体现，在其第二卷 2.1.33—34 便指出，"字母，就算是用金子写成，也添附于纸和羊皮纸，完全如同建造的房屋和播种的植物通常添附于土地一样。因此，如果蒂丘斯在你的纸或者羊皮纸上写了一首诗、一段历史或者一篇演说，对这一整体，不是蒂丘斯，而是你将被判定为所有人。但如果你对蒂丘斯要求你的书卷或羊皮纸，也不打算偿付书写的费用，蒂丘斯当然可借助于恶意欺诈的抗辩保护自己，只有他是诚信地获得了这些纸或羊皮纸的占有。如果某人在他人的木板上作画，有些人认为木板添附于画；另一些人则认为：画，无论是怎么样的，添附于木板。但朕

---

[1] [德]M·雷炳德：《著作权法》，张恩民译，法律出版社，2005年1月版，第14页。

认为,木板添附于画较好。事实上,阿佩勒斯(Apelles,约公元前4世纪后半叶的古希腊画家)或帕拉斯(Parrhasius,约公元前4世纪后半叶的古希腊画家)的画添附于一块极廉价的木板,是可笑的。因此,如果木板的所有人占有画像,作画人要求画像,也不偿付木板的价金,他可由于恶意欺诈的抗辩被驳回。但如果作画人占有画像,逻辑的结果是,木板的所有人应被授予对抗他的扩用诉权,在这种情况下,如果他不偿付作画的费用,他当然可因恶意欺诈的抗辩被驳回,只有作画人是木板的诚信占有人。事实上,不论是作画人还是其他人攫取了木板,木板所有人可提起盗窃之诉,是显而易见的。"[1] 由此可见,在手稿中所体现的精神劳动被视为一个非交易物。如果某位艺术创作人在经济上不是独立营业者,那么,他就需要得到某位赞助者的宠爱,由赞助者负责照料他的作品发行并且通过支付一笔报酬来维持生计,可能的情况下还为他提供养老金。因此,赞助者可以随心所欲地对待作者的手稿,甚至可以让奴隶们制作一个复制品。这种文化赞助形式是出版活动的原型。在罗马时期,出版事业与手稿贸易有过非常兴旺的时候。但是,复制的费用和辛劳的价值却被认为应当高于创作行为。而且,大量的精神作品被视为公共的文化产品。[2]

---

[1] 〔古罗马〕优士丁尼:《法学阶梯》(第二版),徐国栋译,阿贝特鲁奇、纪蔚民校,中国政法大学出版社,2005年6月版,第129页。
[2] 〔德〕M·雷炳德:《著作权法》,张恩民译,法律出版社,2005年1月版,第15页。

2.1.2 特许权学说

15世纪中后期,随着书籍印刷术、铜版雕版技术、木雕技术的发明,使得书籍的出版成为新的产业。出版商为了维护自己的利益,考虑用法律的手段满足调整重印行为,开始谋求对书籍的独占复制和发行的权利。当时,由城市、农奴主或者帝王所颁发的特许权保护令主要有四种:①印刷特许权,即将书籍印刷术带到某个地方的印刷业者,可以在该地得到在一定时间内排他性地从事该业务的特许权。第一次授予该种特许权是在1469年,威尼斯城市向一位来自斯拜尔的名叫约翰(Johann)的人授予了为期5年的特许权。②书籍特许权,即运用特许权的方式保护特定的印刷作品,如1496年向印刷及出版商阿尔杜斯·马努梯优斯(Aldus Manutius)颁发的关于出版希腊语书籍的特许权。[1]③作者特许权,即作者有权将其作品交给某个出版商进行出版,其他任何人都无权将该作品予以发表。1486年,这类特许权第一次被颁发给了马库斯·安东尼奥·萨波尔利库斯(Marcus Antonius Sabellicus)。[2]这种特许权的保护仍然与印刷术联系在一起,故还不能被看作是现代意义上的著作权。④属地特许权,即从16世纪中期开始,为了保护特定群体的利益,法律普遍禁止在法定的期限内把已经出版的书籍进行翻印。巴塞尔市政厅于1531年10月28日颁发的一个条例,该条例禁止巴塞尔城市内

---

[1]〔德〕M·雷炳德:《著作权法》,张恩民译,法律出版社,2005年1月版,第17页。
[2] 同上,第17页。

的所有印刷商把那些已经在巴塞尔出版的书籍于出版后3年内再次翻印。[1] 这实际上已涉及到对与智力创作具有邻接关系的出版者投入的保护。

2.1.3 财产权学说

该学说是资产阶级革命后，基于哲学理念和对财产权的深刻变化而对著作权提出的一种主张，也是人们从应然状况对实然状况的一种感悟。财产权理论的倡导者约翰·洛克认为，"他（一个人）的身体所从事的劳动和他的双手所进行的工作，我们可以说，是正当地属于他的，所以只要他使任何东西脱离自然所提供的和那个东西所处的状态，他就已经掺进他的劳动，在这上面掺进他自己所有的某些东西，因而使它成为他的财产。既然是由他来使这件东西脱离自然所安排给它的一般状态，那么在这上面就由他的劳动加上了一些东西，从而排斥了其他人的共同权利。因为，既然劳动是劳动者的无可争议的所有物，那么对于这一有所增益的东西，除他以外就没有人能够享有权利，至少还留有足够的同样好的东西给其他人所共有的情况下，事情就是如此"。[2] 洛克还指出，作者在其作品上花费的时间和精力，与其他劳动成品的创作人是一样的，因此作品应与其他劳动成品一样取得应有

---

[1]〔德〕M·雷炳德：《著作权法》，张恩民译，法律出版社，2005年1月版，第18页。
[2]〔英〕洛克：《政府论》（下篇），叶启芳、瞿菊农译，商务印书馆，1964年版，第19页。

的报酬。[1] 到了 17 世纪,随着文艺复兴、宗教改革和罗马法复兴的"三 R"现象[2]的进一步发展,作者阶层强烈要求对其财产权利进行保护,在此情形下,1709 年英国议会通过并颁发了《为鼓励知识创作而授予作者和购买者就其已印刷成册的图书在一定期间内的权利的法案》(后世称其为《安娜女王法案》)。该法案被公认为世界上第一部具有现代意义的版权法,尤其该法案所确立的作者主权原则、出版物有限保护原则以及著作权即财产权原则等[3]对后世产生了重大影响。

2.1.4 人格权学说

18 世纪末,在德国出现了以康德、黑格尔为代表的"人格理论",提出了著作权属于人格权的学说。康德将书的实物存在形式与书的内容作出了区分。就书的实物存在形式上人们享有物权,书的内容是作者向公众说的话因而作者享有人格权。作品不同于任何商品,其首先是作者的人格反映。在著作权中,人格权是首要的,财产权次之。"一位作者的某个作品属于该作者人格的势力范围,著作权则保障了作者对这部分人格领域的主宰。著作权所提供的保护实质上是对作者个人人格利益的保护,这种保护可以一直存续,直到随着时间的流逝,在作者本人死亡之后所

---

[1] 参见〔英〕洛克:《论国民政府的两个条约》,转引自中国版权协会编:《版权研究文选》,商务印书馆,1995 年版,第 122 页。
[2] "三 R"是指文艺复兴(Renaissance)、宗教改革(Religion)和罗马法复兴(Recovery of Roman Law)的外文表达的简称。
[3] 参见费安玲:《著作权的权利体系研究》,中国政法大学博士学位论文,第 36—37 页。

延续的精神上的独创性,看起来已不再属于任何意义上、与他的继承人有任何密切关系的群体以及权利的继受人,最后只剩下属于民族与人类。"[1] 这种理念使得法国将其著作权法定位于作者权利,并提出了著作权是"一体两权"的所谓"二元论"的理论,即著作权是由两个相互独立的作者人格权和作者财产权所构成,且作者人格权应该放在首位。

2.1.5 混合学说

该学说认为,作者本人基于特定的目的、统一以自己的名义、以共同的出发点为基础所涉及的两个要素,即人格和财产,似乎并不是著作权的两个组成部分,而是涉及到一个统一权利的双重功能。据此,奥地利前政府官员卡尔·里斯堡沃(Karl Lissbauer)将这一理论写入了奥地利1936年制定的《著作权法》,并对德国1965年的《著作权法》制定起到了很大的影响。这一理论被形象地描述为"树形理论",即将著作权法所保护的两大利益群体比喻成一棵树的树根,正是这些树根构成了一棵树(著作权)的统一的渊源,各项著作权权能就好比这棵树的树杈、树枝,它们这些树杈、树枝的力量来源正是这两个树根。著作权既不属于财产权也不属于人格权,而是一种混合形式。[2]

就我国而论,早在清末,商务印书馆编译所资深编辑陶保霖先生就著作权本质便陈述了四种说法:①创作保护说。此说认为

---

[1] 〔德〕M·雷炳德:《著作权法》,张恩民译,法律出版社,2005年1月版,第24页。
[2] 同上,第27页。

创作是指著作物之做出。人以思想能力创作一新著作物，法律即予以保护。相反，如果是拟作（模拟他人之作），则不仅不予以保护，还须实施处罚。此理由与所有权的本质相同。所有权的本质，即在首先占有。首先占有者，其人物之间首先有特别关系，人发挥大脑功能，结合社会现象而制造出物质，使著作者与著作物之间有了特别关系。②劳力说。这一学说认为，著作权的产生不是来自创作，而是来自具有智能的劳力。凡著作都不是创作，而不过是就社会上的材料加以网罗搜集而后成著作。所以，其所理解的所有权本质，不在首先占有，而在劳动力的投入。这就好比：土地的所有权，因开辟拓荒的劳力而得；房屋的所有权，因建筑的劳力而得；那么，著作之所有权，则因汇集资料之劳力而得。③报酬说。持此说者认为，著作权是对著作者之劳动给予报酬。因为著作者对一国的文明裨益最大，实为社会发达、人类幸福之所利用与依赖。所以，不能不给著作者以报酬。④人格说。持此说者认为，著作权的本质，乃在人格的保护。因为著作物是著作者的思想创见，而思想为人格的第一要件。所以，要保护著作权，就要防止他人剽窃或者模拟，防止他人侵害著作者的人格。陶保霖还认为，上述四种说法都不是完美无缺的，因各国国情不同和时代差异，它们各有长短和利弊，不可一概而论。[1]

从这些论述中不难看出，陶保霖先生的论述多少吸纳了前人的成果，虽论述有限，但在当时这种阐述，对大部分人著作权观念淡

---

[1] 李明山主编：《中国近代版权史》，河南大学出版社，2003年5月版，第64—65页。

薄而又没有实施著作权立法的中国，其本身就是一种进步和贡献。[1]

上述不同学说，体现了不同的法律理念和对于著作财产权的不同理解，彰显了不同的理论思想与智慧。笔者认为，在探讨著作权性质时一方面要从整体上予以审视，即著作权法律制度是伴随生产力水平提高、文化传播的需要而产生，并且其总是随着科学技术、文化艺术的发展而发展。这就使得著作权的性质体现在具体法律制度中时必然要反映科学技术、文化艺术发展的要求；另一方面要从不同历史时期的不同特点审视著作权制度的发展，即著作权法律制度同时要随着社会的不断发展而发展。这就要求著作权的性质不仅要反映整个科学技术、文化艺术的发展要求，也要反映不同历史时期或者同一历史时期的不同发展阶段的社会经济的要求。因此，当我们今天面对高科技不断发展和著作权法律制度逐步形成全球化、一体化的现状，再来思考著作权性质的时候，也许我们会不难发现，整个著作权法无非是一部如何分割著作权所形成的利益市场的法律，也就是最大限度的发挥著作财产权的效用，以期平衡著作权利人、传播者、使用者以及社会公众的利益。利益冲突及平衡已成为著作权法律制度中最主要、最核心的问题，也是著作权法律关系所涉及到的各方最关注的问题。基于此，笔者认为，在我们分析、研究著作权性质时，应当将注意力集中在著作财产权及其利益的变动上。因为随着著作权对整个社会经济发展所起作用和地位的不断提升，未来人们对著

---

[1] 李明山主编：《中国近代版权史》，河南大学出版社，2003年5月版，第68页。

作权关心的不仅在于其人身利益，更在于其经济利益。故笔者认为，著作权法律制度的本质实际上就是使本应冲突的各种利益达到平衡。

2.2 著作财产权交易的可能性分析

在探讨著作财产权交易的正当性时，笔者认为从著作财产权所具有的特性出发，并通过著作财产权的变动内因考察著作财产权交易的可能性，会使我们得到不少启发和研究心得。基于此，笔者拟从以下方面说明著作财产权交易的可能性：

2.2.1 著作财产权的财富性

所谓财富即意味着具有价值。著作财产权是创造者智慧成果在法律层面上的体现，该成果凝聚着前人和作者的脑力劳动，也正是基于该脑力劳动成果以及肯认和鼓励作者的劳动，法律才赋予其权利。作为作品是公开的，具有一定的公共产品属性，而著作财产权则是垄断的，即具有私人产权属性。著作权法律制度的实质也说明了，"正是创造者能够取得无形财产的垄断权，才有诱因激励其在知识、信息的生产方面投资"。[1] 著作财产权同时又是一种资源，可以为作者产生巨大的物质性利益，即经济利益。这便涉及著作财产权的分配和归属等问题。不同社会或者同一社会的不同历史发展阶段，之所以对著作财产权采取不同的态

---

[1] 冯晓青主编：《知识产权法前沿问题研究》，中国人民公安大学出版社，2004年8月版，第200页。

度,正是因为对著作财产权所产生的利益分配和归属问题有不同认识。因此,著作财产权的财富性要求,必须从法律层面予以考虑,即确认利益分配和归属。著作财产权的分配和归属的确认是著作财产权交易的前提和基础。

2.2.2 著作财产权的商品性

在著作权法律制度中,著作权的变动主要表现为著作财产权的变动。而在任何一个具体著作财产权法律关系中,这种变动总是体现为作者或者著作权人与作品的传播者、使用者之间的一种以作品财产权为标的的商品交换关系。无论是著作财产权的许可使用、转让还是质押等,均具有一般意义上的商品交易的特征。这种特征表现为:双方法律地位平等;通过市场进行交易;交易的方式采取合同形式;交易的内容双方议定;交易内容的要素受价值规律制约;交易的过程体现当事人意思自治等。当然,著作财产权作为交易对象,除具有一般商品交换特征外,还有自身特性,如著作财产权交易中有可能涉及有关著作人身权的问题;在具体交易内容上,因著作财产权为"一束权利",故并不像市场上的其他物品一次性全部交易等。本书下一节将从经济学角度对此进行分析和探讨。

2.2.3 著作财产权的传播性

无论是著作财产权还是著作人身权,其共同指向的对象仍为智慧成果。由于智慧成果在本质上是一种信息,具有传播性。这种客体上的传播性使得客体上的利益同样具有传播性特点。而无论是智慧成果的传播还是该智慧成果上利益的传播,都必须借助于交易行为作为传播的途径。每一个具体著作财产权的交易行为都在不同程度的对著作财产权上所承载的信息进行传播。事实上,"各种客观事物的绝对运动及由此而形成的普遍联系必然导致信息的传递。无论在无机界、有机界还是人类社会,信息的传递无时无刻不在发生,而且,信息的传递不仅可以在空间发生(如侦查蜂将某朵花有蜜的信息通过不同的飞行动作传递给其他多只公蜂),也可以在时间上发生,如DNA中代代遗传的生物信息,信息在时间上的传递也被认为是信息的存储。"[1] 由于著作财产权无论在空间上还是在时间上,法律基于公共利益均对其作了一定的限制,因此,在有限的空间和时间内,只有通过著作财产权的交易才能达到信息传播的最大化。

2.2.4 著作财产权的实用性

著作财产权不仅是一种资源,具有有用性,而且也是一种工具,具有实用性。事实和经验告诉我们,拥有资源并不等于拥有利益,必须将资源激活,才能创造利益。因此,著作财产权作为一种利益工具,应当注重它的使用,使著作财产权的每一个权能发挥最大功效。著作财产权利用的最大化应当是著作财产权交易必然性的体现。当然,笔者并不反对对著作财产权的拥有,从某种程度上讲,拥有著作财产权是使用著作财产权的基础。笔者只

---

[1] 乌家培、谢康、王明明编著:《信息经济学》,高等教育出版社,2002年版,第19页。

是认为，仅仅拥有著作财产权而不通过交易进行使用，或者使用的程度不高，将意味着权利人无法获利或者获利不能够实现最大化。

综上，我们不难看出，著作财产权的财富性和商品性意味着利益分配和交易的必然性；而著作财产权的传播性和实用性则体现了交易的可行性。

2.3 著作财产权交易的经济学分析

运用经济手段去分析和评价法律制度，是本世纪以来西方法学发展的一个潮流，当代经济学的理论和方法几乎应用于法律的每一个领域。法律制度能够引起经济学研究的高度重视的关键就在于人类经济发展的历史充分证明，对经济发展起决定作用的是制度性因素而非技术性因素。对于法律制度而言，经济学能够提供强有力的前所未有的解释。[1] 基于此，本书运用经济学分析的方法，进一步考察著作财产权的经济性、交易的内在构成和外在环境，其目的在于揭示著作财产权交易的正当性。

2.3.1 著作财产权的经济属性

财产是一个集合名词，在经济学上是指能够投入到生产中的各种要素。它们可能是有形的物，比如土地和机器，也可能是无形的东西，比如知识、信息和人力资源。财产是经济学上的资源，是生产投入的要素；而在法律上则是一系列的权利，称之为

---

[1] 张文显：《当代西方法哲学》，法律出版社，1994年版，第264页。

产权。产权描述一个人对某一资源可以做什么，不可以做些什么，他可能占有、使用、改变、赠与、转让或阻止他人侵犯。因而，法律上的财产和产权概念就是一组所有者自由行使并且其行使不受他人干涉的关于资源的权利。[1]

著作财产权是著作权人依著作权法及相关法律通过各种合法形式利用其作品并获得报酬的权利。著作财产权因作品的创作而产生，并由依法获得著作权的著作权人拥有，也可以因法律规定的期限届满而消灭，并不是永久存在的。这也是著作财产权不同于著作人身权的重要特征。由于著作权人利用作品可给其带来经济利益，因此著作财产权在市场经济条件下成为商品并用来进行交换就具有现实必然性。作为商品，著作财产权同样具有使用价值和价值的一般商品属性。

著作财产权作为一种权利，其使用价值不同于一定具体数量的特定物质载体的使用价值，尽管二者有一定的联系。对于权利获得者而言，著作财产权的使用价值表现在它能给自己带来静态和动态两种经济性收益。静态的经济收益主要是指权利获得者能够通过财产权的获得提高资源的使用效率从而给自己带来更多的物质和精神收益，财产权的这种能给其所有者带来物质和精神收益的能力可以视为财产权的一种有用性，是使用价值的表现。动态收益主要是指激励的存在，即著作财产权所有者拥有这样一种权利，它能够使得权利所有者在资源生产期就投资于资源的创造或者改进，而无在收获季节被他人侵占该资源的后顾之忧。它使

---

[1] 刘茂林：《知识产权法的经济分析》，法律出版社，1996年版，第58页。

得人们可以收获他们所播种的东西。[1]

使用价值是价值的物质承担者。著作财产权不像天然草地那样只有使用价值而没有价值。著作财产权是一种稀缺资源，它的产生耗费了创作者和社会相关机构工作人员的时间、精力，是无形的劳动产品，凝结着人类劳动，具有价值属性。

正如马克思所言："商品总是要找货币谈恋爱的。"[2] 商品的使用价值主要是通过交易的方式实现的，这种交易是以与货币这一特殊商品的等价交换作为显著特征的。至于著作财产权交易的价格则同样以其价值为基础，其价值完全取决于社会必要劳动时间。"在商品的交换关系本身中，商品的交换价值表现为同它们的使用价值完全无关的东西。""在商品的交换关系或交换价值中表现出来的共同东西，就是商品的价值。"[3] 这种共同的东西就是凝结在商品中的无差别的人类劳动。这一点同物质产品的生产价值决定论并无实质性的理论差别。

产权是一种社会工具，其重要性在于事实上它能够帮助人们形成相互交易时的合理预期。这些预期是通过社会的法律、民俗和道德得以保证和表达。[4] 对于著作财产权而言，其商品属性的界定以及交易过程的顺畅同样均需要相关的法律和制度保障。例如，一个版权所有者如果不能排除他人对自己版权的无条件使

---

[1] 〔美〕威廉·M·兰德斯、理查德·A·波斯纳：《知识产权法的经济结构》，金海军译，北京大学出版社，2005年版，第47页。
[2] 《马克思恩格斯全集》（第23卷），人民出版社，1972年版，第51页。
[3] 同上。
[4] 刘茂林：《知识产权法的经济分析》，法律出版社，1996年版，第58页。

用，就有可能使得因享有版权权利而给自己带来的"有用性"受到影响，就会形成对自己利益的伤害，这种情况下的版权可能是有名无实的。只有通过某种强制性制度的存在，消除或减少交易成本才有可能确保权利所有者的利益，这种制度就是版权的法律保护。因此在存在法律保护的制度环境中，非版权所有者要想获得版权所有者所享受的"有用性"，就只能通过交易的方式从所有者手中获得这种权利。与此同时，如果竞争对手无需承担开发费用，即可复制他人所新开发的产品，并以与创新者相同的边际成本生产该产品，那么企业就不太可能花费资源去开发新产品，竞争将把产品价格下降至边际成本，而发明的沉没成本将不能得到补偿。这对资源的有效利用是极为不利的。只有通过立法将知识财产产权化，一定程度上才可以消除这种现象。对于非财产权所有者而言，在法律条款约束的条件下，要想获得同财产权所有者一样的收益，现实的途径主要是通过权利交易。法律的存在可以为交易过程的存在及其模式化提供可能的现实基础。

分析著作财产权所有者静态和动态两种收益获得的过程不难看出，在文明的、法制化的社会里，制度的进步使得著作财产权的使用价值和价值的商品属性愈益凸现出来。对于著作财产权而言，其交易的繁荣程度是与社会的文明和发展程度息息相关的，它并不是一个孤立的全新概念。

2.3.2 著作财产权交易的环境分析

著作财产权的交易通常是在一定的环境下进行的，这种环境就是以交易为中心和交易具有内在联系的各种外在条件，这些外在条件是著作财产权交易得以进行的前提和介质。我国现阶段的经济社会背景是著作财产权交易的基本的环境条件,而文化消费市场的需求,文化产业的发展则是和著作财产权交易最为密切的外在条件。

2.3.2.1 文化消费市场的需求

著作作品消费是文化消费的重要组成部分。文化消费水平已经成为衡量一个社会是否进步和文明的重要标志。[1] 从理论上讲,一个文明发达的社会,必然会对高雅的精神文化产品产生强烈的需求。那么,作为发展中国家的中国是否已经具备这种条件便是一个值得人们关注的,并应予以积极研究的理论问题。笔者以为,未来中国经济社会的发展使得文化消费的增长潜力巨大,其表现在:

首先,人类自身发展需求层次的不断提升为文化消费可持续发展提供了持之以恒的精神动力,中国也不例外。根据马斯洛的需要层次理论,人的需要可分为五个层次,分别为生理需要、安全需要、爱与归属的需要、尊重的需要、自我实现的需要。只有当低层次的需要满足后才会产生更高层次的需要。物质消费可通过提供食物、住房等满足人的生理和安全等低层次的需要,但无法满足人们其他更高层次的需要。文化消费可通过文化产品提供人们在物质生活中无法满足的需要,如高雅的影视作品可对人产

---

[1] 文化消费已成为全球消费的热点,文化产业作为新的经济增长点迅速崛起,占据经济总量的比重越来越大,并已发展到足以影响全球产业结构的程度。

生巨大的影响,满足人们对爱和归属的需要;通过教育作品的消费可满足自我价值实现的需要等。人类对自身的完善和进步的追求是无止境的,随着人类知识层次的提高,对文化层次的追求会不断提高,文化消费自然也会走上历史舞台。

其次,我国经济社会进一步发展为文化消费可持续发展提供了坚实的物质基础。经济的发展和社会文明的进步将极大地推动文化消费需求的扩大,文化消费发展的空间日益广阔。从总量上看,改革开放以来,我国国民经济持续、快速、协调、健康发展,居民收入水平稳步提高,居民的物质生活得到较大改善。根据联合国粮农组织提出的标准(恩格尔系数在59%以上为贫困,50%-59%为温饱,40%-50%为小康,30%-40%为富裕,低于30%为最富裕),我国居民的生活和消费水平已逐步向小康社会迈进标志着我国消费结构进入一个重要阶段。在这一阶段,消费结构向发展型、享受型升级,经济自主增长能力不断增强,经济总量的不断增加和人民收入水平的不断提高,为文化消费的可持续发展奠定了坚实的物质基础。[1]

最后,我国居民素质的不断提高为文化消费可持续发展提供了潜在的消费主体。随着"科教兴国"战略的实施,我国的教育事业得到蓬勃发展,居民素质不断提高。截止到2000年底,全国普遍实现中央提出的"普九"目标,普及九年义务教育的人口占全国人口的比重从90年代初的40%左右提高到85%,全国小

---

[1] 张沁:"对文化消费可持续发展的思考",《宏观经济管理》,2004年第4期,第27页。

学学龄儿童入学率从 1990 年的 97.8% 提高到 99.1%，初中毛入学率从 1990 年的 66.7% 提高到 85% 以上，2002 年达到 92%，2003 年全国共有各个层次的高校毕业生 212.2 万人，比 2002 年净增 67 万人，增幅达 46.2%。随着我国居民文化素质的不断提高，文化消费的潜在主体也在不断呈上升趋势。[1]

  从需求层次看，文化消费的普遍升温将对著作财产权的交易产生直接的影响。这一影响的具体路径是：文化消费文化产品生产著作作品生产著作财产权交易。其表达的经济意义为：不同领域的文化消费升温通过市场这只看不见的手将大量信息反馈至众多的文化产品生产者，生产者通过投资生产要素实现精神文化产品的生产，这其中自然包括著作作品，因为著作作品在精神文化产品中占有重要地位。生产者要完成整个生产过程，除了投资资本、劳动等生产要素外，最为关键的是从著作权人那里获得著作作品的生产、复制、传播、印刷等系列权利，这是因为在文明、法制社会，著作权是作为财产受法律保护的。由于著作权是著作权人的私有财产，是有价值的商品，因此只通过谈判以合理的价格进行交易（作者自愿转让情况例外）方能实现权利的转移。因此，我们有理由相信，在一个文明发展的社会里，文化消费的升温必将使著作财产权的交易在社会范围内全方位、多层次展开。

---

[1] 张沁："对文化消费可持续发展的思考"，《宏观经济管理》，2004 年第 4 期，第 27 页。

2.3.2.2 文化产业发展的需求

经济学家对文化产业的发展始终给予了高度关注。[1] 20世纪80年代中期,世界上一些著名的经济学家就已经敏锐地预见到了社会发展的轴心正在由政治、经济向文化转换的发展趋势。如今,文化资源正在成为文明国家的社会中心,成为社会各领域的主导乃至财富的源泉。人们预感到一个科学文化大发展的新时代即将到来,未来各个国家、地区、民族竞争的胜负将主要取决于人们所拥有的科学文化水平。在这样的背景下,以满足人类精神文化生活需要为目标,生产服务和知识的经济全球化的产物文化产业便应运而生。[2]

文化产品的价值不仅体现在经济价值方面,而且体现在精神价值方面。精神价值是一个自成体系的、极其复杂的系统。它是一个涉及到哲学、社会学、历史学等方面的重大课题价值观念问题。纵观古今中外,人们对价值观念的认识是极其纷繁的。可以说,不同的国家、民族、阶级、社会制度都有着不同的价值观念。而在当代,随着经济、社会、科技的巨大进步,全世界各个国家、民族的价值观念都在经历着时代的冲击和深刻的变革,因

---

[1] 目前学术界对文化产业的一致认识是用现代生产方式有偿地进行精神生产、文化制作、科技开发、智力服务、信息传播等的行业系统总称。

[2] 第二次世界大战后,文化产业首先在发达国家得到了飞速的发展,已经从战前一个附属的产业,逐渐发展为人类社会不可缺少的经济产业形态。特别是近年,随着迅猛发展的现代信息技术向文化领域的广泛渗透,用高科技手段来增加物质产品的文化内涵,或用先进的物质生产方式来生产文化产品,并提供高质量的文化服务,已成为现代经济发展的主流方向之一。

而对价值观念的认识各民族也不尽一致。但无论对价值观念的认识多么纷纭,人们对精神价值共同的内涵认识可做如下概括:就其内容来说,精神价值是指人们对社会经济、政治、道德、艺术、宗教、科学文化乃至日常生活各个领域中的举措之得与失、善与恶、美与丑、真与假、利与弊等的认识与权衡。其表现形式是人们对上述这些基本价值内容所做出的判断,用信仰、理念、理想、情趣所表达和构成的目标体系;其社会功能是从观念形态上将该体系作为评价标准对社会各种事物进行认识和评价,从而影响、规范、指导自己和社会的行为。一个社会越是进步,精神价值的社会意义就越大。

对外开放对中国文化产业发展产生了重要的影响。20世纪90年代以来,中国的文化产业发展得很快,出现了良好的发展势头,到2001年,中国共有电影、电视、音乐、唱片、录像、影碟等文化产业机构22.3万个,从业人员92万人,固定资产468亿元,年上缴各种税金20.2亿元,创造的增加值118.9亿元。[1] 仅文化娱乐业,社会兴办的文化产业机构总数和从业人员总数已经达到文化系统的4.4倍以上。文化产业已经成为创造社会财富的一个新的源泉。2001年,我国全国城乡居民的直接文化类(娱乐、教育、文化服务)消费支出,城镇居民人均支出650元,农村居民人均支出192.6元,城乡居民文化消费总额达到4555亿元。据专家统计,2003年的文化消费达550亿元以

---

[1] 孙仁中:"文化产业:21世纪产业扩张之新亮点",《重庆邮电学院学报》,2004年第12期,第118页。

上，预计 2005 年可达到 600 亿元。中国文化产业的发展空间十分巨大，发展前景非常广阔。

同文化产品的消费相类似，文化产业的发展同样离不开著作财产权的交易，而和著作财产权交易相关的文化产业是整个文化产业的重要组成部分。著作财产权交易是现代文化产业发展的原动力之一。这一动力产生的机制和路径以及文化消费需求升温推进著作权交易的路径正好是可逆的，基本可以分为三个环节：著作财产权权利交易——被授权生产商的复制与规模生产著作作品（电影、戏剧、小说等）——消费者对著作作品的精神消费。分析这一著作文化产品生产的产业链可以看出，其核心与基础环节就是著作财产权的交易，它是整个著作作品产业发展和壮大的"第一推动力"。如果缺少著作财产权的交易，文化产业的发展和文化产品的需求必然会受到一定程度的限制，这与以人为本、和谐社会的构建等可持续发展的目标是不符合的。

与此同时，随着中国加入 WTO 以及对外开放的力度不断加大，中外文化产业交流的程度将不断加深，届时大量的国外文化产品将进入中国，国内大量文化作品也将走出国门，进入国外的消费者群体当中。国外的著作财产权交易具有较高的水准，对中国逐步开放的文化产业运行也将产生直接的影响，著作财产权交易在全社会范围扩大化就将是直接结果之一。

在这样的背景之下，无论是对国内还是国外的文化产品生产商而言，著作财产权的交易都会自然成为一个不容回避的问题。因此无论是从事物发展的内因还是外因出发，我们均有理由相信，著作财产权的交易在现代市场经济条件下具有现实必然性。

2.3.3 著作财产权交易的成本分析

从经济学角度讲,成本具有多种含义。成本即是按产品作为对象汇集的各项费用支出,又是生产者投资消耗补偿的最低限额,也是计算收入时必须从销售收入扣除的部分。著作财产权交易中的成本是指著作财产权人为了创作作品及从事著作财产权交易而获得生产要素时必须支出的各种费用的总和,其包括生产成本、交易成本和社会成本。

2.3.3.1 生产和交易成本

(1) 基本假设的提出和概念的界定。经济学基本假设是经济学研究体系的理论基石。经济研究结论的不同很大程度上根源于基本假设的差异。为使研究思路更加明确清晰,特提出如下假设:经济行为人(著作权人)最大化效用动机假设;信息不完备或不对称假设。

对于文中要讨论的著作财产权的交易成本和生产成本,特作如下界定:

首先是生产成本,是指直接参加著作权利生产过程的各种要素的耗费。这里要着重强调的是"直接参加生产过程",它是指在著作财产权生产过程中直接劳动投入、直接原材料投入和直接其它的投入过程。

如果设生产函数为:$Q=F(K, L)$

则生产成本函数就是

$$C=rK+wL$$

这里，K 代指资本要素投入，r 是它的价格；L 是投入的人力要素，w 是它的价格。

其次，对交易成本进行如下界定：对于一个企业或个人生产者来讲，交易成本是指除了以上界定的生产成本外的所有成本。具体讲，它主要涵盖这几个方面的内容：为了购买直接生产要素，也即为了准备生产成本而付出的发现价格的成本以及谈判和签订合同的成本；生产过程中，为了使各个生产要素能被有效利用，即为了组合生产成本而发生的管理的组织成本；为了销售产品（著作权利）也即为了变现生产成本和利润而发生的搜寻价格的成本以及谈判和签订交易合同的成本等。

（2）生产成本和交易成本的统一。在新古典经济学框架下，成本被限制为生产成本。这是与新古典经济学最基本的假设，即完全信息和完全理性分不开的。新古典理论认为：一方面，既然价格可以传递市场交易中的一切信息，也即信息完备而对称，那么经济行为人获取信息的成本为零，而信息成本是交易成本的最主要组成部分，因此，这就构成了交易成本为零的必要条件；另一方面，由于信息完备和完全竞争市场的基本假设，那么，风险不确定性和相关经济行为人的预期都不存在，这就构成了交易成本为零的充分条件。综合以上分析可知，在新古典经济学体系下，经济主体之间的交易成本为零。

但是，新古典经济学对经济运行的解释与经济现实之间存在着严重不和谐，这已经是不争的事实。要修正这种不和谐必须以其基本理论假设的修正为出发点。因此本文抛弃了信息完备或对称假设，取而代之的是信息不完备或不对称假设，并以其作为研究的出发点。[1]

制度经济学家[2]的观点是：企业就是一种配置信息的组织或者市场。企业就是在信息不完备或不对称条件下，经济行为人为追求最大化效用而做出的一种反应，只不过这种反应是以企业的形式出现。信息的不完备与不对称可以被减少或有限规避，但是不能被消除或无限规避。对信息的配置就是对信息不完备和不对称的减少或有限规避，因此企业配置信息即使减少或有限规避了信息的不完备或不对称，也仍然没有完全消除或无限规避信息的不完备或不对称。因此，一定程度上说，企业作为一种市场，一种组织结构，在与外界的交往中，以及在内生的变动中仍存在交易成本。可以认为，这种交易成本内生于要素的结合。

换而言之，企业的交易成本内生于要素的结合（即生产成本），而生产成本内生于专业化分工的收益。因此，生产成本和

---

[1] 现代西方经济学的系统性发展源自亚当·斯密，中经大卫·李嘉图、西斯蒙第、穆勒、萨伊等，逐渐形成了一个经典的经济学理论体系，这就是古典经济学（Classical Economics）。在20世纪以后，现代西方经济学历经了"张伯伦革命"、"凯恩斯革命"和"预期革命"等所谓三次大的革命，形成了包括微观经济学和宏观经济学的基本理论框架，这个框架被称为新古典经济学（Neoclassical Economics），以区别于先前的古典经济学。新古典经济学集中而充分地反映了现代西方主流经济学过去100年间的研究成果和发展特征，它在研究方法上更注重证伪主义的普遍化、假定条件的多样化、分析工具的数理化、研究领域的非经济化、案例使用的经典化、学科交叉的边缘化。

[2] 新制度经济学是20世纪一支突起的异军，它的源头是大家公认的科斯教授1937年的那篇短文《企业的性质》。新制度经济学的名字是威廉姆森提出的，在他20世纪60年代和70年代的一系列文章中他提出了一个所谓的新制度学派，之所以有一个新字冠在前头，主要是为了和以凡伯伦、康芒斯、密切尔为首的老制度学派相区分。该学说主要提出了两个有意义的命题：其一，制度是重要的；其二，制度现象将影响经济理论工具的分析。

交易成本统一于专业化分工的收益,即统一于企业的产出。这也就是二者统一的内在逻辑。

(3) 生产成本和交易成本统一的内在逻辑。这里只做静态分析,假设著作权利生产总成本和总产出不变,分析生产成本和交易成本怎样形成均衡。

首先,生产成本与产出之间的关系在新古典经济学是有了详细准确的描述,这里不再重复(见图 1)。随着产出的增加,生产成本呈现不断上升之势。

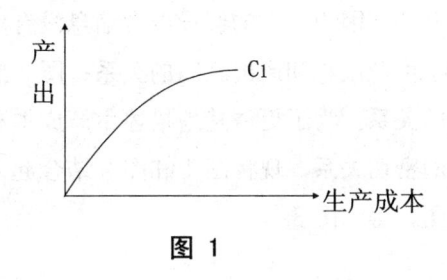

图 1

其次,交易成本与产出之间也存在着密切关系。可以看出,随着交易成本的增大会使产出在原有生产成本的基础上增加。这样,在既定的社会环境和交易行为人条件下交易成本越大,有可能通过增加交易成本带来信息不完备或不对称处境的改善的结果。这种结果可以使生产成本包含较少的准租金。同时管理监督的成本的投入增加也会带来更大的产出。这种关系在图 2 中也可以得到反映。

图 2

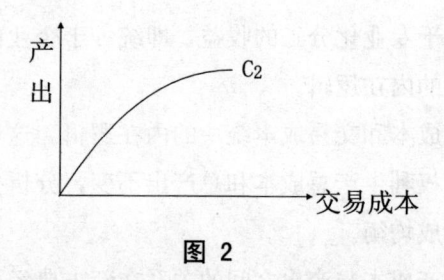

图 2 中，出现边际递减现象是因为信息收集和处理能力方面受到限制，交易成本的增大只能使产出以递减的速度增加，但总趋势是单调上升的，因为本文的假设内含信息没有负效用。

图 1 描述了生产成本和产出之间的关系；图 2 描述了交易成本和产出之间的关系。为了更清楚地描述生产成本和交易成本在以产出为纽带的密切关系，现将图 1 和图 2 结合起来，运用埃奇沃斯盒状曲线图，得到图 3。

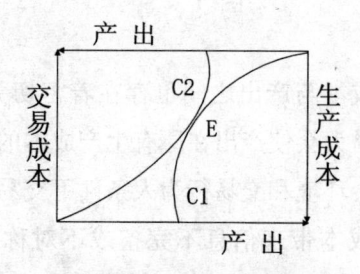

图 3 埃奇沃斯盒状曲线图

该图中横轴反映产出，是交易成本与生产成本的贡献之和；纵轴反映成本，交易成本与生产成本之和。整个图反映成本和产出的关系。曲线 C1 和 C2 在 E 点相切，此时交易成本的边际产出率与生产成本的边际产出率相等。设交易成本的边际产出率为

MPTC，生产成本的边际产出率为 MPPC，又设企业总成本的边际产出率为 MPC，则有：

$$MPTC=MPPC=MPC$$

这个等式是企业生产的均衡结果，表达了生产的最优状态。生产成本和交易成本共同作为企业的成本，对产出的边际贡献相等。因此，它们具有内在统一的逻辑，这个逻辑就是 MPTC＝MPPC。从著作财产权的生产过程来看，这正是生产者所追求的。

（4）结论及进一步的思考。在新古典经济学分析框架下，企业运转被认为不需要交易成本，而新制度经济学没有深入考察企业内部活动的特性，这些都是理论假设的缺陷。

从一个角度看，企业内的交易成本内生于要素的结合（即生产成本），而生产成本内生于专业化分工的收益，企业是交易成本和生产成本的统一体。

交易成本和生产成本统一的内在逻辑是：当企业生产静态均衡时，共同作为企业的成本，生产成本和交易成本对产出的边际贡献是相等的，即 MPTC＝MPPC。这个等式也是企业生产的成本分配法则以及企业生产的扩张边界。

2.3.3.2 社会成本

（1）因寻租导致的社会损失。该项社会成本对于著作财产权来说具有特别重要的意义，它是从获得财产权的共同动机中产生的，经济学家将该动机称为寻租。[1] 租是超过为产生回报所付出成本的一种回报。它是纯利润，因而值得为此付出成本，哪怕成本超过了从其任务中所产生的社会利益，正如它们通常所表现的那样。假定一艘沉船的残值为 100 万美元，而实现该残值的成本只要 10 万美元，如果能够获得该沉船的财产权，那么打捞者的潜在收益从打捞沉船中所得的经济租或纯利润就是 90 万美元。通过取得财产权而实现该收益的竞争，就可能消耗掉全部或者大部分潜在的租，将之转化为一种无谓的社会损失，除非杂乱无章的竞争加快了打捞进程，足以在现值上产生一个增加值，以抵消所增加的成本。[2]

这个例子有一个特殊的假定，即船只的原始所有人已经抛弃了该船只，因此它是无主的。如果该船只未被抛弃，那么其所有人就可以将打捞沉船的权利拍卖给要价最低的竞拍者，亦即对打捞船只要求最少的打捞公司。这样就没有任何寻租的问题了，因为竞拍者之间的竞争会将打捞价格降至其成本加上一个合理利润

---

[1] 寻租理论产生于美国，最早萌芽于 20 世纪 60 年代，确立于 70 年代。把寻租作为一个经济学范畴正式提出的是美国的经济学家克鲁格。他在 1974 年公开发表的《寻租的政治经济学》一文中深入研究了由于政府对外贸的管制而产生的对租金的争夺，并设计了数学模型对其进行计算和讨论，后来这篇被经济学界视为寻租理论的一个里程碑，克鲁格也被视为寻租理论的鼻祖。从广义上讲，寻租活动是指人类社会中非生产性的追求经济利益活动；狭义而言，寻租活动是指现代社会中最多见的非生产性追求利益行为，是利用行政法律手段来阻碍生产要素在不同产业之间自由活动、自由竞争的办法来维护或者攫取既得利益。

[2] 〔美〕威廉·M·兰德斯、理查德·A·波斯纳：《知识产权法的经济结构》，金海军译，北京大学出版社，2005 年版，第 21 页。

的水平，而该利润是根据打捞中所使用资源的机会成本来计算的，该利润就不是一种租，而只是一种成本的报偿。

在抛弃沉船的情况下，财产法有时通过给予最先行动的搜寻者以展开搜寻行为的专有权，从而缓解寻租问题。"那些将丢失物或者抛弃物实际回复占有的人，以及那些积极地并有能力为此付出努力的人，他们应当在法律上受到保护，以免他人的干扰，然而，那些只是发现或确定了该财物的位置，但无意致力于回复占有的人，则不受法律保护。法律保护那些实际付出努力以使丢失物或抛弃物回归社会的人，这就是一种激励，从而使他们承担此种既耗资巨大又有风险的事业；法律并没有对那些单纯的发现给予其对发现物的专有权，因为该规则几乎不会对发现者提供鼓励，以使其承担这样一项通常是很费劲的任务，即实际回收该财物并使之回归一种具有社会有用性目的，而只会对其他意图如此作为的人构成障碍。"[1] 通过将寻租行为转移至早期阶段以及在后期消除在搜寻上的重复花费，实际搜寻人原则就可能限定在寻租上的全部费用，有利于实现社会范围内的资源有效配置，立法的宗旨也在于此。

著作财产权的法律保护有时也会产生严重的寻租问题，因为在某种程度上说，产品是有待于被发现或者发明的，就像那艘被其所有人抛弃的沉船。

(2) 保护成本。著作财产权保护成本不仅包括警察、财产所

---

[1] [美] 威廉·M·兰德斯、理查德·A·波斯纳：《知识产权法的经济结构》，金海军译，北京大学出版社，2005年版，第22页。

有人以及法院为了阻止不法入侵和盗窃而强制实施法律时所承担的费用，而且还包括用以标志财产边界而构筑篱笆的成本、用于强制实现公路或者桥梁的财产权而建造收费站的成本，以及用来登记土地产权而设立登记机关的成本。在某些情况下，这些总的成本会超过产权化的收益。[1]

知识产权趋向于特别高昂的成本保护。这是因为一个思想或者其他知识产品不可能像一片自然土地那样易于被人看到，或者可能在地图上得到精确描绘。土地可能在许多人之间继承转让，只要它不是处于不断变化的海岸线上，它始终就是同一块土地，被登记在同一个土地登记机关的图籍上，而且四至范围的说明亦保持不变。追溯某一思想则要困难得多，因为它们没有任何空间界线。而且，知识产品具有的公共产品特征就使得在没有特别法律保护的条件下，难以阻止他人的不法使用，难以排除搭便车的行为，在发现未经许可的使用方面的难度更大。假如甲复制了乙享有著作权的作品，乙可能很长时间或者根本就未能发觉，因为该复制行为并未剥夺乙对其作品的使用，而只是剥夺了其对作品排他性使用。而且这种复制行为很可能发生在另一个州或国家。[2]

另外一个层面的保护成本是因构筑了财产保护制度或者采取

---

[1] 〔美〕威廉·M·兰德斯、理查德·A·波斯纳：《知识产权法的经济结构》，金海军译，北京大学出版社，2005年版，第23页。

[2] 这些观点是由霍姆斯大法官提出的。转引自〔美〕威廉·M·兰德斯、理查德·A·波斯纳：《知识产权法的经济结构》，金海军译，北京大学出版社，2005年版，第23页。

了其他措施,限制了对财产的使用而减少了产品的产出,全社会范围内著作作品产出的减少也可视为财产权的一种成本。当然,当使用一项资源的边际成本为零时,通过对其使用收取一个正价格可以排除他人(边际购买人)使用该资源。此时必然会出现因设立篱笆、警察、保安、律师与产权契据登记机关等导致社会货币支付成本与无谓损失并存的现象。这里的无谓损失主要是指因为价格的存在使一些使用者转向具有正边际成本的替代品造成社会资源的无谓损失。但从更广泛意义来讲,这种制度的存在把稀缺资源配置到了具有最高价值的用途上,由此引发的社会收益远远大于社会成本。在大多数情况下,由于存在市场,最优效率的资源配置方式就是价格制度,这一点对著作财产权的交易也不例外。作为反映经济规律的法律,其宗旨也离不开资源的有效配置。

通过上述分析可以得知,经济学研究规律问题,法学研究规则问题,规则应该反映规律。著作财产权交易经济学分析的目的是从资源配置的效率角度和社会福利最大化的角度出发,研究和探索著作财产权交易的各种最优的"量化"问题。尽管有些分析仅仅是理论上可行,还需要更进一步的研究实践和探索,但作为一种探索,其价值不言而喻。作为规则的出现,也就是著作财产权交易法规的修订和完善,本质目的是解决经济问题,在于实现经济学分析所展现给我们的量化目标。通过以上分析得出如下的结论,并为下文的展开提供了理论和研究方向。

法的制定和完善过程中,对于著作财产权的财产属性和商品属性予以界定,其结果使得著作财产权交易具有了经济基础和法律依据。立法规定应体现出鼓励著作财产权交易的基本理念,是与我国经济社会发展对文化产业发展的要求和趋势是一致的。

文化消费的普遍升温以及文化产业的发展是著作财产权交易得以发展的"加速器"。针对文化产业发展的立法会直接影响到著作财产权交易。

著作权交易法律制度的建立和完善必须以降低著作财产权的生产成本和交易成本,尤其是以降低交易成本为基本目标之一。法律所期望达到的最理想的著作财产权生产均衡点是:

$$MPTC=MPPC=MPC$$

关于著作财产权交易的法律规范的制定和完善应充分体现出对著作财产权人利益的应有的、适度的限制与保护。限制体现利益平衡,保护体现激励效应。

著作财产权交易法律规范的制定和完善应以著作产品资源配置全社会范围内的最优化为导向。法律不仅要体现个人利益最大化,而且要体现社会利益最大化。在这个过程中,法律的内容应包含避免或克服围绕著作财产权交易展开的寻租现象。

著作财产权交易需要通过具体的著作权法律制度加以规范。著作财产权作为一种商品,依靠自身的力量不可能参与市场交易,其必须要借助它的主人即权利人。而任何一个权利人都是基于权利义务所指向的特定对象而拥有其主人的资格。因此,研究著作财产权交易就必须对著作财产权交易的客体和主体予以必要的探讨。

第 3 章　著作财产权交易的客体和主体

本章运用比较分析的方法，从参与著作财产权交易法律关系的要素出发，对著作财产权交易中的客体和主体进行具体分析和研究。著作财产权交易的前提和基础是作品，但作品并非著作财产权交易法律关系的客体，而是著作权法律关系的客体。

关于著作财产权交易主体的资格和地位问题，笔者认为著作财产权交易过程中的主体可能是著作权主体，也可能是非著作权主体，不同的主体意味着其具有不同的交易资格及法律地位，但只有具备交易主体资格的人，才能通过一定的交易方式从事著作财产权交易活动并产生相应的交易后果。

3.1　著作财产权交易的客体

著作财产权交易法律关系的客体为著作财产权交易中权利义务所共同指向的对象，即著作财产权。著作财产权一方面是著作权法律关系构成要素中法律关系内容的一个重要组成部分，另一方面在充当交易对象时则为著作财产权交易法律关系的客体。对著作财产权交易客体的考察实质是对著作财产权的探讨。通过对国际公约及各国立法现状分析，我们能够界定著作财产权的范围。通过对其进行类型化研究，探索著作财产权交易客体的特点和规律。

3.1.1 著作财产权交易客体的立法现状

3.1.1.1 国际公约的相关规定

《伯尔尼公约》[1]第8—14条中就著作财产权作了具体规定，其中第8条规定："受本公约保护的文学作品的作者，在对原作享有权利的整个保护期内，享有翻译和授权翻译其作品的专有权利。"该《公约》第9条之一就复制权规定："受本公约保护的文学艺术作品的作者，享有授权以任何方式和采取任何形式复制这些作品的专有权利。"同条之三就录制权规定："所有录音或录像均应视为本公约所指的复制。"第11条还规定，对剧作品、音乐戏剧作品或音乐作品的作者享有授权公开演出和演奏其作品，包括用各种手段和方式公开演出和演奏；享有授权用各种手段公开播送其作品的表演和演奏。针对广播作品，同条之二规定，作者享有授权以无线电广播其作品或以任何其他无线传送符号、声音或图像的方法向公众传播其作品；授权由原广播机构以外的另一机构通过有线广播或无线广播向公众传播其作品；授权通过扩音器或其他任何传送符号、声音或图像的类似工具向公众传播作品。同条之三规定，作者有权授权公开朗诵其作品，包括

---

[1] 郑成思：《版权公约、版权保护与版权贸易》，中国人民大学出版社，1993年1月版，第254—257页。

用各种手段或方式公开朗诵，授权用各种手段公开播送其作品的朗诵。就演绎作品，该《公约》第12条规定："文学艺术作品的作者享有授权对其作品进行改编、音乐改编和其他变动的专有权利。"此外，该《公约》第14条还就制片权规定，文学艺术作品的作者享有专有权以授权将其作品改编为电影作品，并将后者复制、发行；将经过改编或复制的作品公开演出或以有线方式向公众传播。同条之三还就追续权规定，对于艺术作品原件及作者与作曲人的原稿，有关作者，或其死后由国家法律授权的人或机构，对于作品由作者手中第一次转让后的每一次转售，有权从中收取利益。这项权利不可让渡。

《世界版权公约》[1]在第1条首先对著作权保护作了原则性规定，即规定："各成员国承担对文学、科学及艺术作品（包括文字的、音乐的、戏剧的、电影的作品，以及绘画、雕刻与雕塑）的作者及其他版权所有者的权利提供充分、有效的保护。"该公约第4条之二规定："本公约第1条所述的权利，应包括保护作者经济利益的各种基本权利，其中有准许以任何方式复制、公开表演及广播等专有权利。本条的规定可扩大适用于受本公约保护的各类作品，无论它们是原著形式还是从原著演绎而来的任何形式。"第5条第1款还规定："第1条所述各项权利，应包括作者翻译和授权他人翻译受本公约保护的作品，以及出版和授权他人出版上述作品译本的专有权利。"

---

[1] 郑成思：《版权公约、版权保护与版权贸易》，中国人民大学出版社，1993年1月版，第285—289页。

《与贸易有关的知识产权协定》[1]（以下简称为 Trips 协议）第 9 条首先申明"版权保护应延及表达，而不延及思想、工艺、操作方法或数学概念本身"。该协议第 10 条确定了计算机程序和数据库为作品，并在第 11 条赋予了某些作品的出租权，即规定"至少对于计算机程序及电影作品，成员应授权其作者或作者之合法继承人许可或禁止将其享有版权的作品原件或复制件向公众进行商业性出租。对于电影作品，成员可不承担授予出租权之义务，除非有关的出租已导致对作品的广泛复制，其复制程度又严重损害了成员授予作者或作者之合法继承人的复制专有权。对于计算机程序，如果有关程序本身并非出租的主要标的，则不适用本条义务。"此外，该协议还就表演者、录音制品制作者以及广播电视组织的财产权益作了一些规定。

1996 年通过的《世界知识产权组织版权条约》（World Intellectual Property Organization Copyright Treaty，WCT）[2] 新增

---

[1] 郑成思：《WTO 知识产权协议逐条讲解》，中国方正出版社，2001 年 1 月版，第 198—199 页。
[2] 1996 年 12 月 20 日，世界知识产权组织在日内瓦召开关于版权和邻接权若干问题外交会议。会议通过了世界知识产权组织版权条约（WIPO Copyright Treaty，WCT）。条约由序言和 25 条正文组成，其目的是为了在信息技术和通讯技术领域，特别是互联网领域更充分地保护版权人的利益。条约规定，计算机程序将作为文学作品受到保护，此种保护适用于各种计算机程序，无论其表达方式或表达形式如何。条约还规定，文学和艺术作品的作者应享有授权通过销售或其他所有权转让形式向公众提供其作品原件或复制品的专有权，以及出租、向公众进行传播的专有权。2002 年 3 月 6 日，该条约正式生效。截至 2006 年 10 月 13 日，加入《世界知识产权组织版权条约》的国家已达 60 个。2006 年 12 月 29 日，第十届全国人大常委会第二十五次会议审议并作出加入《世界知识产权组织版权条约》的决定。2007 年 3 月 6 日，中国政府向世界知识产权组织正式递交加入书。同年 6 月 9 日，《世界知识产权组织版权条约》在我国正式生效。

加了向公众传播的权利,作者有权许可将其作品以有线或无线方式向公众传播,包括将其作品向公众提供,使公众中的成员在其个人选定的地点和时间可获得这些作品。

1996年制定的《世界知识产权组织表演和录音制品条约》(World Intellectual Property Organization Performances and Phonosrams Treaty, WPPT)[1]第2章就表演者的财产权利规定,表演者应享有专有权,对于其表演授权广播和向公众传播其尚未录制的表演,除非该表演本身已属广播表演;和录制其尚未录制的表演。同时还包括复制权,即表演者应享有授权以任何方式或形式对其以录音制品录制的表演直接或间接地进行复制的专有权;发行权,即表演者应享有授权通过销售或其他所有权转让形式向公众提供其以录音制品录制的表演的原件或复制品的专有权。以及对于在已录制的表演的原件或复制品经表演者授权被首次销售或其他所有权转让之后适用本条第1款中权利的用尽所依据的条件(如有此种条件),本条约的任何内容均不得影响缔约各方确定该条件的自由;出租权,即表演者应按缔约各方国内法中的规定享有授权将其以录音制品录制的表演的原件和复制品向公众进行商业性出租的专有权,即使该原件或复制品已由表演者发行或根据表演者的授权发行。同时还规定,尽管有本条第1款的规定,任何缔约方如在1994年4月15日已有且现仍实行表演者出租其以录音制品录制的表演的复制品获得合理报酬的制度,

---

[1]《世界知识产权组织表演和录音制品条约》与《世界知识产权组织版权条约》同时制定,我国于2007年6月9日加入了该条约。

只要录音制品的商业性出租没有引起对表演者复制专有权的严重损害,即可保留这一制度。提供已录制表演的权利,即表演者应享有专有权,以授权通过有线或无线的方式向公众提供其以录音制品录制的表演,使该表演可为公众中的成员在其个人选定的地点和时间获得。WPPT第3章就录音制品制作者的财产权利规定了复制权,即录音制品制作者应享有授权以任何方式或形式对其录音制品直接或间接地进行复制的专有权。发行权,即录音制品制作者应享有授权通过销售或其他所有权转让形式向公众提供其录音制品的原件或复制品的专有权。以及对于在录音制品的原件或复制品经录音制品制作者授权被首次销售或其他所有权转让之后适用本条第1款中权利的用尽所依据的条件(如有此种条件),本条约的任何内容均不得影响缔约各方确定该条件的自由。出租权,即录音制品制作者应享有授权对其录音制品的原件和复制品向公众进行商业性出租的专有权,即使该原件或复制品已由录音制品制作者发行或根据录音制品制作者的授权发行。提供录音制品的权利,即录音制品制作者应享有专有权,以授权通过有线或无线的方式向公众提供其录音制品,使该录音制品可为公众中的成员在其个人选定的地点和时间获得。

除上述规定外,就表演者和录音制品制作者的权利还规定了因广播和向公众传播获得报酬的权利,即对于将为商业目的发行的录音制品直接或间接地用于广播或用于对公众的任何传播,表演者和录音制品制作者应享有获得一次性合理报酬的权利。缔约各方可在其国内立法中规定,该一次性合理报酬应由表演者、或由录音制品制作者或由二者向用户索取。缔约各方可制定国内立法，对表演者和录音制品制作者之间如未达成协议，表演者和录音制品制作者应如何分配该一次性合理报酬所依据的条件作出规定。任何缔约方均可在向世界知识产权组织总干事交存的通知书中，声明其将仅对某些使用适用本条第1款的规定，或声明其将以某种其他方式对其适用加以限制，或声明其将根本不适用这些规定。以及在本条中，以有线或无线的方式向公众提供的、可为公众中的成员在其个人选定的地点和时间获得的录音制品应被认为仿佛其原本即为商业目的而发行。

从上述规定可以看出，《伯尔尼公约》和《世界版权公约》对著作财产权规定所采取的立法模式不同。前者采用列举式，较为详细地规定了著作财产权的种类；后者则采用了概括式兼顾列举式的方式，但所列举的权利并不像前者清晰、明确。二者的共同点在于都规定了作者应当享有财产权利，并从法律上要求对于作者财产权利提供充分的、有效的保护。Trips协议可以说完全继受了《伯尔尼公约》的实体性条款，只是针对与贸易有关的著作财产权作了补充性的规定。而WCT和WPPT主要是针对邻接权人依法所享有的财产权利作了规定。

3.1.1.2 国外著作权立法的规定

（1）俄罗斯著作权法。俄罗斯现行著作权法系1993年7月9日由俄罗斯联邦最高苏维埃通过并颁布的《俄罗斯联邦著作权和邻接权法》。该法于1995年7月19日、2004年7月20日修改。除了第16、37-39条与序言相关新加入的"基于普遍知识的权利"部分的修改于2006年9月1日生效外，其他部分于2004年

7月28日生效。该法第16条第1款规定:"作者对于其作品享有以任何形式和任何方式使用作品的专有权利。"这一规定明确了著作权法保护作者财产权的原则。除此之外,该条第2—3款还规定:"作者使用作品的专有权利就是实施或者许可实施下列行为的权利:复制作品(复制权);以任何方式发行作品的复制件:销售、出租等(发行权);为了发行进口作品的复制件,包括经专有著作权所有人许可而制成的复制件(进口权);公开展示作品(公开展示权);公开表演作品(公开表演权);通过无线电播放和(或者)随后的无线电播放,公开传播作品(包括放映、表演或者无线电广播节目)(无线电播放权);通过电缆、电线或者借助于其他类似的装置公开传播作品(包括放映、表演或者无线电广播节目)(电缆公开传播权);翻译作品(翻译权);改编、乐曲改编或以其他方式改写作品(改编权)。"

(2)法国著作权法。法国早在1791年就颁布过一部《表演权法》,该法规定了作者财产权。在历史上,法国是首先保护表演权,然后才保护一般著作权的国家。

现行法国著作权法包括1957年颁布的《文学艺术产权法》和1985年通过的《关于著作权和表演者、音像制品制作者、视听传播企业的权利的法律》共同构成。

现行的法国著作权法就作者的财产权利也作了较为详尽的规定。该法第L.123—1条规定:"作者对其作品终身享有一切形式的独占使用权及获得报酬权。作者死亡后,该权利由其权利继受人在当年及其后70年内享有。"第L.122—1条规定:"属于作者的使用权包括表演权和复制权。"从这一规定可以看出,法国将保护作者的表演权放在了很重要的地位。该法第 L.122-7 条就转让权规定为:"表演权及复制权可以有偿或无偿转让。表演权的转让不包括复制权的转让。复制权的转让也不包括表演权的转让。如合同包括本条所指的两种权利之一的全部转让时,其范围以合同中规定的使用方式为限。"就作者转让的范围,该法第 L.131-1 条规定为:"全部转让未来作品无效。"这里所谓的转让,均系作者财产权利的转让,精神权利不可转让,但可以转移给法定继承人。除此之外,法国著作权法第 L.122-4 条还从禁止方面作了如下规定:"未经作者或其权利所有人或权利继受人的同意,进行全部或部分的表演或复制均属非法。通过任何技术和手段的翻译、改编、改动、整理或复制亦属非法。"[1] 此外,法国议会 2006 年 3 月 21 日通过了《信息社会著作权法及相关条例》。该法明确规范了个人从互联网上下载的权限,并明确禁止非法出售下载的受版权保护的产品。

(3) 日本著作权法。现行日本著作权法于 1986 年 1 月 1 日修订并于 1987 年 1 月 1 日生效。该法规定,作者的财产权利实际上就是通过采用各种各样的不同方式对作者的作品加以运用时所产生的一系列权利。这些权利的具体内容基本上规定在该国著作权法第二章第三部分"权利的内容"中。该法第 21 条规定:"著作人享有复制其作品的专有权。"第 22 条规定:"著作人享有使公众直接看到或听到上演或演奏其作品的专有权。"第 23 条规

---

[1]《法国知识产权法典》(法律部分),黄晖译,郑成思审校,商务印书馆,1999 年 7 月版。

定:"著作人享有广播或有线广播其作品的专有权。著作人享有使用接收设备公开传播其被广播或有线播放的作品的专有权。"第 24 条规定:"著作人享有公开口述其语言作品的专用权。"第 25 条规定:"著作人享有原作公开展览其美术作品或尚未发行的摄影作品的专有权。"第 26 条规定:"著作人享有公开上映其电影作品或颁布其复制品的专有权。著作人享有以借贷复制品的方式将该作品提供给公众的专有权。"第 27 条规定:"著作人享有将作品进行翻译、编曲、改变形式、改成脚本、改编为电影及其他改编方法的专有权。"第 28 条还规定:"二次作品的原作的著作人就该二次作品的使用,享有和该二次作品的著作人所享有的同一类权利的专有权。"

(4) 意大利著作权法。意大利著作权法第三章第一节规定了有关作品的经济使用权的保护。该法第 12 条规定:"作者对其作品享有专有出版权。"第 13 条规定:"专有复制权的对象适用任何方式制作作品的复制品,如通过手抄、印刷、石印、版刻、摄影、录音、摄片以及其他任何复制过程。"第 14 条规定:"专有改作权的对象是以适宜方式将口述作品转变为书面作品或用前一条所定任何一种方法复制的作品。"第 15 条规定:"专有公演朗诵权的对象是以任何方式演出音乐、戏剧作品,放映电影作品,展示其他适宜公开展览的作品,或朗诵口头作品,不论付酬与否。"第 16 条规定:"专有传播权的对象是在一定距离内以任何传播方式的使用,如电报、电话、广播、电视和其他类似方式。"第 17 条规定:"专有商业发行权的对象是为营利目的将作品或其复制品纳入流通,包括为流通目的将国外制作的复制品输入国内。"第 18 条还规定:"专有翻译权是指将作品翻译成另一种语言或方言。专有演绎权包括第 4 条规定的对作品修改、演绎、改作的一切形式。"

(5) 德国著作权法。德国著作权法就作者的财产权利在第 15 条作了概括性的规定。该条第 1 款指出:"作者享有以有形的方式利用其作品的排他性权利,这些权利特别包括:复制权(第 16 条),发行权(第 17 条);展览权(第 18 条)。"该条第 2 款规定:"作者还享有以无形的方式公开再现其作品的排他性权利(公开再现权)。公开再现权特别包括:朗诵、表演和放映权(第 19 条),公开传播权(第 20 条),音像制品再现权(第 21 条),广播电视播放再现权(第 22 条)。"该条第 3 款规定:"公开再现是指向社会公众特定多少人再现作品的行为。这些人中间的任何人与利用者之间或者与将作品以无形的方式让公众接触或者感知的人之间并不存在人格方面的联系时,都属于公众的范畴。"该法第 23 条就演绎和改编规定为:"只有取得被演绎作品或者被改编作品的作者的同意,才可以将演绎后的或者改编后的作品予以发表或者利用。在涉及电影改编、按照美术作品的图纸与草图进行施工、对建筑作品的仿造、数据库作品的演绎与改编的情况下,从演绎物或者改编物制作之时就需得到作者的同意。"第 26 条就追续权中的财产权利规定:"当美术作品原件被再次出售,并且,在出售活动中由艺术商或拍卖人充当购买人、出卖人或者中间商时,出卖人应当把出售所得收入的 5% 付给作者。出售所得收入少于 50 欧元的,该项义务不再履行。"关于复制物的出租与出借中的财产权,该法第 27 条第 1 款规定:"当作者将音像作品上的出租权（第17条）许可给音像制品或者电影作品制造商时，出租人也应当就出租行为向作者支付适当的报酬。该请求权不得预先予以放弃。该请求权仅能交由著作权集体管理组织行使。"该条第2款规定："出租作品原件或者复制件的，该原件或者复制件可以按照第17条第2款的规定继续发行，若该原件或者复制件在向公众开放的机构（书店、音像制品或者其他原件或者复制件的收藏机构）出借的，应当向作者支付适当的报酬。"[1]

（6）我国著作权法。关于著作财产权，我国《著作权法》第10条第1款第5项到第17项作了明确规定。从该规定可以看出，我国法律规定的著作财产权主要包括复制权、发行权、出租权、展览权、表演权、放映权、广播权、信息网络传播权、摄制权、改编权、翻译权、汇编权及应当由著作权人享有的其他财产权利。

综上可见，各国立法就著作财产权的范围和种类的规定不一。俄罗斯著作权法就作者的财产权主要规定了复制权、发行权、进口权、公开展示和公开表演权、播放权以及演绎权等。法国著作权法虽依法赋予作者对作品的一切形式的独占使用权及获得稿酬权，但非常注重对表演权的特殊保护。日本著作权法明确规定了作者将绝对地享有使用其作品并获得一定经济利益的权利。

意大利著作权法规定的各项著作财产权相互独立，既适用于

---

[1]《德国著作权法与邻接权法》（2003年9月10日修订），张恩民译，法律出版社，2005年1月版。

作品的整体，也适用于作品的各部分。相比之下，德国著作权法就著作财产权之规定可以说是最充分、最完整的。不仅赋予作者以有形方式利用其作品的排他性权利，并对权利的具体内容分别作了规定。而我国著作权法的相关规定不仅遵从了国际公约的有关内容，也吸收了国外有关规定。概论各国之规定，就著作财产权的立法现状而言，各国所规定的内容日益趋同，且基本上可归纳为三大类：即复制权、演绎权和传播权。其中出版权、录制权可纳入广义的复制权；翻译权、注释权、汇编权、改编权、制片权等应该纳入演绎权；发行权、广播权、出租权、表演权、放映权、信息网络传播权等应该属于传播权。

3.1.2 著作财产权交易客体的范围

充当交易对象的著作财产权具有广泛性，且不断发展和完善，在现有法律制度下，主要表现为以下内容。

3.1.2.1 复制权

在各国的著作权立法中，复制权是作者及其他著作权所有人最基本和首要的财产权利。早在1793年，法国就颁布了《复制法令》，并明确规定，作者对其作品享有复制、发行或授权他人复制、发行的专有权。当今各国著作权法将复制权作为作者一项重要的财产权加以规定。如法国著作权法第 L.122－3 条规定："复制是指一切方式将作品固定在物质上以便间接向公众传播。复制尤其可以通过下列方式进行：印刷、绘画、雕刻、照相、制模及一切平面和立体艺术的手段、机械、电影或磁性录制。就建筑作品而言，重复实施一份设计图纸或施工模型也构成复制。"[1] 德国著作权法则在第16条规定了两种情形，一种为该条第1款之规定："复制权指制作作品复制件的权利，不论是临时的还是永久的，以何种方式以及复制多少数量的复制行为，都在此限。"另一种为："将作品以重复再现为目的而录制到音像制品上的行为也是复制，不论是将作品录制到音像制品上还是将作品从一种载体转录到其他载体上的行为，都在此限。"[2] 1993年《俄罗斯联邦著作权与邻接权法》将复制规定为，作品的复制，即以任何物质形式制作一部作品或者该作品之一部分的一份或更多份复制件，其中包括录音、录像形式，将二维作品制作成一份或更多的三维作品，将三维作品制作成一份或更多份的二维作品；将作品录入电子计算机存储器也是复制。可见，随着科学技术的不断发展，复制的方式和内容也体现为各种不同的形式。通常根据复制的方式和内容的不同，将复制权划分为两类：一是狭义的复制权。即以某种行为，通常包括印刷、复印、照相、影印、等，将作品制作成同一有形的复制物的权利。即该种复制权仅指将原作品本来内容再复制原为有形物。比如将文书加以手抄、印刷、照相，或将绘画、雕刻加以摹拓，将录音带或录像带再加以翻版录制等，均为该种复制。有的学者还认为，将演说及

---

[1]《法国知识产权法典》（法律部分），黄晖译，郑成思审校，商务印书馆，1999年7月版。
[2]《德国著作权法与邻接权法》（2003年9月10日修订），张恩民译，法律出版社，2005年1月版。

讲义的文稿加以笔记,也包括在狭义的复制内。[1]这种主张有一定的道理,但严格地说来,该笔记并非再现原为有形物,即并非原演说或讲义文稿的再现。二是广义的复制权。即将某一作品再现为使第三人能感知的某种表现形式的权利。在这一复制过程中,往往会对作品加以若干改变。也就是说,广义的复制并不要求再现为原作品,即在形态上无须与原作品完全相同,只要其旨趣具有同一性,即为该种复制。有的将作品从无载体变为有载体,如把音乐、戏剧作品录音、录像或将小说改编成剧本、拍成电影;有的将二维图形变为三维或者将三维变为二维,如将草图、图纸作成美术作品或者建筑物;将模型、雕塑、绘画或各种建筑物拍成照片或风景明信片;将雕塑、建筑物、照片绘制成工艺美术品等。随着网络技术的不断发展,复制也变得愈复杂,即复制权包含以任何方法或者形式,直接或者间接地对作品进行永久性或者临时性的复制,如以数字形式在电子介质中存储作品,也属于复制。我国原《著作权法》第52条第2款之规定,即"按照工程设计、产品设计图纸及其说明进行施工、生产工业品,不属于本法所称的复制。"该款规定的立法意图是将著作权调整的客体同工业产权法调整的客体区分开来,但并未表述清楚,致适用时出现混乱。因根据这一规定,实施图纸的人只要坚持自己是在实施图纸,就可以自由仿制他人受著作权法保护的建筑艺术作品和实用艺术作品。这样既不符合国际公约的规定,也不利于保护作品著作权人的合法权益。故在我国著作权法修改时已将此

---

[1] (台)张静:《著作权法评析》,水牛出版社,1983年版,第66页。

规定删除。

复制权直接关系到作者或者著作权人的经济利益，是用来从事交易的最常用、最广泛、最重要的著作财产权。著作财产权人有授权他人以任何方式复制其作品的专有权，未经作者同意或者许可，他人不得复制其作品。但这并不妨碍他人创作出同一题材的作品，也不排除法律对复制所作的例外规定。

3.1.2.2 出版权

出版权实质上也是一种复制权，但它和一般复制权的不同点在于出版权不仅包括复制，还包括发行出售的内容。我国《著作权法》第57条规定，出版是指作品的复制、发行。除了以普通的印刷术印刷出版以外，誊写、打字版、照相版、木版、铜版、石版印刷等，凡是可以复制成多份相同作品而予以发行出售的行为，均可称之为出版。出版权不仅是著作权人的一项重要财产权能，同时对出版者来说，也是一项十分关注的内容，因为出版权往往是由著作权人通过交易行为授权给出版者行使的。故出版权在交易过程中，有关出版者的权利范围、义务等也是交易合同中明确加以规定的内容。

3.1.2.3 发行权

作者不仅享有复制其作品的权利，而且也有权决定复制品发行的数量、价格、地理区域及其他条件等。随着传播技术的不断发展，作品出售或者赠与的方式愈来愈多，发行权对作者经济利益而言愈显重要。发行权作为著作财产权在《伯尔尼公约》中并无明确规定，但在《世界知识产权组织版权条约》（以下简称《WIPO版权条约》）第6条对此作了明确规定，即"文学和艺术作品的作者应享有授权通过销售或其他所有权转让形式向公众提供其作品原件和复制件的专有权。"有的国家还将出租、出借的方式向公众发行复制品也列在发行权中。[1]我国原《著作权法实施条例》第5条第5项也将出租规定为发行的方式之一，著作权法修订时已将出租列为一项独立的权利。由于受到物质技术条件的限制，著作权人除了能够以赠与的方式行使发行权外，其他发行方式一般只能通过有偿交易授权他人行使。

3.1.2.4 出租权

在《与贸易有关的知识产权协议》（简称为Trips协议）之前，国际著作权公约并未涉及出租权问题。我国原《著作权法》和多数国家一样也未将出租权作为一项单独的权利加以规定。Trips协议第11条规定，"至少对于计算机程序及电影作品，成员应授权其作者或者作者的合法继承人许可或者禁止将其享有著作权的作品原件或复制件向公众进行商业性出租。"该协议第14条还规定，有关出租权的规定，原则上适用录音制品和录音制作者等权利人。根据该协议的规定，德国、法国现已规定软件的著作权人享有出租软件的专有权利。[2]我国1992年与美国签订的《中美知识产权调解备忘录》规定，就中国著作权法而言，"所有

---

[1] 参见《美国版权法》第106条第3项之规定。
[2] 参见《德国著作权法》第69c条第3款；《法国知识产权法典》第L.122－6条。

作品和录音制品"都有独立于发行权之外的出租权。基于此，国务院1992年颁布《实施国际著作权条约的规定》中赋予外国作品和录音制品相应的出租权。然而，无论从国际著作权发展的趋势分析，还是从我国著作权保护的实际需要看，通过立法确认作品的出租权均非常必要。因此，我国《著作权法》于2001年修订时在第10条第1款第7项明确规定了电影作品和以类似摄制电影的方法创作的作品、计算机程序的著作权人享有出租权。

3.1.2.5 展览权

在展览权行使过程中，展览所示的作品可以是发表过的作品，也可以是未发表的作品。展览未发表的作品将被视为是一种发表；如果许可他人展览，应视为同时许可他人已取得代为发表权。《伯尔尼公约》虽未明确规定展览权，但外国立法例上对此却多加以承认，如《日本著作权法》第25条规定："著作人享有原作公开展览其美术作品或尚未发行的摄影作品的专有权。"我国《著作权法》第10条第1款8项规定，展览权，即公开陈列美术作品、摄影作品的原件或者复制件的权利。

作者行使展览权时，如果将可以充当展览权标的的美术作品原件的所有权让与他人时，转让合同中若对转让的范围未有明确约定，在受让人能否取得美术作品的展览权有不同的见解。有的学者主张该情形下，受让人不能取得展览权；[1] 而有的则认为

---

[1]（台）张静：《著作权法评析》，水牛出版社，1983年版，第74页。

受让人可以取得展览权。[1] 笔者认为，后一种观点有一定道理。因为原作品的复制品或仿制品，一般无什么展出价值，尤其是美术作品。故各国法律通常规定，美术作品原件的展览权由原件所有人享有。

3.1.2.6 表演权

表演权一般也称之为公开表演权。根据世界上绝大多数国家的著作权法及《伯尔尼公约》第11条的规定，公开表演权主要包含两项内容：一是现场表演，即在对公众开放的场所，或者在超出一个家庭及其社交关系正常范围以外的相当多人聚集的任何地点表演；[2] 二是机械表演，即通过技术设备公开再现作品或作品的表演和演奏。我国原《著作权法》所指的公开表演权仅包括现场表演，这与《伯尔尼公约》和世界上其他国家的法律规定明显存在差距，故2001年著作权法修订时将表演权界定为：表演权，即公开表演作品以及用各种手段公开播送作品的表演的权利。

根据表演形式的不同，通常又将表演权划分以下几大类：一是上演权，即指作者对利用其剧本、乐谱、小说等作品依法享有的表演权。在司法实践中，一部作品的著作权可能包含多种权能。剧本、文学、乐谱作品的著作权，不仅包括复制权、发行权，也包括上演权在内。因此，如果将既存作品改变为剧本后予

---

[1] （台）杨崇森：《著作权的保护》，正中书局印行，1991年版，第45页。
[2] 参见《美国版权法》第101条之规定。

以上演，原则上应有原作者及剧本的著作权人二重上演权的并存。也就是说，在这种情况下，他人如果将剧本上演，不仅要征得剧本作者的同意或者许可，也必须征得原作者的同意或许可。但如果原作者的著作权一旦消失，则仅需征得剧本作者的同意或许可。二是演奏权，即是指作者利用声音或乐器，包括留声机、音响、录音机或其他方法将音乐作品的乐曲、乐谱及唱片、录音带等录音作品以声音再现于公众的一种权利。各国立法通常均明文承认乐谱、发音片的著作权人享有演奏权。如《日本著作权法》第22条规定："著作人享有使公众直接看到或听到而上演或演奏其著作物的专有权。"关于录音作品的演奏权，情况则比较复杂。原则上录音作品的演奏权全部属于录制者；但如果录制内部的各部分，如乐曲、歌词、演奏、歌唱等部分，分别是由作曲者、作词者、歌唱者完成的，则各人享有各自部分的演奏权。在此情况下，除合同另有约定外，利用他人的演奏权，除应征得录制者同意之外，还应征得上述各部分演奏权人的同意。三是上映权，即是指作者利用器械或者其他方法将造型艺术作品、照片作品、电影作品或者科学技术性作品以影像再现于现场公众的权利。上映权一般是由电影片、幻灯片部分上映权及音乐、录音部分的演奏权组合而成的。依据各国著作权法例，电影作品的上映权原则上属于电影公司（通常为影片制作人）享有。但如果该电影作品属于组成作品，则组成电影的各部分，剧本由其作者享有（如果有原作，则其原作也享有上映权），音乐部分由作词、作曲人及演奏歌唱等人享有。实践中，关于各部分的权利，往往是由各部分人与电影制片人订立协议，将上映权移转或者授权电影制片人使用。我国著作权法将上映权规定为放映权，即通过放映机、幻灯机等技术设备公开再现美术、摄影和以类似摄制电影的方法创作的作品等的权利。放映权是我国 2001 年著作权法修改时增订的一项权利，其实质在于创作美术、摄影、电影类作品的作者等著作权人，有权依法限制他人未经其许可，通过放映机、幻灯机等技术设备向公众再现其所创作的作品，并有权许可他人使用上述方法再现其作品并依照约定收取报酬。

3.1.2.7 广播权

广播权在《伯尔尼公约》第 11 条之二规定中称为播放权，即作者对其作品享有播放权，行使权利的条件由成员国法律规定，但在任何情况下，这些条件均不得有损于作者获得合理报酬的权利。各国著作权立法对此项权利也作了一定规定。如《意大利著作权法》第 16 条规定："专有传播权的对象是在一定距离内以任何传播方式的使用，如电报、电话、广播、电视和其他类似方式。"这里的"传播权"实质上就是指播放权。《德国著作权法》第 20 条规定："播放权是指通过广播电视、比如广播、电视、卫星通讯、有线广播电视或者类似的技术手段，让公众接触的权利。"[1]《日本著作权法》第 23 条规定："著作人享有广播或有线播放其著作的专有权。著作人享有使用接收设备公开传播其被广播或有线广播的著作物的专有权。"享有播放权的著作权

---

[1]《德国著作权法与邻接权法》（2003 年 9 月 10 日修订），张恩民译，法律出版社，2005 年 1 月版。

人，原则上应当为语言作品或者音乐作品等可以言语、音乐供其再生表现的著作物的著作人。著作人所享有的播放权在本质上仍然属于表演权的范畴，但播放权是利用特殊方法予以表演的。

我国原《著作权法》规定的播放权较之国际公约及其他国家著作权法的规定有一定的差距。其具体表现为：一是将播放权限定为著作权人允许广播电台、电视台"制作"电视节目的权利，这同国际上对播放权的理解不一致；二是原《著作权法》第43条规定的合理使用制度直接与《伯尔尼公约》冲突。依公约之规定，播放他人作品，无论有无营利目的，至少应向著作权人支付报酬。故2001年修订后的著作权法对此规定为：广播权，即以无线方式公开广播或者传播作品，以有线传播或者转播的方式向公众传播广播的作品，以及通过扩音器或者其他传送符号、声音、图像的类似工具向公众传播广播的作品的权利。

3.1.2.8 信息网络传播权

信息网络传播权是在计算机网络环境下，信息和通信技术高速发展的结果。较之传统的作品传播，主要是在物质载体和传播方式上发生了变化，涉及到作品著作权人的权利并无实质上的变化。该权利是《WIPO版权条约》第8条所规定的作品作者应享有的"向公众传播权"的一部分，也是我国2001年《著作权法》修订时新增加的一项权利。考虑到该权利的特殊性，《著作权法》第58条还规定，对信息网络传播权的保护办法，由国务院另行规定。国家版权局于2005年10月12日公布了《信息网络传播权保护条例》（草案），该草案经过充分讨论，于2006年5月10

日国务院第135次常务会议通过，并自2006年7月1日起施行。依据该《条例》的规定，任何组织或个人将他人的作品，通过信息网络向公众提供，应当取得权利人许可，并支付报酬。任何未经许可通过信息网络传播他人作品，或者应当支付报酬而没有支付的，都属于侵犯著作权人信息网络传播权的行为。[1]

3.1.2.9 摄制权

摄制权一般也称为制片权，主要是对影视片制作者设立的权利，《伯尔尼公约》也是将该权利规定为电影权中的一项权利。[2] 从司法实际来看，大多数作者难以自身实现这一权利，一般是通过交易，许可影视片的制片人摄制自己的作品而获得一定报酬。制片人通过取得摄制许可权后，使用摄制的方式将作品固定在载体上，形成了新的影视作品后，整体影视片的著作权则归属于制片人。如果将别的艺术作品，如书法、绘画、雕塑等作品摄制到影视作品中时，制片人应取得该作品作者的许可并支付

---

[1] 作家李学兵是小说《上海相亲情人》的作者，2006年3月在网上发表该小说。此后，他在搜狐网的"都市情感"栏目中发现有该小说的链接，同时在其网站的"啃书一族"论坛中也发现该小说的相关链接。李学兵遂于2007年1月将搜狐网的运营商北京搜狐互联网信息服务有限公司告上法庭。上海市二中院经审理后认为：被告未经许可在网站登载涉案小说，其行为侵犯了原告李学兵享有的信息网络传播权，判令被告北京搜狐互联网信息服务有限公司赔偿原告经济损失人民币4万元；在判决生效之日起10日内在其网站首页连续48小时刊登致歉声明。据了解，本案也是我国《信息网络传播权保护条例》实施后，全国侵犯著作权之信息网络传播权索赔第一案。参见 http://www.gaochou.com/siteengine.php?do=gonggaodetail&id=139，访问时间：2008年9月30日。

[2] 参见《伯尔尼公约》第14条之一规定。

报酬。

3.1.2.10 改编权

改编通常表现为以已有的作品为基础,用相同的或不同的形式将作品由一种类型改变成另一种类型,或不改变作品类型而将一部作品变成适合特定对象需要的作品。如将小说改编为剧本、将剧本改编成电影、将电影改成连环画等等。改编权可以由作者行使,也可以由作者授权或转让他人行使。无论是作者还是他人行使后,便可产生新而独立的作品及其著作权。如果将改编原著作物的改编作品再行改编时,其改编权因有原著作人与第一次改编人的并存,故二次改编人应征得原著作物著作人及第一次改编物的改编权人的双重同意或许可,并支付报酬。改编属于演绎行为的一种,故改编作品以原创作品为蓝本,如果改编后的作品与原创作品面目全非,则属于另一新作,而非改编作品。

3.1.2.11 翻译权

翻译权不仅是一种演绎行为,实质上也是一种特殊的复制形式,是著作权人的一项重要财产权能。由于作品包含着被翻译成各种语言文字的可能,所以在观念上可以认为,有多少种语言文字,便存在多少个翻译权。《伯尔尼公约》第8条规定:"受本公约保护的文学艺术作品的作者,在对原作享有权利的整个保护期内,享有翻译和授权翻译其作品的专有权利。"《世界版权公约》第5条第1款规定:"第一条所述各项权利,应包括作者翻译和授权他人翻译受本公约保护的作品,以及出版和授权他人出版上述作品译本的专有权利。"国外著作权立法普遍对作者所享有的翻译权作了规定。我国原《著作权法》虽未专条明文将翻译权加以规定，但在作者所享有的使用权中包含有翻译权。修订后的《著作权法》第 10 条第 1 款第 15 项规定了翻译权。应当明确，翻译权与译本的著作权是截然不同的两个概念。相对于译本的作品一般称之为原著，原著的著作权人享有翻译权。这种翻译权在实践中通常有两种情况：一种是原著作人的自行翻译权；另一种为原著作人的翻译同意权。这两种权利均是基于作者对作品享有专有权的排他性、绝对性而产生的。无论哪种情况下产生的译本，相对于原著而言，均为第二次作品，可成为独立的著作权保护对象。在这种情况下，原著固然受著作权的保护，而译本也同样受著作权的保护。

3.1.2.12 汇编权

汇编作品一般产生于两种情况：一是对他人创作完成的作品，经过选择汇编在册；二是对他人创作完成的作品或者片段经过选择后再予以编排而汇编成册。无论哪一种情况均可构成汇编作品，如词典、百科全书、资料汇编、文集、选集等。汇编作品著作权的归属由汇编人享有著作权，但行使著作权时，不得侵犯原作品的著作权。汇编作品中可以单独使用的作品的作者有权单独行使其著作权。

3.1.2.13 其他著作财产权

我国《著作权法》第 10 条第 1 款除对著作财产权分别作出

规定外,在该款第17项还规定,应当由著作权人享有的其他权利。如著作权法未单列但仍为著作权人财产权利的注释权、整理权、赠与权、继承权、质押权等。其中学理上争议较多的是有关追续权的讨论。

追续权最早来源于1920年法文中Droit de Suite,意指物权所有人对其不动产作为质标的物时的求偿权。1983年,英国版权委员会名誉主席R. F. Whale在其《论版权》一书中,将其译成英文即为Right of Pursuit,意即中文的"追续权",亦称"延续权"。追续权的基本含义是指:艺术作品,尤其是美术作品的著作权人对其作品原件每一次售出以后的财产增值部分都有提成一定比例的权利,即享有著作权的艺术作品原件被售出以后,如果受让人又转售给他人并获得了高于购买时所支付的金额,则作品的原作者有权就该作品增值金额部分提取一定比例。无论该作品转卖次数如何及辗转落入何人之手,只要售价比购买价高,原作者就有提取其中一部分的权利。至于该权利是否可以作为著作财产权交易的对象,学界有待进一步探讨。

通过上述对著作财产权的具体形态分析,我们至少可以得到如下启示:

(1)著作财产权无论是在有关国际公约,还是各国具体立法中,其种类和具体内容不断拓展,意味着可充当交易对象的著作财产权越来越广泛。

(2)科学技术的不断发展决定着著作财产权种类和内容的不断扩张。这种决定作用不仅体现在新的著作财产权种类的出现上,如作品的出租权、信息网络传播权等,而且也体现在对原有著作财产权内容的扩大上,如网络环境下的临时复制、汇编权的对象等。

(3) 著作财产权的种类和范围虽不断拓展,但各国对著作财产权肯认的内容却日趋一致,这不仅显现出著作权法律制度国际化、一体化的形成,而且预示着国际著作财产权交易将遵循共同的规则。

(4) 上述著作财产权的具体形态可以作为一个整体进行交易,也可以部分交易,甚至可以就特定的某一项著作财产权进行交易。

3.1.3 著作财产权交易客体的类别

上述著作财产权的具体表现形式,表明著作财产权的类型主要包括使用权和获得报酬权,而获得报酬权又是基于使用权产生的。为了进一步明确著作财产权在具体交易行为中的特性,揭示著作财产权交易的内在规律,有必要以使用权作为切入点构建著作财产权的基本类别。

3.1.3.1 自行使用权和他人使用权

依使用主体不同可分为自行使用权和许可或转让他人使用权。自行使用和许可他人使用又都可以分为原状使用和改作使用。自行使用中原状使用就是不改变作品的形状去使用,如把自己的作品加以复制、拿自己的作品去展览、演奏自己创作的乐曲等。自行使用中的改作使用就是改变了原作品的现状,如把自己写作的小说改编为剧本、把自己用汉文写的作品翻译为英文、对自己的作品加以注释编辑等。[1] 在许可他人使用权中同样存在着原状使用和改作使用情形。许可他人使用权是指作者或著作权人依其意愿将著作财产权在一定的期限和区域内许可他人使用的权利。该权利是著作权人行使权利的主要方式，也是作者或者著作权人实现其著作财产权的重要途径。在行使该权利时，除法律另有规定外，作者或者著作权人有权就许可使用作品的范围、地域、方式、对价、期限等通过协议的方式与相对人达成合意。转让权是指著作财产权人依法将其所享有的著作财产权的部分或者全部有偿地转移给他人的权利。该权利是著作权人处分著作财产权的方式之一，其结果会改变著作财产权的归属，导致新的著作财产权主体形成。除法律另有规定外，著作财产权人有权就转让的权利类型、范围、价金、交付方式等通过协议的方式与相对人达成合意。

3.1.3.2 有形型使用权与无形型使用权

依使用方式不同将作品使用权划分为有形型使用权与无形型使用权，前者即作者或者著作权人以同质再现作品的方式使用作品的权利，如复制权、发行权、出租权、展览权等；后者即以某种人们无法直接看到或者感知到作品原质的形式使用作品的权利，如表演权、放映权、广播权等；变形型使用权，即作品被以不同于原有形式的变化形式加以使用的权利，如信息网络传播

---

[1] 谢怀栻：《谢怀栻法学文选》，中国法制出版社，2002年7月版，第277页。

权、摄制权、改编权、翻译权、汇编权等。[1]

3.1.3.3 用益型使用权和担保型使用权

依使用目的不同将作品使用权分为用益型使用权和担保型使用权。前者是指使用著作财产权的目的在于使用和收益,如上述中的自行使用;许可或者转让使用;以及有形、无形、变形使用等。而后者使用的目的在于担保,如著作财产权质押使用。

3.2 著作财产权交易的主体

探讨著作财产权交易主体的内涵、主体的资格、著作财产权的归属以及著作财产权交易主体的类别,有助于公平保护交易主体合法权益,充分发挥交易主体的作用,实现著作财产权自由交易,推动著作财产权转化和产业化进程。

3.2.1 著作财产权交易主体的涵义

著作财产权交易主体不同于著作财产权主体,前者主要针对著作财产权的交易行为,而后者则主要针对作品的创作行为。有时候著作财产权交易主体尽管也表现为著作财产权主体,但二者并非等同关系。著作财产权交易主体有可能是著作财产权主体,如作者或者其他著作财产权人、邻接权人等,但也可能为作者、著作财产权人或者邻接权人以外的第三人,如著作权集体管理组

---

[1] 费安玲:《著作权的权利体系研究》,中国政法大学博士学位论文,第162—167页。

织、中介组织等。无论是著作财产权主体还是其他主体,能够充当著作财产权交易主体的必须具备以下资格:一是必须具有权利能力和行为能力。由于交易行为在性质上属于法律行为,故交易主体具有权利能力和行为能力是其从事交易行为的前提和条件。著作财产权交易主体的这一特性并不同于著作财产权主体,即著作财产权主体对其行为能力并无特殊要求,只要创作完成法律所要求的作品便可成为著作财产权主体。二是必须具有相应的处分能力。著作财产权交易的结果是为了通过一定的对价关系实现著作财产权的变动,故有权交易著作财产权的一方除具有权利能力和行为能力外,还应当具有处分该著作财产权的能力。在大量的司法实践中,由于著作财产权交易行为的特殊性,真正的作品著作财产权人并非了解和熟悉著作财产权的交易行为和交易行情,他们也往往并不直接参与著作财产权交易活动,而是由他们委托具有该交易能力的机构或者人员予以完成。当然,交易行为无论是著作财产权人自己从事,还是委托他人交易,交易行为的最终后果还是由著作财产权主体予以承受。故本书认为,有必要在此对著作财产权的主体及资格予以探讨。

3.2.1.1 著作财产权主体

著作财产权主体是指对作品依法享有财产权利的人。确认著作财产权的主体,是明确作品著作财产权的归属、有效保护著作财产权的前提和条件。其目的在于更好地维护著作权法律关系,保障著作财产权交易安全和社会经济秩序的安定。从世界大多数国家的著作权立法来看,著作财产权主体普遍首先规定为作者,其次才是其他著作权人。但由于各国的政治、经济、文化等制度的差异，以及著作权具体立法会考虑不同作品创作时的不同情况，因而各国对于主体的规定也不尽相同。如《德国著作权法》第7条规定："作者是指作品的创作人"。[1]《日本著作权法》第14条规定："以通常的方法，在著作物的原作上或者向公众提供或揭示其著作物时所署的姓名或名称，或以众所周知的雅号、笔名、简称等代替真名的别名表示为著作人姓名的人，即被推定为该著作物的著作人"。《意大利著作权法》第6条规定："只有通过智力活动创作出作品的人才能充当著作权主体"。《法国著作权法》则规定为："如无相反证明，作品以其名义发表者为作者。合作作品是指多个自然人参与创作的作品。完成视听作品智力创作的一个或者数个自然人为作者。从事广播作品智力创作的一个或者数个自然人为作者。"[2]《俄罗斯联邦著作权与邻接权法》中指出"作者即以其创造性的劳动创作出作品的自然人"；《保加利亚著作权法》规定为"著作权的主体是作者及作者的权利继承人"；《澳大利亚著作权法》第35条规定为"文学、戏剧、音乐或工艺著作之著作权归著作人享有"，[3]等等。对此我国《著作权法》第11条规定如下："著作权属于作者，本法另有规定的除外。创作作品的公民是作者。由法人或者其他组织主持，代表法

---

[1] 参见《德国著作权法与邻接权法》（2003年9月10日修订），张恩民译，法律出版社，2005年1月版。

[2] 参见《法国知识产权法典》（法律部分），黄晖译，郑成思审校，商务印书馆，1999年7月版。

[3] （台）施文高：《国际著作权法制析论》（下册），台北三民书局，1985年版，第730页。

人或者其他组织意志创作，并由法人或者其他组织承担责任的作品，法人或者其他组织视为作者。如无相反证明，在作品上署名的公民、法人或者其他组织为作者。"

从上述可见，各国著作权立法就著作财产权主体作了不同规定，有的仅将自然人规定为作者，有的除自然人外，还将法人视为作者。但绝大多数国家都肯认，著作财产权应当首先归属于作者，且认定作者通常是根据作品上的署名来确定。

3.2.1.2 著作财产权主体的资格

著作财产权主体的资格，是国家通过法律规定而赋予的。在所有的法律关系中，主体乃权利之所属，权利主体在任何情况下只能由特定的人来充当，且权利能力为充当著作权法律关系主体的前提和条件。依据民法基本理论，自然人的权利能力始于出生，终于死亡，自然人终身享有。即自然人从其出生便具有权利能力，也便有可能成为著作权法律关系的主体。至于能否成为著作权法律关系的主体，则要取决于一定的法律事实，如创作作品、通过交易获得著作权或者通过继承、赠与接受著作权等。可见，一个自然人具有权利能力并不一定能成为著作财产权法律关系的主体。

关于著作财产权主体的资格问题，在著作权法的理论与司法实践中，历来有不同的看法。大陆法系国家的著作权法普遍认为，作者只能是自然人，因为只有自然人才能从事脑力劳动。而法律上拟制的法人组织，仅为法律上的实体，缺乏创作作品的能力，只能通过购买或其他方法获得作品著作财产权，而不能作为作者。因而主张著作财产权是一种天赋人权或者自然权利，是基本人权之一。表现在流通领域上，则主张著作财产权在本质上与作者个人紧密相连，作品是作者的个人创造性劳动产生的结果，著作财产权被视为不可分割的权利，只有作者个人有权占有和处理其作品，而不能作为动产所有权来转让，只能通过特许授权给他人，即将著作财产权作为使用权转让，如法国、德国、意大利等国著作权法之规定。[1] 英美法系国家的著作权立法则普遍认为，著作财产权法律关系的主体不仅仅是自然人，有别于自然人的法律实体——法人组织，包括国家政府机构、大学、学术团体、研究机构以及营利性的法人组织等均可成为特定作品的著作财产权主体。如美国版权法就有相关规定。[2] 基于英美法律这种立法观点，著作权是财产权之一。一件作品的著作权所有人，不论是自然人，还是法人或者其他组织，均有权任意转让和处理自己的作品。当然，随着社会经济的不断发展，尤其是随着智力创作活动的日益社会化、工商化和企业在创作过程中的地位日趋重要，两大法系对此认识已逐步走向趋同，普遍肯认著作财产权的特性。就我国而言，《民法通则》第9条规定："公民从出生时起到死亡时止，具有民事权利能力，依法享有民事权利，承担民事义务。"第94条规定："公民、法人享有著作权（版权），依法有署名、发表、出版、获得报酬等权利。"我国《著作权法》第9条规定："著作权人包括：（一）作者；（二）其他依照本法享

---

[1] 《法国知识产权法典》第L.111—1条，《德国著作权法》第7条，《意大利著作权法》第6条。
[2] 参见《美国版权法》第201条（b）。

有著作权的公民、法人或者其他组织。"从这些规定可以看出，在我国，公民、法人或者其他组织均可充当著作财产权主体。

可见，关于著作财产权法律关系主体的资格，各国著作权立法在行为能力上一般没有任何要求和限制，或者说要求或限制比较少，普遍强调的是权利能力，即只要具备权利能力便具有充当著作财产权法律关系主体的资格，但充当著作财产权交易主体时，除具有权利能力外，还须具有相应的行为能力。

3.2.2 著作财产权交易主体的范围

著作财产权交易主体的范围，大体包括以下几类：一是本国人。我国《著作权法》第2条规定："中国公民、法人或者其他组织的作品，不论是否发表，依照本法享有著作权。"据此可见，我国著作权法中的本国人主要包括在公民、法人和其他组织。二是外国人（包括自然人和法人）。对待外国自然人的著作权法律关系主体资格，通常有两种做法：一种是外国自然人创作的作品在我国境内首次发表的，应当享受与我国公民作品同等的保护，即其著作权自首次出版之日起受保护。我国《著作权法实施条例》第8条还规定，外国人、无国籍人的作品在中国境外首先出版的，30日内在中国境内出版的，视为该作品同时在中国境内出版。另一种是外国人、无国籍人的作品，根据其作者所属国或者经常居住地国同中国签订的协议或者共同参加的国际条约享有的著作权，受本法保护。未与中国签订协议或者共同参加国际条约的国家的作者以及无国籍人的作品首次在中国参加的国际条约的成员国出版的，或者在成员国和非成员国同时出版的，受本法保护。外国法人,是指依外国法律成立,以法人资格在我国进行业务活动,符合我国法律所规定的条件并取得我国政府准许的法人组织。因此,外国法人一经我国政府准许,也可充当著作权法律关系的主体。故我国《著作权法》第2条中规定的"外国人"一词,不仅包括外国自然人,也包括我国政府准许的外国法人。但应注意,外国法人在尚未经我国政府准许时,能否充当著作权法律关系的主体;对此有两种观点:一种主张"否定说",认为外国法人在未经我国政府准许之前,不能以法人的名义充当著作权法律关系的主体;另一种则主张"肯定说",认为未经我国政府准许的外国法人,虽然不能认定其在我国具有法人资格,但事实上仍然是一个组织体,如果其代表人或者管理人以该组织的名义对外活动时,仍然可以充当民事法律关系的主体。同样,它也可以充当著作权法律关系的主体。笔者认为,"肯定说"有一定的合理性,它有利于促进优秀作品的创作和传播,有利于加强国际间的著作权交流和保护,有利于提高全民族的科学文化水平。三是国家。国家在特殊情况下也可充当著作权法律关系的主体。依我国《著作权法实施条例》第16条之规定,国家享有的著作权,由国务院著作权行政管理部门代表国家行使。

3.2.3 著作财产权交易主体的确认

作品的种类和性质不同,其著作财产权的归属也有所差异。在确认著作财产权主体时,首先要界定主体是原始主体,还是继受主体。原始主体,即作者,是直接创作作品的人。如果没有相反的证明,在作品上署名的人可认定为作品的作者。对于继受主体，应以法律的直接规定和当事人的协议为认定依据，主要是根据继承关系、劳务关系或者著作财产权许可使用合同及转让合同等约定来认定。但在下列特殊情况下，著作财产权主体的确认比较复杂，为了能正确界定各种情况下著作财产交易的主体资格，确保交易安全，本文特意对特殊情况下主体的确认进行有针对性的分析。

3.2.3.1 合作作品主体

两人或者两人以上合作创作的作品称之为合作作品。合作作品一般由数人分别就各部分进行创作，最后构成一个统一的整体。在这种情况下，合作作者通常称为合作作品的共同所有人。合作作品的著作权也由全体合作者共同享有，但合作作者之间另有约定的除外。如果第三人需要使用该合作作品，必须要征得共同所有人的同意。如果第三人非法侵害了合作作品，则每一合作作品的著作权人均有权请求依法予以保护。就此，我国《著作权法》第13条规定："两人以上合作创作的作品，著作权由合作作者共同享有。没有参加创作的人，不能成为合作作者。合作作品可以分割使用的，作者对各自创作的部分可以单独享有著作权，但行使著作权时不得侵犯合作作品整体的著作权。"合作作品不可分割使用的，依我国《著作权法实施条例》第9条之规定，其著作权由各合作作者共同享有，通过协商一致行使；合作作者对著作权的行使如果不能协商一致，又无正当理由的，任何一方不得阻止他方行使除转让以外的其他权利，但是，所得收益应当合理分配给所有合作作者。《著作权法实施条例》第14条还规定，合作作者之一死亡后，其对合作作品享有的著作权法所规定的财产权无人继承又无人受遗赠的，由其他合作作者享有。应当注意的是我国司法实践中常将此称为合著，分为整体合著与组成合著，前者即不可分割使用的，而后者则指可以分割使用的。故在合作作品著作财产权交易中，合作的方式不同意味着著作财产权主体的权利范围不同。

3.2.3.2 汇编作品主体

汇编作品也是由多数人共同创作而完成的，通常也叫做结合作品、合成作品。我国《著作权法》第14条规定："汇编若干作品、作品的片段或者不构成作品的数据或者其他材料，对其内容的选择或者编排体现独创性的作品，为汇编作品，其著作权由汇编人享有，但行使著作权时，不得侵犯原作品的著作权。"汇编者对汇编作品的创造性劳动体现为：对汇编素材的取舍、选定素材的整理、全新汇编作品是结构安排以及表达方式等。汇编作品的主要特征是：构成汇编作品的单个原创作品的作者，对单个原创作品都享有单个独立的著作权，这些独立的单个著作权主体，并不对整体的汇编作品享有汇编作者著作权，整体汇编作品的著作权归汇编作者享有。汇编作品与合作作品的主要不同点有：①汇编作品的单个作品均有独立的创作者，各作者之间无共同的创作汇编作品的合意；②汇编作品有独立于各单个作品作者之外的汇编作者，即原创单个作品的作者不一定参与汇编作品的创作劳动；③汇编作品中的单个作品作者，大都不享有整体汇编作品的著作权，除非某作者即有单个作品汇入整体汇编作品中，其本人又是汇编作品的汇编作者。可见，在汇编作品著作财产交易中，著作财产权主体的交易行为以不侵犯原作品著作财产权为前提。

3.2.3.3 职务作品主体

对于国家公职人员在职责范围内创作的作品，其著作权的归属问题，各国著作权立法规定不一。《日本著作权法》第15条规定："按照法人或者使用者的提议，从事该法人等的业务的人在履行职责时作成的著作物（程序著作物除外），该法人等以自己的名义发表这种著作物时，只要在其作成时的合同、工作规章中无另外规定，则该法人等视为著作人。从事法人等的业务的人按照法人等的提议，在履行职务时作成的程序著作物，只要在其作成时的合同、工作规章中无另外规定，则该法人等视为著作人。"前苏联著作权法律制度规定为，此类作品的作者是著作权所有人，但政府在一定期间内对其作品有首先使用的权利。保加利亚著作权法原则上也规定了作品的作者是著作权所有人，但政府可以不经作者同意，在一定期限、一定范围内使用该作品；而英国著作权法则认为，此类作品的所有人是政府，因为此类作品是国家公职人员在受雇的合同期间所创作的，其权利应归雇主即政府所有。我国《著作权法》第16条规定："公民为完成法人或者其他组织工作任务所创作的作品是职务作品，除本条第2款的规定以外，著作权由作者享有，但法人或者其他组织有权在其业务范围内优先使用。作品完成两年内，未经单位同意，作者不得许可第三人以与单位使用的相同方式使用该作品。有下列情形之一的职务作品，作者享有署名权，著作权的其他权利由法人或者其他组织享有，法人或者其他组织可以给予作者奖励：（一）主要是利用法人或者其他组织的物质技术条件创作，并由法人或者其他组织承担责任的工程设计、产品设计图、地图、计算机软件等职务作品；（二）法律、行政法规规定或者合同约定著作权由法人或者其他组织享有的职务作品。"关于职务作品著作权的理解，我国《著作权法实施条例》第11条规定，职务作品中的工作任务是指公民在该法人或者其他组织中应当履行的职责。所谓的物质技术条件是指该法人或者其他组织为公民完成创作专门提供的资金、设备或者资料。职务作品由作者享有著作权的，在作品完成两年内，如单位在其业务内不使用，作者可以要求单位同意由第三人以与单位使用的相同方式使用，单位没有正当理由不得拒绝。在作品完成两年内，经单位同意，作者许可第三人以与单位使用的相同方式使用作品所获报酬，由作者与单位按约定的比例分配。作品完成两年后，单位可以在其业务范围内继续使用。作品完成两年的期限，自作者向单位交付作品之日起计算。可见，该类作品中，在法律有特别规定的情况下，著作财产权的主体为法人或者其他组织；在法律无特别规定时，尽管著作财产权的主体为作者，但并不排斥法人或者其他组织在其业务范围内的优先使用，且未经单位同意，作者使用该作品的方式有一定的限制。

3.2.3.4 委托作品主体

根据雇佣合同或者服务合同，为雇主所创作的作品为委托作品。该作品的著作权归属各国规定有所不同。如《英国著作权法》规定,受雇于他人在合同期间创作的作品,其著作权归雇主所有。《日本著作权法》第15条规定:"如果作者是个雇员,他的作品又是为职务而创作,该作品又是以雇主名义发表的,那么该作品的著作权就归雇主所有。"突尼斯著作权法规定,委托作品的著作权,首先属于创作作品的作者。巴西著作权法则规定为,此类作品的著作权所有者应为雇主和受雇作者双方。澳大利亚著作权法则较明确地规定,作者在受雇于报刊业主期间,根据服务合同或师徒合同而创作的文学、戏剧或艺术作品,凡在报刊上刊载或转载、广播的,由业主享有版权。但在其他情况下,由作者享有版权;某一作品是作者在受雇期间,根据服务合同所创作,则雇主为版权所有人。[1] 依我国《著作权法》第17条之规定,受委托创作的作品,著作权的归属由委托人和受托人通过合同约定,合同未作明确约定或者没有订立合同的,著作权属于受托人。委托作品是受他人委托而创作的作品,它与一般作品的最主要不同点就在于,委托作品的著作权可由非创作人享有。这种作品产生的前提条件通常是委托关系的存在,而该关系是由委托人和受托人依法自愿确定的。一般情况下,委托人和受托人应签订合同,至于合同的形式,我国著作权法未作明确规定。依据我国《民法通则》第56条之规定,委托合同的形式可以是口头的,也可以是书面的,如果法律有特殊要求时,还应依照法律的规定。依笔者之见,为了避免或减少著作权归属纠纷,除法律另有

---

[1] (台)施文高:《国际著作权法制析论》(下册),台北三民书局,1985年版,第722页。

规定外，该委托合同通常应采取书面形式。如果是口头形式，也必须要符合一定的要件，即必须要有两个以上无利害关系的见证人作证。如果无书面合同，口头合同无法认定，或者有合同，但就委托作品的著作权归属未作明确约定的，该委托作品的著作权则归属于受托人，即作者享有。可见，在委托作品中，对作品著作权主体的确定依据的原则是"当事人意思自治和合同约定优先"。这是因为在委托作品创作过程中，委托人为作品的创作提供物质技术条件并给受托人支付报酬，且为委托作品规定创作主题、选择作品表达方式等智力劳动；而受托人是委托作品的直接创作人。基于此，法律规定在委托作品中就著作权的归属可由当事人议定。这也意味着委托作品著作财产权主体主要取决于当事人的约定。

3.2.3.5 演绎作品主体

演绎作品著作权主体的认定，各国著作权立法也有不同的规定。如《俄罗斯联邦著作权与邻接权法》第12条规定："译者和其他演绎作品的作者对其翻译作品、改编作品、改编乐曲或者其他改写作品享有著作权。"《德国著作权法》第3、4条分别规定："对于构成了演绎者的个人智力创作成果的某部作品的翻译和其他演绎，在不损害被演绎作品的著作权的情况下，作为独立作品予以保护。对不受本法保护的音乐作品的非重大的演绎，不作为独立作品予以保护"；"通过对作品、数据或者其他的独立元素进行选择和编排，构成个人智力创作的汇编物，在不损害被汇编的独立元素的著作权的情况下,作为独立作品予以保护。"[1]《埃及著作权法》第4条则较为明确地规定了演绎作品取得著作权的条件,该条件规定:"在不损害作者对作品出版的决定权的前提下,作品的合编本,进入共有领域的作品文集和官方文件集中有可能认定其独创性、合作性和其他个人的努力从而符合保护条件时才能受到版权保护。"[2]依我国《著作权法》第12条之规定,改编、翻译、注释、整理已有作品而产生的作品,其著作权由改编、翻译、注释、整理人享有,但行使著作权时,不得侵犯原作品的著作权。可见,演绎作品与原作品一样,都是独立的权利客体,演绎作品作者与原作品作者均享有各自作品的著作权。注释、整理他人作品的,对经过自己注释、整理而产生的作品享有著作权,但对原作品不享有著作权,并且不得阻止其他人对同一已有作品进行注释、整理。因此,在使用演绎作品时,往往须征得原作品作者与演绎作品作者双方的同意(即双重许可)。同时,各国著作权立法普遍规定,对演绎作品的保护不得损害原作品作者的权利。

3.2.3.6 视听作品主体

视听作品是指将一连串相关的图像和配音录制在任何合适的物质上,以吸引人们的视觉和听觉,并借助适当的装置进行表演

---

[1] (台)施文高:《国际著作权法制析论》(下册),台北三民书局,1985年版,第722页。
[2] 世界知识产权组织编:《世界各国版权法概论》,江伟珊、连先译,中国政法大学出版社,1990年12月版,第169页。

所形成的作品。该类作品著作权主体的确认，国外著作权立法通常采取两种做法予以解决：一是根据合同的条款来确定，即参加电影、电视制作的各方就电影、电视作品的著作权归属问题签订合同，并明确指定著作权所有人；二是根据著作权法的具体规定确定著作权人。大陆法系国家一般规定，该类作品的最初著作权属于该作品的智力创作者。它可能是所有合作作者享有共同著作权，也可能是每个主要合作者对其各自创作的成果单独享有著作权，但制片人享有不经其他合作者同意而对该作品进行商业经营的权利。如《法国著作权法》第L.113－7条规定："完成视听作品智力创作的一个或者数个自然人为作者。如无相反证明，以下所列被推定为合作完成视听作品的作者：①剧本作者；②改编作者；③对白作者；④专门为视听作品创作的配词或未配词的乐曲作者；⑤导演。视听作品源自仍受保护的已有作品或剧本的，原作者视为新作作者。"[1] 英美法系多数国家规定，此类作品的著作所有人是制片人，即议或组织该作品而且负有经济责任的法人或公民。如《澳大利亚著作权法》第98条规定："除本法第7章及第10章另有规定外，电影著作权之归属依本条规定。除另有规定[2]外，电影之制作人为著作权人。"一些东欧国家著作权法则规定，电影作品的整个著作权归有关单位所有，而各组成部分则归作者所有。如《俄罗斯联邦著作权与邻接权法》第13条

---

[1]《法国知识产权法典》（法律部分），黄晖译，郑成思审校，商务印书馆，1999年7月版。

[2] （台）施文高：《国际著作权法制析论》（下册），台北三民书局，1985年版，第756－757页。

规定:"视听作品的作者是导演;电影剧本作者;专门为视听作品创作的(带词或不带词的)音乐作品的作者。签订视听作品创作合同导致该作品作者将复制、发行、公开表演、公开电缆传播、无线电播放或者以其他任何形式公开传播视听作品的专有权利,以及配字幕和配音译制的专有权利授予视听作品的制作者,但是合同中另有规定的除外。上述权利在视听作品著作权保护期内有效。以任何形式使用视听作品时,制作者有权指明或者要求指明其姓名或者名称。公开表演视听作品时,(带词或不带词的)音乐作品的作者保留因公开表演其音乐作品而获得报酬的权利。作为视听作品各组成部分的作品,无论是现有作品的作者(作为电影电视剧本之基础的长篇小说的作者及其他作者),还是在视听作品制作过程中所创作的作品作者(总摄影师、总美术师及其他作者)分别随自己的作品享有著作权。"我国《著作权法》第15条规定:"电影作品和以类似摄制电影的方法创作的作品的著作权由制片者享有,但编剧、导演、摄影、作词、作曲等作者享有署名权,并有权按照与制片者签订的合同获得报酬。电影作品和以类似摄制电影的方法创作的作品中的剧本、音乐等可以单独使用的作品的作者有权单独行使其著作权。"可见,我国关于电影、电视、录像作品的著作财产权主体的确认,吸收了两大法系和东欧国家的一些经验,规定得比较全面、系统和合理。

3.2.3.7 匿名作品主体

对该类作品的著作权归属,世界各国著作权立法的通常做法是,将著作权规定由出版人行使。如《俄罗斯著作权与邻接权法》第9条第3款规定:"作品匿名或者以假名(未引起对作者身份怀疑的假名除外)发表的,如无相反证明,在作品上署名的出版者依本法认定为作者的代表,并且以此身份有权保护作者的权利和保障作者权利的实现。这一原则在该作品作者未披露其个人身份和声明其作者身份之前一直有效。"我国《著作权法实施条例》第13条规定:"作者身份不明的作品,由作品原件的所有人行使除署名权以外的著作权。作者身份确定后,由作者或者其继承人行使著作权。"这一规定表明了署名权永远留给作者,而著作财产权由作品原件的合法持有人行使。

3.2.3.8 民间文学艺术作品主体

这类作品是各民族文化遗产的重要组成部分,有的虽未正式出版发行,但它在社会中的流转作用远远高于出版。该类作品的作者通常身份不明,但经推测必须是或者曾经是本国本民族的成员创作的。它一般包括民间故事、诗歌、谜语;民歌和民间器乐;民间舞蹈、戏剧和各种礼仪;绘画、油画、雕刻、雕塑、陶器等工艺。许多国家规定,该类作品的著作人身和财产权均由国家规定的主管部门行使;但也有一些国家规定,利用民间文学艺术作品创作文学、艺术或者科学作品的人,是该类作品的作者,享有法律规定的专有权利。我国《著作权法》第6条规定:"民间文学艺术作品的著作权保护办法由国务院另行规定。"尽管该保护办法尚未出台,但司法实践中通常的做法是,凡民间文学艺术和其他民间传统作品的整理本,其著作财产权归整理人所有。但在使用时必须言明该作品系是从某民间传统作品改编而来,且第三人仍可对同一民间文学艺术作品进行整理并获得著作财产权。如黑龙江省饶河县四排赫哲族乡人民政府诉郭颂、中央电视台及北辰购物中心侵犯民间文学艺术作品著作权纠纷一案。[1]

该案发生于1999年11月12日,中央电视台与南宁市人民政府共同主办了一台"南宁国际民歌艺术节"开幕式晚会。在郭颂演唱完《乌苏里船歌》后,中央电视台节目主持人说:"刚才郭颂老师演唱的《乌苏里船歌》明明是一首创作歌曲,但我们一直以为它是赫哲族人的传统民歌。"南宁国际民歌艺术节组委会将此次开幕式晚会录制成VCD光盘,中央电视台共复制8000套作为礼品赠送。北辰购物中心销售的刊载《乌苏里船歌》音乐作品的各类出版物上,署名方式均为"作曲:汪云才、郭颂"。黑龙江省饶河县四排赫哲族乡人民政府认为郭颂、中央电视台及北辰购物中心侵犯了其民间文学艺术作品著作权,于2000年9月16日诉至北京市第二中级人民法院。原告诉称:《乌苏里船歌》是赫哲族民歌,属于我国著作权法保护的民间文学艺术作品,赫哲族人民依法应享有署名权等精神权利和获得报酬权等经济权利。1999年11月12日,在"南宁国际民歌艺术节"晚会上,中央电视台称《乌苏里船歌》系汪云才、郭颂创作而非赫哲族民歌,侵害了原告的权利。此后,该晚会被录制成VCD向全国发行,使侵权行为的影响进一步扩大。北辰购物中心销售了含有原告享有著作权的《乌苏里船歌》的侵权CD、图书和磁带,亦侵犯著

---

[1] 摘自北京市第二中级人民法院民事判决书(2001)二中知初字第223号,北京市高级人民法院民事判决书(2003)高民终字第246号。

作权，请求判令：①在中央电视台播放《乌苏里船歌》数次，说明其为赫哲族民歌，并对其侵犯行为作出道歉；②赔偿原告经济损失人民币 40 万元，精神损失人民币 10 万元；③承担本案诉讼费以及因诉讼支出的费用 8305.43 元。

在庭审过程中，原告明确指控被告对《乌苏里船歌》曲调的著作权侵权，而不涉及该音乐作品的歌词部分。

被告郭颂辩称：目前在全国赫哲族民族乡有 3 个，原告只是其中之一，不能代表全体赫哲族人提起诉讼。以《想情郎》为代表的赫哲族民间传统曲调，只是一首古老的四句萧曲，没有歌词，而《乌苏里船歌》既有新创作的曲子又有歌词，是他与胡小石、汪云才借鉴西洋音乐的创作手法共同创作的。原告虽提出侵权指控，却未明确他侵犯了何种权利，也未具体指出如何侵权，故不同意其诉讼请求。

被告中央电视台辩称：原告没有证据证明其有权代表所有赫哲族人民就有关民间文学艺术作品主张权利；对于民间文学艺术作品的保护，我国著作权法只作出了原则性的规定，缺乏具体的内容，迄今国务院尚未出台相关法规，因此，著作权法有关著作权人及其权利归属等相关规定并不适用于民间文学艺术作品。中央电视台播出的节目中有关《乌苏里船歌》的署名完全是在尊重历史事实的基础上，经多方查阅资料而得出的结论，迄今未发现与该署名相抵触的权威性资料，作为播出单位其已经尽到了审查义务。晚会主持人表述只是议论客观事实，并未侵犯原告的著作权。原告诉称该晚会节目被录制成 VCD 向全国发行没有任何证据，因为该艺术节组委会录制的 VCD 数量仅有 8000 套，且不公开发行,只是作为资料和礼品赠送,并没有以此进行营利活动。

被告北辰购物中心辩称:我中心销售的商品有合法、严格的进货渠道和合同,但对于商品的知识产权问题,我中心并无审查义务,不应成为本案的被告。

在案件审理过程中,根据双方当事人的申请,法院委托中国音乐著作权协会对音乐作品《乌苏里船歌》与《想情郎》等曲调进行鉴定。鉴定结论认为:"①《乌苏里船歌》的主部即中部主题曲调与《想情郎》、《狩猎的哥哥回来了》的曲调基本相同,《乌苏里船歌》的引子及尾声为创作;②《乌苏里船歌》是在《想情郎》、《狩猎的哥哥回来了》原主题曲调的基础上改编完成的,应属改编或编曲,而不是作曲。"

法院判决:

1. 一审。

(1)判决:①郭颂、中央电视台以任何方式再使用音乐作品《乌苏里船歌》时,应当注明"根据赫哲族民间曲调改编";②郭颂、中央电视台于本判决生效之日起30日内在《法制日报》上发表音乐作品《乌苏里船歌》系根据赫哲族民间曲调改编的声明;③北京北辰购物中心立即停止销售任何刊载未注明改编出处的音乐作品《乌苏里船歌》的出版物;④郭颂、中央电视台于本判决生效之日起30日内各给付黑龙江省饶河县四排赫哲族乡人民政府因本案诉讼而支出的合理费用1500元;⑤驳回黑龙江省饶河县四排赫哲族乡人民政府的其他诉讼请求。

(2)理由:以《想情郎》和《狩猎的哥哥回来了》为代表、世代在赫哲族中流传的民间音乐曲调,应作为民间文学艺术作品受法律保护。原告作为民族乡政府，可以以自己的名义提起诉讼。《乌苏里船歌》音乐作品是郭颂等人在赫哲族世代流传的民间曲调的基础上，运用现代音乐创作手法再度创作完成的，是改编完成的作品。郭颂等人在使用音乐作品《乌苏里船歌》时，应客观地注明该歌曲曲调是源于赫哲族传统民间曲调改编的作品。郭颂在"南宁国际民歌艺术节"开幕式晚会的演出中对主持人意为《乌苏里船歌》系郭颂原创作品的失当的"更正性说明"未做解释，同时对相关出版物中所标注的不当署名方式予以认可，且在本案审理中坚持认为《乌苏里船歌》曲调是其原创作品，其上述行为表明郭颂是有过错的。在中央电视台主办的"南宁国际民歌艺术节"开幕式晚会上，主持人发表的陈述与事实不符，中央电视台作为演出组织者，对其工作人员就未经核实的问题，过于轻率地发表议论的不当行为，应采取适当的方式消除影响。北辰购物中心销售了载有未注明改编出处的《乌苏里船歌》音乐作品的出版物，应停止销售行为。但北辰购物中心能够提供涉案出版物的合法来源，主观上没有过错，不应承担赔偿责任。鉴于民间文学艺术作品具有其特殊性，且四排赫哲族乡政府未举证证明被告的行为造成其经济损失，故对四排赫哲族乡政府关于要求三被告公开赔礼道歉、赔偿经济损失和精神损失的主张不予支持。但郭颂、中央电视台应承担原告因诉讼而支出的合理费用。

一审宣判后，被告郭颂、中央电视台不服，向北京市高级人民法院提起上诉。

郭颂上诉的理由是：①赫哲族乡政府不具备原告的主体资格；②一审判决存在"判非所诉"的问题；③中国音乐著作权协

会所作的鉴定在程序和实体方面均存在问题;④一审判决适用法律错误。中央电视台上诉的理由除与郭颂的①、②部分相同外,还认为已经尽到了合理的审查义务,不构成侵权行为。如《乌苏里船歌》的署名确有不当,将停止传播错误的信息,但不应承担刊登声明、支付原告诉讼费用等侵权法律责任。赫哲族乡政府、北辰购物中心服从一审判决。

2. 二审。

(1) 判决:驳回上诉,维持原判。

(2) 理由:二审法院肯定赫哲族乡政府具备原告诉讼主体资格,理由与一审法院相同。

因本案一审中赫哲族乡政府将诉讼请求变更为确认《乌苏里船歌》乐曲属于改编作品,且郭颂也对此进行了答辩,故一审法院根据当事人变更的诉讼请求对《乌苏里船歌》乐曲是否属于改编作品进行了审理,符合法律规定。一审法院判决未明确赫哲族乡政府当庭变更了诉讼请求一节,有不妥之处,但并不属于上诉人郭颂、中央电视台所称的"判非所诉"。本案二审期间郭颂提供的四位证人的书面证言,其内容并不能证明中国音乐著作权协会所作的鉴定在程序上存在问题,故不予采信。一审中虽然鉴定人员未出庭接受质询,但经过法院准许,以书面形式答复了当事人的质询,并不属于程序不当,故对郭颂关于中国音乐著作权协会所作的鉴定在程序方面存在问题的上诉理由,不予支持。

著作权法所指的改编,是指在原有作品的基础上,通过改变作品的表现形式或者用途,创作出具有独创性的新作品。改编作为一种再创作,应主要是利用了已有作品中的独创部分。对音乐作品的改编而言，改编作品应是使用了原音乐作品的基本内容或重要内容，应对原作的旋律作了创造性修改，却又没有使原有旋律消失。在本案中，根据鉴定人关于《乌苏里船歌》的中部乐曲的主题曲调与《想情郎》和《狩猎的哥哥回来了》的曲调基本相同的鉴定结论，以及《乌苏里船歌》的乐曲中部与《想情郎》和《狩猎的哥哥回来了》相比又有不同之处和创新之处的事实，《乌苏里船歌》的乐曲中部应系根据《想情郎》和《狩猎的哥哥回来了》的基本曲调改编而成。《乌苏里船歌》乐曲的中部是展示歌词的部分，且在整首乐曲中反复三次，虽然《乌苏里船歌》的首部和尾部均为新创作的内容，且达到了极高的艺术水平，但就《乌苏里船歌》乐曲整体而言，如果舍去中间部分，整首乐曲也将失去根本，因此可以认定《乌苏里船歌》的中部乐曲系整首乐曲的主要部分。在《乌苏里船歌》的乐曲中部系改编而成、中部又构成整首乐曲的主部的情况下，《乌苏里船歌》的整首乐曲应为改编作品。郭颂关于《乌苏里船歌》与《想情郎》、《狩猎的哥哥回来了》的乐曲存在不同之处和创新之处且在表达上已发生了质的变化的上诉理由，并不能否定《乌苏里船歌》的乐曲基本保留了赫哲族民歌基本曲调的事实，郭颂在上诉中认为中国音乐著作权协会所做的鉴定与事实不符和关于《乌苏里船歌》全曲不应认定为改编作品的上诉理由不能成立，不予支持。

中央电视台主持人的陈述虽然已经表明《乌苏里船歌》系根据赫哲族音乐元素创作的歌曲，但主持人陈述的本意仍为《乌苏里船歌》系郭颂原创与事实不符。中央电视台对其工作人员所发表的与事实不符的评论，应当采取适当的方式消除影响，原审法院判决中央电视台在《法制日报》上发表更正声明并无不当。

可见，该案审理中其中争议的一个焦点问题就是该案的原告诉讼主体资格。

在笔者看来，分析并区分不同作品著作财产权的主体对于我国而言尤为重要。因为我国不仅经历了漫长的漠视权利的历史，而且从理念上奉行的是群体至上。从法律制度上赋予著作财产权交易主体的权利资格和地位，不仅表明了我国立法对著作财产权人的人格尊重和财产利益上的肯认，而且使得著作财产权人在交易过程中一旦其利益受到损害可及时获得法律上的救济。

3.2.4 著作财产权交易主体的分类

著作财产权交易的主体，依照不同的标准，从不同的角度，可以对其进行不同的分类。根据各国著作权立法的规定，著作财产权交易主体大体可分为以下几类：

3.2.4.1 自然人和法人

根据著作财产权交易主体的自然属性不同，将其分为自然人和法人。自然人和法人可因自己创作作品或者依照法律或通过委托合同、劳务合同、接受继承及转让等方式而成为著作财产权交易主体。在早期的著作权法理论中，一般只把自然人作为著作权的原始所有人，因为只有自然人可以从事脑力劳动，任何智力创作都是人的大脑的思维活动的结晶。而法人组织，由于它无思维能力，不能从事脑力劳动，故不能作为著作权的原始所有人，也不能充当著作财产权交易的主体。随着社会生产及经济的不断发展,人们的文化素质和认识水准也相应地得到了提高,加之法人组织作为独立的民事主体在社会生活中的地位日趋重要,人们开始逐步意识到法人组织也可以作为著作财产权所有人。随后,各国著作权立法也相继肯认法人实体也可以作为著作权的原始所有人和著作财产权交易主体,甚至认为,在特殊情况下,国家也可以作为著作财产权交易主体。

此分类的意义在于,明确和掌握著作财产权主体的自然属性不同,意味着法律保护的期限以及限制不同。同时,在著作财产权交易中便于更好地确定不同著作财产权主体间的权利和义务状况。

3.2.4.2 原始主体和继受主体

根据著作财产权交易主体与作品的不同关系,可以将其分为原始主体和继受主体。作品的作者,即用自己的创造性脑力劳动创作作品的人,包括作家、画家、雕塑家、作曲家、舞蹈家或其他艺术家、科学家及技术工作者等。只要是通过自己的独立思考,运用自己的技巧和方法,直接创作反映自己的思想与感情、个性与特点的作品作者,均属于原始著作权的主体。原始主体在著作权法律关系中,享有完整的著作权,即既享有作品著作权中的人身权利,也享有作品中的财产权利。以原始作者为基础或者与原始作者形成一定关系而取得著作权的则为著作权的继受主体。继受主体一般包括:依雇佣关系而产生的著作权主体;以继承或者受让作品著作权而成为部分权利主体;以改编、翻译、注释、整理等方式将已有作品改变为新作品的著作权主体以及因赠与、遗赠、征购等方式而取得著作权的主体等。继受主体一般只能享有著作权中的财产权利，而不能享有原始主体所享有的人身权利。

这一分类的意义在于，明确和掌握二者在著作财产权交易过程中虽均可以充当交易一方，但继受主体的权利范围并不同于原始主体的权利范围。这就要求在著作财产权交易中对继受主体能够处分的权利范围必须界定。

3.2.4.3 本国人和外国人

根据著作财产权交易主体的国籍不同，可以将其划分为本国人和外国人。依我国《著作权法》第2条之规定，凡我国公民，不论其政治身份、宗教信仰、文化素质、经济地位以及住所状况如何，只要自己创作出一定的作品，自产生之日起，都可以成为该作品的著作财产权主体，享受著作权法的保护。对于外国人、无国籍人首次在我国出版的作品，或者在我国境外首先出版后，30日内在我国境内出版的，该外国作者同我国作者享有同等的权利，作品依法予以保护。他们也可以成为我国著作财产权的主体，有权从事著作财产权交易。由于著作权具有地域性特征，对其他外国人的作品，我国没有保护的义务，除非我国与该国订有保护著作权的双边条约或者承担了国际条约、多边条约的义务。

这一分类的意义，在于明确和掌握著作财产权主体的不同，意味着著作权法调整的范围不同，以及在著作财产权交易中发生争议或纠纷时所适用的法律也不同。正确认识这一问题在对外著作财产权交易方面，具有更重要的意义。

3.2.4.4 独立主体和辅助主体

依据著作财产权交易主体的行为能力状况不同,可以将其划分为独立主体和辅助主体。我国《民法通则》在"公民"一章中,根据公民的智力发育状况及年龄、对事物判断能力的不同情况,将公民的行为能力作了不同的划分。在一般情况下,未成年人不具有以自己的行为取得民事权利或者设定民事义务的资格,其只能从事和参加与其年龄、智力状况相适应的民事活动;其他民事活动则由他的监护人或法定代理人同意后自己办理。在著作权法律关系中,基于创作活动在性质上乃属于一种事实行为,而并非法律行为的原因,未成年人可以不受其行为能力的限制,依法充当著作权的主体。未成年人基于创作虽可以成为著作权法律关系的主体,但并不能独立地充当著作财产权交易法律关系的主体。在著作财产权交易活动中必须要由具有资格能力的人对未成年人予以辅助,其行为才可能具有法律上的意义。

这一划分的意义,在于明确和掌握著作财产权交易主体不同于著作财产权主体。成年人与未成年人在充当著作权主体时无任何差别。只要他们以自己的智力创作一定的作品,均可充当著作权主体。但在从事著作财产权交易活动时,未成年人并无独立交易的能力,应由其监护人或者其他法定代理人予以辅助。

3.2.4.5 作者、传播者、管理者与使用者

依据主体与著作财产权的不同关系,可以将其划分为作者(或者其他著作权人)、传播者、管理者与使用者。作者或著作权

人是基于创作行为而对其作品享有著作权的人,是产生著作财产权交易必不可少的主体之一。传播者是依据法律规定或者通过交易行为而享有对作品进行传播的人。传播行为事实上表现为著作财产权权能实现的方式,也就是说著作财产权之所以作为交易对象、能够进入流通领域,离不开传播者的传播行为。由于传播者对其为传播而创作的创造性劳动成果依法享有专有权利,即邻接权,故传播者在著作财产权交易活动中,一方面作为派生性权利人与他人从事著作财产权交易行为,另一方面作为邻接权人对其传播行为享有独立权利。著作权管理者包括法定行政管理者和议定民事管理者。法定行政管理者即著作权行政管理部门。议定的民事意义上的民事管理者,即著作权集体管理组织。本文在此仅涉及后者。著作权集体管理是指经著作权人授权,通过代表著作权人的集体组织,对外以集体组织的名义授权他人使用作品并收取报酬再分发给著作权人,以及由集体管理组织作为当事人进行涉及著作权的诉讼或仲裁活动的著作权管理模式。著作权人借助集体管理组织以实现其著作财产利益。使用者是作品的终极享用人。在著作财产权交易法律关系中,作品终极使用人交易的相对人可能是作者或者著作财产权人,也可能是邻接权人,还可能是集体管理组织。

这一划分的意义在于,明确著作财产权交易活动中各行为人与著作财产权的关系。交易行为人与著作财产权的不同关系意味着各自交易关系中的权利义务和交易方式有所差异。

通过上述论证可见,著作权客体不同于著作财产权交易的客体。作品的性质和表现形态不同意味着其著作财产权的归属不同。随着科技事业的发展，著作财产权的内容不断得以拓展，即著作权可交易的对象愈来愈宽泛。关于著作财产权归属的相关国际公约及各国立法之规定亦日趋一致。对著作财产权的类别进行科学划分，有助于我们把握著作财产权交易的实质特征和交易的功能与作用，有助于我们明确著作财产权交易主体可能是著作权主体，也可能是非著作权主体。不同的主体意味着不同的交易资格及法律地位。只有具备交易主体资格，才能通过一定的交易方式依法从事著作财产权交易活动，通过交易实现著作财产利益的最大化。在著作财产权交易过程中依据作品的性质可判断交易主体的资格，而不同类型的著作财产权交易主体则意味着交易中各自的权利和法律地位相异。

第4章 著作财产权交易的方式

本章从著作财产权变动的角度分析著作财产权交易的具体方式。即探讨一部作品产生后,作者通过哪些方式可以有效地实现作品著作财产权,并满足自己在财产方面的需求。许可使用和转让均可引起著作财产权的变动,但这种变动由于受作品本身属性的影响又不同于一般物权的变动。质押从其效果上来看,著作财产权是否发生变动,尚处于不确定状态,但同样可达到交易效果,满足著作权人财产上的需要。为进一步揭示著作财产权交易的类型和内在特征,本文还就交易层次及类别进行了分析。至于其他能够引起著作财产权变动的原因,如互易行为、赠与行为、继承、法人的变更等,本文并不涉及,将作为以后继续研究的对象。

4.1 著作财产权许可使用

著作财产权的许可使用(习惯上称之为著作权许可使用),是指作者或其他著作权人采用合同形式授权他人以一定方式使用其作品财产权并获得报酬的一种法律制度。著作权许可使用是作者或者著作权人从事著作财产权交易、获得经济利益、实现作品价值的主要途径之一,也是他人使用作品、满足其不同需要的主要方式。因此,各国著作权法均以不同的方式赋予作者或著作权人许可他人使用作品财产权的权利,我国《著作权法》第 3 章亦对此作了规定。

4.1.1 著作财产权许可使用合同及其种类

著作权许可使用合同,是指作者或其他著作权人与作品的使用者所达成的关于使用者在约定期间,按照约定方式使用其作品中的全部或部分财产权并支付报酬的一种协议。根据该协议,作者或其他著作权人有义务将其作品的全部或部分财产权按约定许可给对方使用,并由此享有获得相应报酬的权利;而使用者依照约定,有义务向作者或者著作权人支付报酬,同时享有在约定范围内按约定方式行使作品财产权的权利。著作权许可使用是著作权交易的重要方式之一,这种交易方式的建构当以现行公认的许可使用合同为基础。综观国外著作权立法及我国《著作权法》第 24 条之规定,著作权许可使用合同一般包括下列主要条款:①许可使用的权利种类。主要是指合同必须明确许可使用著作财产权中具体的权能;②许可使用的权利是专有使用权或者非专有使用权。如果许可使用合同中没有此项规定,或规定不明确无法认定时,应推定许可使用为非专有使用权;③许可使用的地域范围、期间。关于许可使用的地域范围在合同中必须明确,合同中著作权人未明确许可的权利,未经著作权人许可,另一方当事人不得行使。许可使用的期间也涉及使用人使用权的效力,许可使用的期间一旦届满,当事人又未续订的,许可使用合同即告终止。但许可使用的期间不得超过作品著作权的保护期限;④付酬标准和办法。付酬标准通常取决于作品篇幅、质量和使用范围。当事人可以约定付酬标准,也可以按照有关部门制定的付酬标准。付酬办法一般由当事人议定,可以分期付酬,也可以一次性付酬。没有约定或者约定不明的,视为一次性付酬;⑤违约责任。在履行著作权许可使用合同过程中,作者或其他著作权人,或者使用权人都有可能出现违约情况。无论何方违约,除法律规定可以免责之外,违约方均应承担相应的法律责任,即必须采取补救措施,支付违约金;给对方造成损失的,还应承担赔偿的责任。而守约一方则有权请求违约方继续履行或请求中止合同或解除合同并赔偿其损失。

基于问题研究的需要和本文的基本思路,关于许可使用方式的交易,笔者仅论述许可使用合同的种类、特征,并对当前存在的问题进行简要分析。

依据我国法律规定,根据著作权许可使用具体情况的不同,著作权许可使用合同有不同的分类:

(1) 根据作者或其他著作权人允许作品使用者使用其作品使用权的范围不同,将著作权许可使用合同划分为单项著作权许可使用合同与整体著作权许可使用合同。前者是指作者或其他著作权人采取与作品使用者签订出版合同、复制合同、演出合同、播放合同、录音录像合同、改编合同、翻译合同、展览合同等,将自己对作品的出版权、复制权、表演权、播放权、录制权、改编权、翻译权、展览权等专有使用权分别许可给不同的使用者。即使用者通过单项著作权许可使用合同,仅可获得使用权中的某一项权能。就此，我国《著作权法实施条例》第 24 条规定："著作权法第 24 条规定的专有使用权的内容由合同约定，合同没有约定或者约定不明的，视为被许可人有权排除包括著作权人在内的任何人以同样的方式使用作品；除合同另有约定外，被许可人许可第三人行使同一权利，必须取得著作权人的许可。"而后者即整体著作权许可使用合同，是指作者或其他著作权人将其作品的出版权、复制权、表演权、播放权、录制权、改编权、翻译权及展览权等全部专有使用权在一定期限内许可给作品的使用者。即使用者通过著作权许可使用合同，可获得使用权中的全部权能。

（2）根据作品作者或其他著作权人将其对作品的全部或部分专有使用权向他方许可后，受许可方能否将已获得的使用权再向第三方许可的不同，将著作权许可使用合同可划分为专有使用权合同和非专有使用权合同。前者是指作者或其他著作权人授权他人在一定期限和范围内以特定的方式独占使用作品，一般也叫做独占许可使用。在这种情况下，作者或其他著作权人在发出专有许可证之后，于合同约定的期限内，不得将获得的权利再向第三方许可。即使用者通过订立独占性许可使用合同的方式，获得了一定期限内使用作品的专有权利。这种权利意味着任何人，包括作者或其他著作权人均不得再以许可证所指定的方式使用作品。后者则指作者或其他著作权人授权若干人在一定期限和范围内以特定方式非独占地使用作品，通常也叫做一般许可使用。在这种情况下，作者或其他著作权人在发出作品使用许可证之后，于合同约定的期限内，不仅自己可以继续使用，还可以再向第三方许可，即有权再向第三方发放许可证，且被许可人也无权排斥作者或者著作权人及其许可的其他人以相同的方式使用该作品。著作权许可使用合同的内容是专有还是非专有,除法律另有规定之外,由当事人进行约定。合同没有约定或者约定不明的,视为非专有使用权许可。

(3) 根据著作权许可使用合同有无期限,将其划分为有期限许可使用合同与无期限许可使用合同。有期限许可使用合同是指在著作权的保护期内,当事人就许可使用作品的期限作了明确约定,如1年、5年或者10年等。而无期限许可使用合同则是当事人未就许可使用的期限作明确约定,通常也可作为不定期的许可使用合同。对于有期限的许可使用合同,当期限届满时,当事人还可以根据需要在作品著作权的有效期内续订。至于无期限的,许可人有权随时可以终止合同,但应当给予被许可人合理的准备期限。我国在著作权法修改之前,就许可使用合同的期限规定最长为10年,届满后可以续展。修改后的著作权法基于合同当事人意思自治原则取消了这一规定。

(4) 根据被许可人是否有权发放分许可证,将著作权许可使用合同划分为允许分许可使用合同与不允许分许可使用合同。分许可使用,通常也称之为从属许可使用,是指被许可人在取得作品许可使用权后,对其所取得的使用权能通过发放分许可证的方式许可第三人加以使用。概览国外著作权立法,一般规定被许可人是否有权发放分许可证取决于作者或者著作权人的意思表示,如果作者或者著作权人没有明确表示允许被许可人发放分许可证,则被许可使用人不得发放分许可证。这种分类对于取得演绎权许可的被许可人来讲具有重要的法律意义。取得演绎权许可的被许可人通过其演绎行为,依法可以产生演绎作品并对其享有著作权。但当演绎作品著作权人行使著作权时往往受到原作品著作权的限制,即不得侵犯原作品著作权人的合法权益,故在未取得原作品著作权人的同意或者许可的情况下,无权单独许可他人对其演绎的作品许可使用。因此,如果被许可使用人在取得他人作品演绎权许可时,同时约定还取得了今后对演绎作品发放分许可使用证的权利,这样便有利于演绎作品著作权人更快、更好地行使其作品著作权,也有利于他人对演绎作品的再次演绎。

4.1.2 著作财产权许可使用合同的特点

著作财产权许可使用合同是以著作使用权为交易对象而签订的合同,它和其他以一般财产为对象的财产交易合同相比较具有明显的不同。鉴于著作财产权交易实践的需要,笔者仅就著作权许可使用合同与著作财产权转让合同相比较的特征作简要分析。笔者认为,著作权许可使用合同较之著作财产权转让合同(习惯上称之为著作权转让合同)具有以下法律特征:

4.1.2.1 标的的特殊性

两种合同的主要区别在于标的不同。著作权转让合同的标的是著作财产权本身,该权利一经转让,作者或其他著作权人即丧失对其作品的该种经济权利,而受让人在法律上则成为著作财产权人,并可在法定范围内以自己名义行使这些权利。受让人在依法享有该权利的期间,这些权利一旦受到非法侵害,受让人具有以原告人的身份就侵害行为提起诉讼的资格。而著作权许可使用合同的标的则为著作财产权中的使用权,许可使用合同成立后,并不移转著作财产权,被许可使用人在法律上也不能成为著作权所有人,他只是在一定期限、一定范围内享有该作品的使用权。被许可人在依法享有该权利的期间,这些权利一旦被他人非法侵害时,被许可使用人因其并非著作权人而不得以著作权人名义提起诉讼。

4.1.2.2 内容的特殊性

两种合同虽均涉及权利的种类、地域范围和违约责任等,但二者的内容仍有许多不同。如许可使用合同中涉及许可使用的权利是专有使用权还是非专有使用权,而转让合同中则不涉及这一要素;使用合同中涉及付酬标准和办法,而转让合同中则涉及价金和支付日期及方式;依照我国著作权法的规定,许可使用作品的付酬标准可以由当事人约定,也可以按照国务院著作权行政管理部门会同有关部门制定的付酬标准支付报酬,约定不明的,按照制定的标准支付,而转让合同中的价金及支付日期和方式则完全由当事人议定等。

4.1.2.3 形式的特殊性

两种合同虽均为要式合同,即均应当订立书面合同,但二者的法律要求仍有所区别。就许可使用合同而言,我国《著作权法》第24条仅规定,使用他人作品应当同著作权人订立许可使用合同,至于合同形式法律并未明确要求,只是在《著作权法实施条例》第23条规定:"使用他人作品应当同著作权人订立许可使用合同，许可使用的权利是专有使用权的，应当采取书面形式，但是报社、期刊社刊登作品除外。"该规定亦表明如果许可使用的权利是非专有使用权的，合同的形式法律亦未明确要求。就转让合同而言，我国《著作权法》第 25 条则明确要求，著作权转让合同应当订立书面合同。此外，针对许可使用合同，国家著作权行政管理部门还负责提供各类著作权许可使用合同的标准样式。

笔者认为，造成两种合同不同的根本原因在于二者产生的法律后果相异。许可使用合同在后果上意味着被许可的权利可以回归作者或者著作权人，而转让合同在后果上则意味着作者或者著作权人永远丧失作品著作权。

4.1.3 我国著作财产权许可使用合同中存在的问题

我国著作权法施行后，作为著作权交易主要形式之一的著作权许可使用合同无论是在著作权人行使作品著作权方面，还是在著作财产权交易方面都起到了积极、重要的作用。但由于我国著作权法律制度起步较晚，人们的著作权法律意识比较淡薄，加之科学技术的飞速发展，著作权许可使用合同制度仍存在许多问题，大体有以下不足：

4.1.3.1 许可使用合同标准样式不完备

著作权许可使用方式具有多样化，故著作权许可使用合同的标准样式也可能会因许可内容不同而有所差异，而仅有的一般民事合同的标准样式，根本无法满足其实际需要。笔者认为，依据我国现行著作权法律意识状况和现实需求，建议尽快制定《表演合同》、《播放合同》、《网络传播合同》以及《演绎合同》等许可使用合同标准样式，供当事人参考，以便于著作财产权人与被许可使用人通过具体许可使用合同更快、更规范地使用作品著作权。

4.1.3.2　许可使用的信息和途径不畅通

我国优秀作品层出不穷，作者或者著作权人创作作品的目的在于通过许可使用广泛传播其作品，以实现作品的经济价值和社会价值。作为被许可使用人往往是作品的传播者，其必须借助于许可使用合同方能获得传播作品的权利，以通过其传播行为传播作品并获得相应回报。然而基于我国地域辽阔，交通、信息仍不发达的客观现实，使得许可使用作品的信息和途径仍满足不了许可人和被许可人以及社会的需要。因此，笔者建议，针对我国具体国情，尽快在立法上明确国家和地方著作权行政管理部门提供著作权许可使用的相关信息的职责，以便于作品及时通过许可使用合同加以使用并发挥其应有功效。

4.1.3.3　使用方式与高新科技发展的需求不适应

高新科技发展无时不在挑战著作权法律制度。当前作品数字化、网络化的不断发展已显现出著作权法有关作品许可使用方式的规定之不足，尤其是网络传播作品时，如何通过许可使用合同尽快获得授权是急需解决的问题。尽管我国于 2006 年发布实施的《信息网络传播权保护条例》就有关内容作了规定，但具体实施还有待于进一步加强，并需要对实施中遇到的问题进行深入研究。

4.1.3.4 作品著作财产权的功效发挥程度不高

作品著作权不在拥有，而在利用。我国著作权的利用和交流开展较晚，尤其是缺乏对外交流的经验和制度，致著作财产权交易存在较大的贸易逆差。为尽快改变这一现状，笔者建议，在做好国内宣传及尽快完善法律、法规的前提下，应建立相应的机构，大力加强对外交流与合作，提高作品著作权的许可使用程度，最大限度地发挥作品著作财产权的功效。

4.1.4 国（境）外著作财产权许可使用合同的立法现状

关于著作权许可使用合同，国外著作权法均有不同程度的规定，但总的来看，大多将此规定在著作权转让制度中。如《法国著作权法》第L.131-3条规定："著作权转让的条件为，每一权利的转让均应在转让合同中分别指明，并明确转让权利的使用范围、目的、地域及期限。"[1]《俄罗斯联邦著作权与邻接权法》第30条规定："专有权利转授著作权合同只是许可专有权利获得者以合同规定的某种方式和在合同规定的范围内使用作品，并赋予专有权利获得者禁止他人同样使用该作品的权利。非专有权利转授著作权合同许可使用人和（或）其他获得许可的人同转授非

---

[1]《法国知识产权法典》（法律部分），黄晖译，郑成思审校，商务印书馆，1999年7月版。

专有权利的专有权利所有人平等地以同样方式使用作品。"[1]《德国著作权法》第31条规定:"作者可以将某种单独的或者全部的使用类型使用作品的权利(使用权)许可他人。使用权可以以普通使用权或者排他性使用权的形式许可他人并且可以在空间、时间或者内容上设定限制。"[2]《日本著作权法》第63条规定:"著作权所有者可以许可他人使用其著作物。获得许可的人,可在许可的使用方法和使用条件范围内使用与该许可有关的著作物。许可使用权,未经著作权所有者同意,不得转让。"[3]我国台湾地区"著作权法"第37条对此规定,著作财产权人得授权他人利用著作,其授权利用之地域、时间、内容、利用方法或其他事项,依当事人之约定;其约定不明之部分,推定为未授权。我国香港地区《版权法》第36条规定,版权准用证可以通过书面形式、口头形式、甚至由行为默示。但独家的准用证则必须具备书面形式,由版权拥有人签署。如同转让书一样,准用证可以只限定时间或者地点、或只限于作出一种特定行为的权利。

从上述著作权立法规定可以看出,尽管它们在立法指导思想上有所差异,但共同点都是实行许可使用的仅为著作权中的作品使用权,即仅授予使用者作品的使用权,至于作品的其他专有权则仍为作者所保留,且在许可使用的形式上亦要求不一。而对于

---

[1]《俄罗斯联邦著作权和邻接权法》(1993年7月9日通过),焦广田译,《著作权》,1995年第2期。

[2]《德国著作权法与邻接权法》(2003年9月10日修订),张恩民译,法律出版社,2005年1月版。

[3] 参见国家版权局编:《日本著作权法》(版权参考资料增刊),邵延丰译。

著作权中财产权的所有权,则通过转让制度加以规定。之所以这样规定,是因为作品著作权的许可使用较之著作权的转让对作者或者著作权人来讲,其所产生的风险要小,且给予作者或者著作权人以更广泛的自由,以体现立法目的和价值取向在于最大限度激励作者及著作权人通过许可使用行使其权利,确保作者或其他著作权人的合法权益免受损失。

4.2 著作财产权转让

著作财产权转让一般也称之为著作权转让。作品著作权能否转让,理论界颇有争议,国外著作权立法亦规定不一,从而使这一问题成为学术研究和著作权交易,特别是著作权国际贸易中不可回避的理论和现实问题。笔者从两大法系的不同思想观念入手,运用比较的方法,在此将讨论的范围限定为该问题的出现及其产生的根源、立法上的一般规定、著作权转让的方式、著作权转让的限制以及我国著作权立法规定及其检讨。探讨的目的在于说明作品著作权转让是著作权交易的最典型、最主要的方式,也是作者实现著作财产权的重要手段之一,以揭示该种交易方式无论在理论上还是实践上均有重要的研究价值。

4.2.1 著作财产权转让的缘由

作品著作权转让问题可追溯到16世纪初叶,当1709年英国《安娜女王法令》问世时,对这一问题便产生了不同的认识,分歧的焦点集中体现为如何确认著作权的本身属性。以人身价值观为著作权立法哲学基础的大陆法系国家普遍认为,作品著作权的本质是个人主义的,该种权利来自于个人创作的事实行为,它是作者生来即享有的人权在新的法律关系中的具体反映。作品是作者灵性感受的产物,是作者思想和愿望的表现形式。其实质表现为,作品是作者人格的延伸。[1] 在此思想基础上,便主张作者创作作品是出于文化考虑而非经济考虑,著作权法确认和保护作品的目的不是为了保护作品,而是为了保护表现在作品中的作者的创造性个性[2]——即保护作者创作的一种满足感。该种思想导致立法上对作者转让其作品权利的自由作了大量限制,规定作者对其作品经济使用权利的转让不会、也不可能将其与其作品分离开来。如有的国家著作权法明确规定,作者在其有生之年不得以任何条件向任何人转让作品的权利——所有权。作者最多可以对作品使用作出许可;但不管一个作者签发多少项许可证,他都永远拥有作品本身权利的所有权。[3] 然而,以经济价值为著作权立法哲学基础的英美法系国家则普遍认为,著作权无非是阻止复制有形物质的权利,强调著作权立法的目的是促进国民经济的发展。从而进一步主张,著作权是调整贸易、商业和技术的手段。在此情况下,必将市场经济观点与保护版权业的精神融为一体,旨在激励人们对生产文化产品进行投资,以借助著作权法对

---

[1] 史文清、梅慎实:《著作权诸问题研究》,复旦大学出版社,1992年9月版,第35页。
[2] 〔美〕保罗·戈尔茨坦:"关于版权和邻接权的原始所有及其行使的基本文化、经济和法律考虑",《著作权》,1994年第2期,第11页。
[3] 同上,第12页。

文化产品的投资者的权利提供保护，达到促进本国经济发展的目的。[1] 这种视著作权具有可转让性的思想观念，致立法上允许作者转让其对作品的所有权，无论是作品财产权之一部分还是全部。如有的国家著作权法奉行"版权的无限可让与性原则"，即著作权人可以自由地不受任何限制地让与其专有权利，如复制权、改编权和公开发行权、表演权和展览权中的一种或多种。[2] 不同社会、不同时期的法律思想都是基于不同的法律意识和法律观念。因为，每个具有法律意识的社会，人们对于法律是什么、它应该是什么、它从何而来、什么使它具约束力等问题都会有些见解。而大部分人对这些观念都只是自然而然的接受而已，正式的法律哲学在社会无论如何也不比法律本身来得普遍。[3] 可见，两大法系之所以对著作权转让产生不同的法律思想，其根源在于它们对著作权的意识和观念不同。大陆法系国家受"天赋人权"意识之影响，从而在著作权法中确立了以保护作者人身权利为中心的"作者权"（Right of the author）的观念，作者永远享有对其作品的首要权利，而那些被许可使用其作品的人，准确地说可被视为其代理人，他们在任何法律意义上都不能被视为所有人。而英美法系国家基于"重商主义"和"功利主义"的观念和意识，视作品为"绝对商品"，且适用"契约自由"原则，即如果

---

[1] 史文清、梅慎实：《著作权诸问题研究》，复旦大学出版社，1992年9月版，第34页。
[2] 〔美〕保罗·戈尔茨坦："关于版权和邻接权的原始所有及其行使的基本文化、经济和法律考虑"，《著作权》，1994年第2期，第13页。
[3] 〔美〕博利曼：《法律与社会》，吴锡堂等译，巨流图书公司，1991年7月版，第59页。

双方能够自由地以最符合他们相互利益的方式分配权利，双方的利益就能得到最好的保护，而且立法机构无权干涉双方议定的内容。

从上述两大法系的不同思想观念看，也许我们不难理解我国在起草著作权法时，曾规定著作权转让与许可两种制度，但在最后定稿时却舍弃了转让制度的思想根源。当然，现在看来除了这一影响外，还受我国当时经济发展水平、立法水准及著作权的意识和观念等因素的影响。但笔者并不认为我国著作权法舍弃著作权转让制度的目的是基于维护作者利益。[1]

4.2.2 国外著作财产权转让的一般规定

不同的法律观念指导不同法律制度的建立、存在和发展。因政治、经济、文化环境和传统不同，各民族法律观念相异，从而形成不同的著作权转让观念和立法规定。概览著作权立法，大多数国家普遍肯认著作权作为整体，尤其是著作权中的人身权利是不能转让的；但著作权又为一种财产权，属于私有权，作者有权将其财产权利转让或者授权他人行使，或者通过继承、遗赠方式由其继承人或受赠人继受取得。尽管《与贸易有关的知识产权协议》规定："承认知识产权是私权。"[2]然而，具体到各国著作权法规定中，关于作者的财产权利能否转让以及转让的范围和限制等问题又规定不一，大体有以下几种情况：

---

[1] 李小伟："试论著作权转让制度及我国法律的选择"，《1993中国版权研究会学术年会论文选编》，西北大学出版社，1993年12月版，第13页。

[2] 《与贸易有关的知识产权协议》规定："承认知识产权是私权。"

4.2.2.1 英美法系国家

以英国为代表的大多数英美法系国家普遍认为，著作权作为一种个人动产财产权，可依法转让。如《英国版权法》第 90 条规定："版权可以像动产一样地转让、遗嘱处理或执行法律的方式发生移转。版权的转让或他种方式移转可以是部分的，其中包括版权所有人依专有权利可实施之行为中的一种或几种，但不是全部；版权存续期的一段而不是全部时间……"。[1]《澳大利亚著作权法》第 196 条规定："著作权为私有财产（personal property），可以通过转让、移交、遗嘱或者执行法律规定而移转给他人。此种转让可以是全部转让也可以是部分转让，但是非经转让人或其代理人于书面文件上签字，转让无效。"[2]《美国版权法》第 201 条第 4 款亦规定："版权的所有权可以通过任何方式的让与或者法律的实施或部分转让，也可以遗赠或者通过法定继承作为个人财产移转。"[3] 这些国家之所以确认著作权转让制度，是由于它们奉行的是"著作权财产说"。在这些国家看来，著作权是个人的动产，权利人可以随意转让和处分自己的作品，将作品的全部或者部分随时可以转让给他人。著作权转让后，受让人在法律上便成为著作权所有人，可以以自己名义行使著作权

---

[1] 沈仁干主编：《著作权实用大全》，广西人民出版社，1996 年 10 月版，第521—522 页。

[2] （台）施文高：《国际著作权法制析论》（下册），三民书局，1985 年 6 月版，第791—792 页。

[3] 《美国版权法》，孙新强、于改之译，中国人民大学出版社，2002 年 4 月版，第 42 页。

和对侵害著作权行为提起诉讼。

4.2.2.2 大陆法系"二元论"国家

以法国为代表的大多数大陆法系国家普遍认为，著作权的所有权不可转让，但使用权可以转让。如从新修订的《法国著作权法》第 L.131－1 条至第 L.131－8 条之规定来看，转让的权利仍为使用权，且仅限于表演权和复制权。[1] 据此可见，法国奉行的是著作权"二元论"，即强调著作权是"一体两权"，可以由他人行使著作权中的部分权利，但著作所有权仍归作者或其继承人享有。当发生侵害著作权行为时，受让人必须同著作权人共同起诉方为有效。

4.2.2.3 大陆法系"一元论"国家

以德国为代表的一些国家则主张，著作所有权、使用权均不可转让，使用者只能获得许可使用权，即通过作者发放许可证的形式，使用人获得对该作品的使用权。如《德国著作权法》第29条规定："著作权不可转让，但是，因死亡原因而进行的处分或者发生继承争议时转让给共同继承人的情况除外。"[2] 这是因为德国奉行的是著作权"一元论"，即强调著作权中的人身权与财产权是融为一体，无法加以分割的。由于作者的人身权不可转

---

[1]《法国知识产权法典》（法律部分），黄晖译，郑成思审校，商务印书馆，1999年7月版。
[2]《德国著作权法与邻接权法》（2003年9月10日修订），张恩民译，法律出版社，2005年1月版。

让，因而作者的财产权也不能转让。但作者或者著作权人可授予他人以单项或全部使用方式使用著作的权利（用益权）。

4.2.2.4 部分东欧国家

俄罗斯联邦和一些东欧国家著作权法亦规定，不允许著作权人将著作权转让给其他人，只能许可他人在某种具体明确范围内使用作品。如1993年7月9日俄罗斯联邦最高苏维埃通过的《俄罗斯联邦著作权和邻接权法》第30条规定："著作权法指出的财产权只能按照著作权合同转授，财产权的转授可以依据专有权利转授著作权合同，或者依据非专有权利转授著作权合同。专有权利转授著作权合同只是许可专有权利获得者以合同规定的某种方式和在合同规定的范围内使用作品，并赋予专有权利获得者禁止他人同样使用该作品的权利。非专有权利转授著作权合同许可使用人和其他获得许可的人同转授非专有权利的专有权所有人平等地以同样方式使用作品。"[1] 1970年1月1日生效的《匈牙利版权法》第13条亦规定："除非本法另有规定，对作品的任何使用均应取得作者的许可。使用作者作品的特定标题也应取得作者的许可。作者去世后，在保护期内，给予此类许可的权利应当属于作者的法定继承人。"[2]

上述仅为各国著作权立法的不同规定，并不能据此得出允许转让著作权的规定就有利于著作权保护，而不允许或限制转让著

---

[1] 沈仁干主编：《著作权实用大全》，广西人民出版社，1996年10月版，第900页。
[2] 同上，第870页。

作权的规定就不利于著作权保护的结论。事实上,在德国从来不提转让,只谈许可。但在德国的许可制度下,并没有妨碍作者权利的行使,德国的集体管理机构运行正常,而且其经济收入在各国的协会中也名列前茅。德国的图书出版事业、录音工业等也在世界上占有重要的地位。[1]

从我国著作权法律制度的历史进程来看,新中国从设立著作权制度开始起便不主张卖绝版权。早在1950年的全国出版工作会议《关于改进和发展出版工作的决议》中写道:"尊重著作家的权益,原则上不应采取卖绝著作权的办法。"但近年来卖绝版权的现象在日常生活中却是经常发生的,如在国际著作权贸易中,在同台港澳的出版交流中,以及在兴起于经济特区的文稿拍卖活动中,著作权转让实际起着重要的作用。[2]故有学者认为,从我国原著作权法之有关规定来看,虽然没有关于著作权转让的明确规定,但是其转让的精神还是存在的。[3]笔者认为,我国原著作权法确未有转让的提法,但有些条文的字面规定实质上隐含了著作权转让的内容,如我国原《著作权法》第16条规定:"公民为完成法人或者其他组织工作任务所创作的作品是职务作品,除本条第2款的规定以外,著作权由作者享有,但法人或者其他组织有权在其业务范围内优先使用。作品完成两年内,未经单位同意,作者不得许可第三人以与单位使用的相同方式使用该作品。有下列情形之一的职务作品,作者享有署名权,著作权的

---

[1] 高凌瀚:"著作权的转让和许可使用",《著作权》,1997年第4期,第3页。
[2] 韦之:《著作权法原理》,北京大学出版社,1998年4月版,第94页。
[3] 戴建志:《合作作品的著作权》,法律出版社,1998年9月版,第103页。

其他权利由法人或者其他组织享有，法人或者其他组织可以给予作者奖励；……"。同法第 17 条规定："受委托创作的作品，著作权的归属由委托人和受托人通过合同约定。合同未作明确约定或者没有订立合同的，著作权属于受托人。"同法第 19 条第 1 款规定："著作权属于公民的，公民死亡后，其作品的使用权和获得报酬权在本法规定的保护期内，依照继承法的规定转移。"此外，我国原《著作权法实施条例》第 18 条和原《计算机软件保护条例》第 13 条的规定亦含有著作权转让的内容。当然，随着我国先后加入《伯尔尼公约》、《世界版权公约》、《保护录音制品制作者、防止未经许可复制其录音制品公约》，并对遵守 Trips 协议做出承诺后，为了与上述公约和协议相协调，对原著作权法作了修改。现行《著作权法》对著作权的转让作出了明确而系统的规定，涉及转让的相关条文主要有第 10 条、第 18－19 条、第 21 条、第 25－26 条等。

4.2.3 著作财产权转让的方式

从法律意义上来讲，著作财产权转让是指作者或其他著作权人依其意思将其作品著作财产权中的全部或者部分专有权利，在著作权有效期内以一定的方式依法转让给他人并获得报酬的一种行为。该种行为表现形式多样，各国普遍肯认的有以下几种：

4.2.3.1 全部转让和部分转让

以转让的内容多少为依据，可划分为全部转让和部分转让。全部转让是指作者或者著作权人将其作品著作财产权中的全部专有权利在著作权有效期间内转让给受让人,使受让人取代作者或者著作权人的地位行使对作品利用的各种专有权利的方式。所谓部分转让是指作者或者著作权人将作品的部分财产权转让给受让人,而自己同时保留其余财产权利的方式。如《日本著作权法》第61条第1款规定:"可以将整个版权转让,也可转让其一部分。"[1]我国现《著作权法》第10条第2款亦作了类似的规定。

4.2.3.2 无期限转让和有期限转让

以转让的时间为标准,可划分为无期限转让和有期限转让。无期限转让是指在整个著作权有效期间内将著作权中的财产权利转让给他人,受让人行使这些权利直到该作品著作权保护期限届满为止,即所谓的"卖绝版权"[2]。有期限转让是指在著作权有效期间内将著作权中的财产权按约定或法定期间予以转让,受让人于期限届满时将该项权利归还于原著作权所有人。笔者不赞成该种划分。

4.2.3.3 一般转让和附条件的转让

以转让是否附加一定的条件为标准,可划分为一般转让和附条件的转让。一般转让是指作者在转让其著作权时,依照自己意愿,并依据有关法律之规定予以转让。附条件转让则是指作者在

---

[1] 〔日〕半田正夫、纹保畅男:《著作权法50讲》,魏启学译,法律出版社,1990年7月版,第169页。

[2] 刘春茂主编:《中国民法学·知识产权》,中国人民公安大学出版社,1997年4月版,第170页。

转让其著作权时,附加了一定的限制,只有符合限制条件时,转让方为有效。如附时间上限制之转让,即双方可约定从合同签订之日起10年内转让著作财产权等。此种情况下,受让人受让的权能因时间(10年)的届满而消灭,则转让方转让于受让人的权利仍回归于原著作权人。还有空间上的限制,即将著作财产权的全部或其中若干权能于特定的地区或场所予以转让。此种情况下,受让人若超越其受让之权利地区而行使权利,便构成著作权之侵害。[1]

4.2.3.4 非合意转让与合意转让

以转让是否基于当事人的合意为标准,可划分为非合意转让与合意转让。非合意转让是指基于继承、遗赠等行为而引起的著作权转让,如各国著作权立法普遍规定,著作权中的财产权可成为继承或遗赠法律关系的客体。继承开始时,著作权中的财产可以作为遗产的一部分,移转给继承人或受赠人。合意转让即合同转让,是指作者或者著作权人通过签订协议的方式将其作品中的财产权利转让或授权给他人。在贸易活动中,以合同方式转让著作权并取得经济收入,是作者或者其他著作权人利用其著作权的主要途径之一。通常认为,采用合同方式转让有以下法律特征和要件:

(1)作品必须在著作权保护的有效期限内。即作者只能在整个著作权有效期间或者其中某一特定时间内将著作财产权全部或

---

[1] (台)杨崇森:《著作权之保护》,正中书局,1991年12月版,第113页。

者部分转让给他人。

(2) 受让人必须自己行使著作财产权。一般情况下,转让合同中的著作权人与受让人具有特定的信任关系,故未经转让人的同意,受让人不得将作品的财产权转让给第三人。对此特征学界有不同看法,笔者认为,由于作品商品化的特征已得到普遍肯认,且受让人在取得作品著作权后将该作品著作权再行转让或者许可他人使用时并不需要征得原著作权人的意见,故在著作权转让合同中,当事人之间的信任关系对作品著作权的转让后果并无多大影响。除非法律另有规定或者当事人另有约定。

(3) 转让的范围仅限于合同所约定的内容,而不涉及该作品的其他权利。即著作权转让合同中著作权人未明确转让的权利,未经著作权人的同意,另一方当事人不得行使。

(4) 转让合同中不得涉及作者的未来作品著作权,即"将来版权",是指已经处于创作过程中,但尚未完成的作品可能产生的著作权。[1] 这样规定的目的旨在维护作者的利益,保障交易安全。但法国著作权法仅规定全部转让未来作品无效。[2]

(5) 转让合同应当采取书面形式。由于著作权转让合同较其他转让合同复杂的多,采取书面形式不仅有利于明确双方当事人的权利义务,确保合同的实际履行,也利于保障善意第三人的合法权益。但不能仅以合同未采取书面形式而判定合同无效。

---

[1] 郑成思:《版权法》(修订本),中国人民大学出版社,1997年8月版,第308页。
[2] 《法国知识产权法典》(法律部分),黄晖译,郑成思审校,商务印书馆,1999年7月版。

(6) 著作权转让合同与著作权许可使用合同不同。著作权转让合同中，出让人与受让人签订的是类似于买卖合同的内容，合同的效果是受让人获得了所有权，且有权将所获得的权利再转让给他人或再许可他人使用。该权利一旦受到侵害时，受让人具有独立的诉讼主体资格，可以自己提起诉讼。而在著作权许可使用合同中，许可人与被许可人签订的是许可使用合同，合同的效果是被许可人获得了使用权，且只能自己按照约定方式使用，在无特别约定情况下，不能将此权利再转让或再许可他人使用。该权利一旦受到侵害，使用人亦无独立诉讼主体资格，只能要求著作权人提起诉讼或与著作权人共同起诉。[1]

4.2.4 我国著作财产权转让之规定及其检讨

4.2.4.1 修订前的著作权法之规定

我国修订前的《著作权法》（即1991年6月1日生效的《著作权法》）对著作权转让制度没有作出明确的规定，致学界对此有不同见解。有的学者认为，著作权是一种法定的权利，只有在法律明文赋予作者以权利的时候，才存在享有和行使的问题。我国著作权法仅仅赋予作者有许可他人使用的权利而没有规定作者享有"转让"作品著作权的权利，故严格从现行法律出发，转让是不允许的。[2] 另有学者则根据罗马法"法不禁止即自由"的

---

[1] 史可荣："著作权的转让与许可使用"，《中南政法学院学报》，1989年第3期，第53—54页。
[2] 韦之："梁祝著作权能拍卖吗？"，《法制日报》，1996年10月21日。

原则推论认为，著作权法未对著作权转让作禁止性规定，就意味着允许著作权人转让著作权中的财产权。原因在于著作权毕竟是一种私权，著作权人应该有权充分地享有其权益，包括处分他的财产权的权利。[1] 还有一些学者主张，著作权法起草过程中，由于对这个问题争论得比较厉害，所以没有写允许还是不允许转让著作权，但实际上我们国家的政策是不鼓励转让，也不禁止转让的。[2] 笔者认为，我国原著作权法之所以未明确规定著作权转让制度，尽管原因很多，但最主要的并不是对著作权包含财产权、著作权为私权的性质认识不清，而是考虑到我国当时人们的著作权的法律意识不强、著作权法律制度起步较晚的具体国情。对此，有学者介绍说，"著作权法起草时，很多人不了解版权，作者及其他著作权人也不了解自己有多少权利，为了防止著作权人迫于一时的经济压力或者其他影响而将其具有巨大潜在价值的作品廉价抛售出去，成为他人牟取暴利的手段，故立法者仅仅赋予了著作权人许可使用的权利。客观上这些情况已有出现，因当时大陆有许多港台客人，他们当中夹杂着许多文学代理人、掮客，这些人兜里全带着美元，就直接跑到作家的家里，递上300、400、上千美元，就把一个作品的版权买了。"[3] 然而，著作权法生效后，特别是近年来，随着我国著作权法律知识的普及

---

[1] 史可荣："著作权的转让与许可使用"，《中南政法学院学报》，1989年第3期，第54页。

[2] 最高人民法院著作权法培训班编：《著作权法讲座》，法律出版社，1991年6月版，第30页。

[3] 同上，第116页。

和立法、司法方面的不断完善，尤其是在我国成为国际著作权保护大家庭成员之后，国人的版权意识有了很大提高。在此基础上，就有必要将著作权转让制度在立法上予以明确规定。另外，我国在知识产权领域从立法上已就专利申请权与专利权转让、商标权转让作了规定，[1] 加之确立著作权转让制度后，不仅使我国知识产权立法趋于完善，且能使智慧成果得到全方位的法律保护。可见，我国原著作权法未明确规定作品著作权转让制度是有其历史原因的。

4.2.4.2 现行著作权法之规定

我国现行《著作权法》就作品著作权的转让从三个方面作了规定：一是从著作权的内容上，规定了著作权人可以全部或者部分转让《著作权法》第10条第1款第（五）项至第（十七）项规定的权利（即著作财产权），并依照约定或者著作权法有关规定获得报酬；二是从著作权的交易上，在第三章规定著作权许可使用制度的同时，规定了著作权转让合同制度；三是从权利救济方面，在第53条规定了当事人不履行合同义务或者履行合同义务不符合约定条件的，应当依照《中华人民共和国民法通则》、《中华人民共和国合同法》等有关法律规定承担民事责任。笔者认为，修订后的著作权法以立法形式明确赋予著作权人享有依法转让其著作财产权的全部或者部分的权利，这不仅是著作权本身属性和内容所决定的，也是现实的需要。随着市场经济的不断繁荣，著作权

---

[1] 参见我国《专利法》第10条、《商标法》第25条之规定。

的转让将日益成为一种时髦的市场现象。[1] 尤其是随着对外文化交流和著作权与贸易的结合,著作权转让的情形会越来越多,即使是两大法系就著作权转让在立法和司法上的固有差异和分歧,也将随着著作权发展的国际化趋势而缩小。这样,为了便于作品著作权的交易和提供法律上的保障,在立法上就著作权中财产权利的实现规定转让制度无疑将产生积极作用。但就我国现行著作权立法规定本身而言,我认为仍需完善,且主要表现为以下方面:

(1) 转让合同的形式。依照现行《著作权法》第25条之规定,转让著作财产权的,应当订立书面合同。就此规定的出发点和立法目的而言无可厚非,由于著作权转让不仅涉及著作权人和受让人之间的权利义务关系,而且往往涉及到作品传播者和使用者的利益,故世界上采取著作权转让制度的国家普遍要求著作权转让应以书面合同进行。如《英国版权法》第9条规定:"版权转让必须有书面文件,且须有出让人或代表其利益的其他人签字。"[2]《美国版权法》第204条亦规定:"版权所有权的转移,除由于法律的实施而转移外,均应有书面的转移书、函件或备忘录,并应由被转移的权利的所有者或其正式授权的代理人签字,否则无效。"[3]《俄罗斯著作权与邻接权法》第32条规定:"著作权合同应该以书面形式签订。期刊使用作品的著作权合同可以口头形式签订。销售电子计算机程序和数据库复制件及向大量用户发放使用电子计算机程序和数据库复制件的许可证,适用俄罗斯联邦

---

[1] 韦之:《著作权法原理》,北京大学出版社,1998年4月版,第95页。
[2] 沈仁干主编:《著作权实用大全》,广西人民出版社,1996年10月版,第521页。
[3] 同上,第609页。

电子计算机程序和数据库权利保护法所规定的签订合同的特殊程序和办法。"[1] 然而，在著作权转让过程中，客观上存在大量的口头合同形式以及当事人之间的事实合同关系。对此，当事人一旦发生争议或者纠纷时，如何来确认这类转让合同的效力，我国著作权法并未明确予以规定。在此情况下我认为，只要当事人就合同的约定不违反法律、公共秩序和善良风俗及第三人的利益或者合同已经得以实际履行，仅未采用书面形式的，应承认其效力。

(2) 签订转让合同的方式。著作权转让合同签订的方式原则上由双方当事人议定。然而，随着著作权集体管理组织的不断健全和完善，大量的著作权转让的实现将会通过这样的模式，即著作权人将作为著作权集体管理组织的成员，其作品著作权也将委托该集体管理组织行使和救济。从国外及我国现行著作权集体管理有关规定来看，赋予集体管理组织的主要是作品的许可使用权，而并不包含转让权。但不能排除权利人将其作品著作财产权委托集体管理组织予以转让。在此情况下，作品著作权一旦转让，合同双方当事人可能会是该集体管理组织和受让人。由于著作权转让较许可使用更直接涉及到作者的利益，故笔者建议，在立法上应当明确规定，当集体管理组织代表著作权人签订转让合同时，合同的主要内容，尤其是转让权能和价金，应当征得著作权人的同意或者采取公开拍卖的方式。这样不仅有利于确保权利

---

[1]《俄罗斯联邦著作权和邻接权法》(1993年7月9日通过)，焦广田译，《著作权》，1995年第2期。

人的合法权益,也利于交易的安全,防止"一权多卖"的发生。[1]

(3) 转让合同的内容。著作权转让合同内容可能会因作品的性质不同而有所区别。依我国《著作权法》第25条之规定,通常应当包括下列主要内容:合同的性质;作品的名称、种类及数量;转让的权利种类和地域范围;转让价金;交付转让价金的日期和方式;违约责任;以及双方认为需要约定的其他内容。但对转让合同中如果没有约定或者约定不明确的内容如何认定和处理并未予以规定。对此,笔者认为应当援引我国合同法之规定,即当事人可以协议补充;不能达成补充协议的,按照合同有关条款或者交易习惯确定。

(4) 转让合同应否登记。有学者认为,登记应作为著作权转让合同的法定形式,且可由法律赋予不同的效力,如证据效力、成立效力、生效效力或对抗第三人的效力。[2]对此,我国《著作权法》修订稿第26条之二曾规定,"未经登记的著作权转让合同不能对抗第三人",但后来又被删除。就我国现行立法而言,目前仅在国家版权局1996年9月23日发布的《著作权质押合同登记办法》中涉及这一问题,即该办法第3条规定,"以著作权中的财产权出质的,出质人与质权人应当订立书面合同,并到登

---

[1] 参见2004年12月25日《中国知识产权网》报道:歌曲作者杨臣刚将自己的作品《老鼠爱大米》在两年之内先后转让给了4位受让人,从而引起了一系列著作权纠纷。
[2] 刘波林:"关于著作权转让合同登记的对抗效力",《著作权》,1998年第1期,第24页。

记机关进行登记。著作权质押合同自《著作权质押合同登记证》颁发之日起生效。"著作权法对著作权转让合同是否应当登记并无规定。著作权法实施条例及计算机软件保护条例也仅规定了相关的备案制度,亦未涉及登记问题。笔者认为,为了更好地保护著作权人的合法权益,且有利于保护交易安全和善意第三人的权益,立法上应规定,对著作权转让合同应当到著作权管理机关进行登记。未经登记,不影响转让合同的效力,但不得对抗善意第三人。同时也可借鉴美国版权法之规定,当先后进行的几项著作权转移发生冲突时,以已备案的移转优先。[1] 在我国现有登记条件尚不成熟的情况下,也可先采取转让合同备案的办法。

值得强调的是,关于著作权转让是否应有限制也是与上述论述相关的重要问题,对于该问题本文将在后面作专门论述。

4.3 著作财产权质押

著作财产权质押一般也称之为著作权质押。我国1996年国家版权局令第1号,即《著作权质押合同登记办法》第2条规定:"本办法所称著作权质押是指债务人或者第三人依法将其著作权中的财产权出质,将该财产权作为债权的担保。债务人不履行债务时,债权人有权依法以该财产权折价或者以拍卖、变卖该财产权的价款优先受偿。"该规定彰显了著作财产权人通过质押的方式也可实现著作财产权交易的目的。

---

[1] 李永明主编:《知识产权法》,浙江大学出版社,2000年12月版,第162页。

4.3.1 著作财产权质押的特征

质押起源于罗马法。据罗马法专家考察,质押(pignus)一词源于"拳头",因为用于质押之物要被亲手交付,所以一些人认为质权(pignus)本身被设定于动产之上。[1] 罗马法所规定的权利质权主要包括可转让的永佃权、地上权、居住权、役权等不动产用益权;可转让的债权;质权。而近现代常见的有价证券质权、知识产权质权等则未出现在罗马法之中。[2]《法国民法典》以罗马法为蓝本建立了权利质押制度,就权利质权的标的规定的较为广泛,尤其是依据1992年颁发的《知识产权法典》之规定,绝大多数知识产权均可作为权利质押的对象,如该法典第L.132-34条规定了"软件使用权质押合同"。《德国民法典》在权利质权制度上采纳了罗马法和日耳曼习惯法,规定凡具有让与性,并可依收取后者处分等方法换价的财产权,原则上均可以为权利质权的标的,如《著作权法》第8条、《出版法》第28条规定著作权、版权中的财产权莫不可以作为权利质权的标的。[3]

《日本民法典》所规定的权利质权制度与《德国民法典》的规定基本相似,但主要规定了以债权为标的的质权。至于无形财产权的质权主要规定在其《著作权法》第15条、《专利法》第45条、《外观设计法》第25条、《实用新型法》第26条等。质

---

[1] 〔古罗马〕盖尤斯:《论十二表法》(第6卷),参见〔意〕桑德罗·斯契巴尼选编:《物与物权》,范怀俊译,中国政法大学出版社,1999年版,第166页。

[2] 胡开忠:《权利质权制度研究》,中国政法大学出版社,2004年1月版,第8页。

[3] 陈华彬:《外国物权法》,法律出版社,2004年2月版,第238页。

押作为一种古老的担保形式，不仅在大陆法中，而且在英美法中都有着极为悠久的历史渊源，甚至可以说是一切物的担保的源流。[1] 基于此，美英等国的知识产权法对无形财产权的质押也有类似的规定。质权在我国有广义、狭义之分。广义的质权是指物的担保，包括质押和抵押；狭义的质权仅指担保债权，占有由债务人或第三人移交之物，以就其价金清偿之权。根据我国《担保法》第63条的规定，质押是指债务人或第三人将其动产（或者权利）移交债权人占有，将该财产作为债权的担保，债务人不履行债务时，债权人有权按照法律规定以该财产折价或者以拍卖、变卖该财产的价款优先受偿。著作权质押是指以著作财产权为质物而设定的质押，属于权利质押的一种。所谓权利质押是指非以实体物而以债权、知识产权或其它财产权利为质物设立的质押。我国《担保法》第75条明确规定："依法可以转让的商标专有权、专利权、著作权中的财产权可以进行权利质押。"我国《物权法》第223条亦规定，可以转让的注册商标专用权、专利权、著作权等知识产权中的财产权可以出质。从我国物权法律制度的演变可见，有形财产一直是最重要的担保资源，动产质押、不动产抵押是财产担保的最重要的手段，特别是不动产抵押处于各种担保方式之首，享有"担保之王"的美誉。但与此同时，为数众多的知识产权等无形财产的价值，尤其是著作财产权的价值并未为人们所认识，现实生活中以这种无形财产作为担保的实例也并不多见。笔者认为导致这种状况的主要原因在于：一是我国

---

[1] 许明月：《英美担保法要论》，重庆出版社，1998年版，第237页。

现阶段对权利质权这种担保方式的认识不足;二是在法律制度上还存在一定的缺失;三是著作财产权交易的市场尚未真正建立和完善。从著作财产权所蕴含的巨大财富来看,著作财产权的质押不仅会日益成为版权产业融资的有效途径,而且会为著作权创新、繁荣经济发挥重要作用。我国在此方面的实务虽属于初创和探索阶段,但成功的实例已说明了这一点。[1] 著作权质押作为

---

[1] 2001年国庆节前夕,珠海市版权局主持召开了一场具有特殊意义的研讨会。至此,我国首例著作权质押成功的消息才真正揭开神秘的面纱。然而,这起以著作权质押取得银行贷款的成功案例,距国家版权局颁布的《著作权质押合同登记办法》相隔5年。2001年初,广东省同望科技股份有限公司在签订了几个项目后,深感企业发展资金紧缺,贷款已成为解急之需。他们开始向多家银行游说,但惟有珠海市商业银行真正为之动心。终在2001年5月间,珠海市率先实行的这项著作权质押融资基础工作告成。广东省同望科技股份有限公司选择了市场表现最好的软件——工程造价软件的著作权作为质物,珠海市商业银行委托珠海正大新评估事务所对其进行了评估。6月,珠海市商业银行与同望公司签订贷款合同,同望公司根据业务需要及珠海市政府的贴息额度,贷款500万元,贷款期为1年。7月,珠海市商业银行又以同样的方式向珠海金山软件股份有限公司贷款1500万元。两项合同均按规定在中国版权保护中心进行了登记。这也是我国首例著作权质押合同登记。在珠海市商业银行如期收回贷款资金之后,9月27日,珠海市版权局与珠海市商业银行联合召开了"珠海市计算机软件著作权质押工作座谈会"。座谈会上,企业、银行、政府三方围绕著作权质押各抒己见,为软件业融资出谋划策支高招儿。软件企业对权利质押提出了许多新的要求:希望政府职能部门能够利用地方独有的立法权,以法规政策形式把权利质押程序化、规范化和制度化,使之有章可循;此次珠海在著作权质押的实际操作上走在了全国的前面,希望在法律法规建设方面也要做好相应的尝试工作等。金融机构表示,通过金山、同望两家软件企业权利质押,融资方式取得了突破,但涉及到知识产权担保风险控制、价格评估等方面仍与现实存在一定的差距。金融机构对评估价格的认可,不是对产品市场容量空间的认可,更多的是关注企业资金流动、市场变化以及企业管理的重视,比如说,银行要求企业定期报送财会报表、审计报表,这对企业诚信品质也是一个考验。(参见王拙:"著作权质押是版权产业融资的有效途径",《中国版权》,2003年第1期,第39—40页。)

权利质押的一种，具有如下特征：

4.3.1.1 质押标的的特殊性

著作权质押与动产质押的共同性在于：均转移标的物或标的物的物质载体，或虽不转移标的物的物质载体，但均以取得标的物的交换价值为目的。著作权质押与动产质押最显著的区别在于标的物上，即著作权质押的标的是可转让的著作财产权，而动产质押的标则是动产。而著作财产权作为质押标的首先涉及到的问题便是权利证明，即出质人必须是合法权利人。实践中一般是通过审查权利人是否持有合法的权利凭证加以确认的。但由于我国对著作权采取的是自愿登记原则，多数人可能并未对其著作权进行登记。为了便于权利人证明其身份的合法性和著作权交易的安全，笔者建议对此可采取两种方式：一是权利人应当重视对其著作权的登记工作，尤其是基于转让或者继承等方式而取得的著作权，更应当注重著作权的登记，以便获得国家版权行政管理部门颁发的著作权登记证；二是当著作权进行质押时再对其著作权进行登记。

4.3.1.2 质押著作财产权的价格评估

对质押的著作财产权进行科学的价格评估是著作权质押的前提和基础，也是著作财产权质押合同的一个主要特征。出于质押的安全性，质权人最关注的莫过于著作财产权的评估结果。我国在此方面虽已逐渐总结出了一些可操作的方法，但并未实现程序化、规范化和制度化，评估结果的真实性和诚信度还受多种因素影响等。[1]

4.3.1.3 质押著作财产权价值的可变性

在著作权质押中，著作财产权的价值可能会受多种因素的影响而发生变化。如因时间的流逝，原评估的价值可能会降低，也可能会增值。再如市场价格的要素，尤其是供求关系往往会直接影响著作财产权的价值。还有著作权利人的变动，如个人或者法人的信誉受损，或者法人的经营效益不好等，都会影响著作财产权价值的变化。

4.3.1.4 著作财产权质押中的公权干预

与动产质押相比，国家公权力对著作财产权质押的干预较多。在动产质押方面，国家原则上允许由当事人选择方式成立。而在著作权质押中，一些国家则明文规定需要经过登记。依据我国现行有关规定，在设定著作权质押时，除当事人在形式上必须采取书面形式外，出质人和质权人必须到登记机关进行登记。之所以这样规定，主要是由著作权本身的特性所决定的。著作权质

---

[1] 实践中对著作权进行评估比较常用的方法是重置成本法和收益现值法。重置成本法是指用现时条件下重新购置或建造一个全新状态的被评估资产所需的全部成本，减去被评估资产实际已经发生的实体性陈旧贬值、功能性陈旧贬值和经济性陈旧贬值，得到的差额作为被评估资产的现时价格，即评估价。或者估算出被评估资产与其全新状态相比有几成新，即成新率，然用全部成本与成新率相乘，得到的乘积作为评估价。收益现值法是指通过估算被评估资产在可以预见到的未来若干年内每年的预期收益，并采用适宜的折现率折算成现值，然后累加求和，得出被评估资产的现时价格，即评估值。对著作财产权的价值评估本书将专章分析。

押本身具有无形性和与第三人利益的关联性,因而,国家对著作权质押进行较多的干预是合理的。在动产质押中,出质人对物享有所有权,其义务人是不特定的第三人,且因动产质押需移转动产的占有,基于物权的公示原则,它与第三人的利益关联不大,因而国家可不对之进行过多干预。但在著作权质押中,由于质权人无法实际占有著作财产权,且往往在客观上因质押并不影响出质人将其著作财产权擅自交易给第三人,因而著作财产权质押可能会因此导致质权人无法实现质权,或者使得善意第三人的利益受到某种损害。正是基于这些原因,在著作权质押中有必要对之进行国家权力干预,如要求审核、登记、公告等。

4.3.2 著作财产权质押合同的设定

版权质押是通过出质人和质权人签订著作权质押合同予以设定的。著作权质押合同,是由出质人与质权人签订,出质人以其享有的著作财产权为标的而担保债务的履行,债务人不履行债务时,债权人有权依法以该财产权折价或者以拍卖、变卖该财产权的价款受偿的协议。质权人为权利质权所担保的主债权的债权人;出质人为提供权利作担保的人。以著作权作为标的即质物订立著作权质押合同除应符合我国《合同法》的有关规定外,还应当符合以下条件:

(1) 作为质物的著作财产权或其某项专有权必须是合法有效的,即正处于著作权的有效保护期内,至少要存续到担保期限届满时为止。

(2) 出质人既可以是主债务的债务人,也可以是债务人以外的第三人,但无论是什么人作为出质人,都必须是用来做担保债权的权利的完全享有人,即对作为质物的著作权或者著作权中的一项或几项权利能够自由地处分;对于受到限制的著作权或专有权,如果在担保期限届满时出质人仍不具有完整的处分权,那么,这样的著作权或专有权因其存有瑕疵而不能作为质物出质。

(3)作为质物的著作权,只能是著作财产权而不能是著作人身权。

(4)以著作权为标的设定质权的,当事人之间必须有明确的意思表示。

4.3.3 著作财产权质押合同的内容

《著作权质押合同登记办法》的规定表明,我国对于著作权质押合同的内容采用了"列举式"和"概括式"相结合的立法模式。具体讲,著作权质押合同应当包括:当事人的姓名(或者名称)及住址;被担保的主债权种类、数额;债务人履行债务的期限;出质著作权的种类、范围、保护期;质押担保的范围;质押担保的期限;质押的金额及支付方式;当事人约定的其他事项。从合同所涉及对象来看,主要包括两种情况:一是出质人以著作财产权的全部内容设立质权,例如作者或者其他著作权人将其著作财产权作为一个整体设质;二是出质人仅以著作财产权中的某项权能设立质权,如出版社以其享有的出版权设质,著作权人以摄制权设质等。但就我国目前立法所确认的著作权质押合同的内容而言,实际上应当从双方当事人所享有的权利角度予以界定。因为著作权质押合同内容的设计,出于公平和利益均衡目的,需兼顾当事人各方的利益。

4.3.3.1 质权人的权利

著作权质押合同设定后,质权人除依法享有优先受偿权、转质权、质权实行权等外,基于著作财产权的无形性、时间性、价值的可变性等特点,质权人还应当享有如下权利:

(1) 申请评估权。著作权质押设定时,由于著作财产权的无形财产性,以及著作权质押最终能够确保债权人利益实现,法律应赋予质权人就出质著作财产权提请价值评估的权利。由于我国现行担保法对无形财产的价值评估制度的规定尚未健全,故应对评估的申请、评估的机构、评估的效力以及评估费用的承担等方面做出明确的法律规定。

(2) 质权保全权。由于著作财产权的价值大小容易受到诸多因素的影响,如时间、市场、公众群体等因素的影响,价值不稳定性较大。为了进一步防止著作权质押风险的出现,应赋予质权人享有质权保全权。即当著作财产权的价值有明显减少或者有减少可能,以致危及所担保债权实现时,质权人可通知出质人,并有权要求出质人提供进一步的担保。如出质人拒绝,质权人可行使债权保全措施,即质权人有权依法以该财产权折价或者以拍卖、变卖该财产权的价款优先受偿。此外,依据我国担保法及担保法司法解释之规定,著作权出质后,出质人不得转让或者许可他人使用,但经出质人与质权人协商同意的可以转让或者许可他人使用。我国现行立法虽未规定权利质押中出质人保全出质权利的义务,但《担保法》第70条规定,质物有损坏或者价值明显减少的可能,足以危害质权人权利的,质权人可以要求出质人提供相应的担保。出质人不提供的,质权人可以拍卖或者变卖质物,并与出质人协议将拍卖或者变卖所得的价款用于提前清偿所担保的债权或者向与出质人约定的第三人提存。

(3) 利益收取权。依据我国担保法之规定,经质权人同意后,出质人可以将其著作财产权转让或者许可他人使用,但所得的转让费、许可费应当向质权人提前清偿所担保的债权或者向与质权人约定的第三人提存。出质人未经质权人同意而转让或者许可他人使用已出质权利的,应当认定为无效。因此给质权人或者第三人造成损失的,由出质人承担民事责任。

(4) 使用情况知悉权。著作财产权质押的设定并不影响出质人客观上使用其作品著作权。基于诚信原则,出质人在设定著作财产权质押之前、之中以及之后的过程中,一旦著作财产权发生变动,如质押前出质人与第三人签订了许可合同,且期限延续到质押期间;或者出质人有转让他人行为;或者有其他影响著作财产权价值的情形等,出质人需向质权人尽如实、及时告知义务。

4.3.3.2 出质人的权利

在著作财产权质押合同中,涉及出质人的多为义务性条款。出质人的权利虽不能与质权人相比,但仍享有如下权利:

(1) 对出质著作财产权的使用及处分权。在著作权质押中,质权人并非著作财产权的权利主体,其仅取得以该权利的交换价值来担保的权利,真正的著作财产权的权利主体仍为出质人。如我国台湾地区"著作权法"第39条明确规定:"以著作财产权为质权之标的物者，除设定时另有约定外，著作财产权人得行使其著作财产权。"从我国发生的实例来看，著作财产权质押中的质权人大多是金融机构，其本身并不具有充分利用作品的能力，往往都是借助于出质人来使用、行使该著作权，以最大限度地发挥著作财产权的效用。另一方面，由于著作财产权具有时间性，如果限制出质人对著作权的使用和处分，就会造成权利的闲置，无疑对出质人是一种浪费，对质权人也不利。因此质押期间由出质人使用作品才能真正体现质押的效益价值，即"以价值得以极大化的方式分配或使用资源"。[1]

(2) 请求办理变更、注销登记权。在著作权质押期间，如果质押合同所担保的主债权的种类、数额等发生变更或者质权的种类、范围、担保期限发生变更的，出质人有权要求质权人于变更后一定期间内持变更协议、《著作权质押合同登记证》及其他有关文件向原登记机关办理著作权质押合同变更登记手续。逾期未办理变更登记手续的，变更后的质押合同无效。合同双方当事人如果提前终止著作权质押合同的，应当持合同终止协议、《著作权质押合同登记证》及其他有关文件向原登记机关办理著作权质押合同注销登记。如果在质押担保期内质押合同履行完毕的，当事人应当在质押期限届满之日起10日内持合同履行完毕的有效证明文件及《著作权质押合同登记证》到原登记机关办理著作权质押合同注销登记。

---

[1] 张耕、唐铉："论我国著作权质押制度的立法完善"，《中国版权》，2004年第2期，第18页。

(3) 要求质权人及时实现质权。债务履行期限届满，出质人有权请求质权人及时行使实现质权的权利，若质权人怠于行使权利而致使著作财产权价值下降的，质权人应当就减少的损失部分承担损害赔偿责任。

4.3.4 著作财产权质押中的质权实行

著作财产权质押中的质权实行，是指当债权已届清偿期而债务人未履行清偿行为时，质权人可以实行其质权并优先受偿的一种制度。著作权质权的实行具有普通担保物权的不可分的特性，即只要债权未获得全部清偿，不管质押标的的状态或者债权的变动，质权人均可以对出质的著作财产权行使全部的质权。除法律另有规定或者当事人另有约定外，著作权质权的实行通常以债权已届清偿期而未受清偿为条件。

关于著作权质权的实行依据，各国立法并未作明确规定。在实践中，一些国家类推适用其他权利质权实行的规定。例如，《日本民事执行法》第 167 条第 1 项规定，对不动产、动产及债权以外的财产权实施强制执行除有特别规定外，根据债权执行的规定实施。同法第 193 条规定，第 143 条的债权及第 167 条第 1 项规定的财产权为标的的担保债权的实行，仅在提出证明担保债权存在的文书时开始实施。所以，知识产权质权在实行时准用债权执行的相关规定。另根据《日本民事执行法》第 170 条及第 181 条的规定，对知识产权等权利执行时可准用债权执行的相关规定，即允许拍卖出质的知识产权来清偿被担保的债权。[1] 从我国担保法及担保法司法解释规定来看，不允许出质后的知识产权由出质人予以转让，甚至不允许许可他人使用，否则不发生效力。这样规定的目的显然出于对质权人利用的保障，但未顾及到出质人作为权利持有人的利益。因为在知识产权质权设定期间，出质人并未丧失其所有人地位，他仍有权对该权利予以法律上的处分，所以从法律上禁止出质人将该权利转让或许可他人使用，实际上对出质人合法权利的一种限制。事实上，在著作财产权质押存续期间，出质人对著作财产权无论是许可他人使用，还是转让，在法律后果上并不影响质权人的利益。根据质权的一般原理，质权具有追及效力，当著作财产权权利人转让了该权利时，质权仍然存在于受让人所取得的权利之上；当著作财产权权利人许可他人使用该权利时，质权的效力不仅存在于出质的著作财产权之上，还存在于许可使用费上。可见，我国现行立法上对此之规定并不科学、合理。笔者认为，我国法律应当从两个方面予以规制：一是为了鼓励著作财产权的流转及利用，应当允许出质人转让其权利或许可他人利用其著作财产权，并以转让费、许可费向质权人提前清偿所担保的债权或者向与质权人约定的第三人提存；二是考虑到质权人利益的安全，如果出质人恶意降低转让费或者许可使用费甚至免收许可使用费，则应看做是对质权的侵害，其处分权应受到限制。就此，我国《物权法》第 227 条规

---

[1] 胡开忠：《权利质权制度研究》，中国政法大学出版社，2004 年 1 月版，第 325 页。

定，知识产权中的财产权出质后，出质人不得转让或者许可他人使用，但经出质人与质权人协商同意的除外。出质人转让或者许可他人使用出质的知识产权中的财产权所得的价款，应当向质权人提前清偿债务或者提存。

4.3.5 著作财产权质押合同的登记

著作财产权质押作为著作权变动的一种方式，涉及权利变动中的登记问题。

4.3.5.1 登记的公示、公信力

著作权登记的公示是指以公开的方式使不特定的第三人知晓著作财产权变动的事实。而著作权登记的公信力则是指著作权登记所公示的著作财产权即使存在瑕疵，但对信赖该公示方法所表现的著作财产权而与之交易的第三人，法律仍承认有和真实著作财产权相同的法律效果。由于著作权是一种对世权，具有绝对性和排他性，其义务主体涉及权利人以外的第三人，故著作财产权的变动不仅涉及当事人的利益，也涉及第三人利益以及国家对著作权行使的监管问题。但著作权是一种无形财产权，其客体的无形性，决定了其权利变动的方式不能采取交付方式，而只能是类似于不动产变动的公示方式，即登记。就此，我国现行知识产权法律制度规定了较为详尽的条款，如我国《专利法》第10条规定，转让专利申请权和专利权的，当事人应当订立书面合同，并向国务院专利行政部门登记，由国务院专利行政部门予以公告。专利申请权或者专利权的转让自登记之日起生效。在国家知识产权局颁发的《专利权质押合同登记管理暂行办法》第3条中亦规定,以专利权出质的,出质人与质权人应当订立书面合同,并向国家知识产权局办理出质登记,质押合同自登记之日起生效。从有关商标规定来看,我国商标法规定,转让注册商标的,转让人和受让人应当签订转让协议,并共同向商标局提出申请。转让注册商标经核准后,予以公告。受让人自公告之日起享有商标专用权。此外,国家工商行政管理总局商标局所颁发的《商标专用权质押登记程序》第3条规定,出质人与质权人应当订立书面商标专用权质押合同,向国家工商行政管理总局商标局申请登记。商标专用权质押登记的申请人应当是商标专用权质押合同的出质人与质权人。我国著作权法中虽未对著作权转让或者许可使用做出登记的规定,但在国家版权局发布的《著作权质押合同登记办法》第3条中规定,以著作权中的财产权出质的,出质人与质权人应当订立书面合同,并到登记机关进行登记。著作权质押合同自《著作权质押合同登记证》颁发之日起生效。另依我国《担保法》第79条之规定,以依法可以转让的商标专有权、专利权、著作权中的财产权出质的,出质人与质权人应当订立书面合同,并向其管理部门办理出质登记。质押合同自登记之日起生效。我国《物权法》第227条作了类似规定。

4.3.5.2 登记的效力

在权利的变动中,登记的效力表现为两种:一是登记的对抗效力,即登记的效力是对抗第三人,权利变动在未依法登记之前,不能对抗善意第三人。另一种是登记的生效效力,即登记是权利变动的生效要件，权利变动在未进行登记时，不产生权利变动的效力。从国外著作权立法来看，对于著作权全部或者部分权能的质押，有的国家规定须经登记，也有的规定可以不经登记，但不经登记不得对抗第三人。从我国担保法和物权法的上述相关规定来看，对著作权质权的设定，不仅须有出质人与质权人双方的合意，而且应由版权主管机关办理注册登记，否则无法律效力。然而在我国现行著作权法中，就著作财产权的变动，无论是许可使用还是转让均未规定登记制度，仅在《著作权法实施条例》第25条规定，与著作权人订立专有许可使用合同、转让合同的，可以向著作权行政管理部门备案。从实施条例的这一规定我们可以类推，著作财产权的质押同样无须登记，即使是备案，所采取的也是自愿原则。可见，我国著作权法与担保法、物权法在著作财产权质押合同的登记效力方面的法理和规定是冲突的。笔者认为，解决这一问题的对策应当是：应赋予著作权质押登记对抗效力，即未经注册登记的著作财产权质押合同不应无效，只是不得对抗善意第三人而已。有的国家已采用了这种立法模式，如《美国版权法》规定了版权所有权移转的备案制度；《意大利著作权法》规定了著作权交付与登记制度；《日本著作权法》则就此作了较为详尽的规定，如该法第77条规定："下述事项，若未进行登记，则不能与第三者对抗：（一）著作权的移转（不包括根据继承或者其他一般性继承产生的移转）或处分的限制；（二）以著作权为标的质权的设定、转移、变更、消亡（不包括因混同、著作权或担保债权的消亡）或处分的限制。"又如该法第88条规定："第1款，下列事项若未进行登记，则不能与第三者对抗：（一）出版权的设定、移转（不包括根据继承或者其他一般性继承产生的移转）、变更或消亡（不包括因混同、著作权或担保债权的消亡）或处分的限制；（二）以出版权为标的的质权的设定、转移、变更、消亡（不包括因混同、著作权或担保债权的消亡）或处分的限制。"[1] 从这些规定不难看出，以著作财产权为标的设定的质权，若未进行登记，不一定不产生法律后果，只是不能与第三人抗衡。因此，为了维护交易安全和善意第三人的利益，我国著作权法可参照其他国家的作法，对著作财产权质押合同登记作出如下规定：以著作财产权为标的设定质权后，应当到著作权管理部门登记或注册，否则不得对抗第三人。

4.3.6 我国著作财产权质押的完善

我国著作财产权质押较之著作财产权许可、转让起步更晚。现实中关于著作财产权质押不仅理论研究欠缺，而且实践经验匮乏。笔者建议应从以下方面予以完善：

4.3.6.1 增强著作财产权质押意识

大陆法系国家以及我国现行立法虽均认可著作财产权可设定质押制度。但在实务中以著作财产权作为质押标的进行著作权质押的实例并不多见，笔者曾就此走访了我国有关机关、著作权管理部门、著作权集体管理组织以及部分著作权人，得知形成这一现状的一个重要原因便是著作权质押的意识不强。首先体现在宏

---

[1] 参见国家版权局编：《日本著作权法》，邵延丰译。

观上并没有真正重视著作财产权的质押问题。其次，著作权人并未认识到著作财产权的价值性，许多作者或者著作权人并不了解或者根本不知道著作财产权质押制度，仅重视其权利的拥有，并不在乎其权利的充分利用。再次，在拟设定著作权质押的法律关系中，质权人由于缺乏著作权和法律方面的专业知识，往往出于对著作权质押中的风险的较多考虑而不愿设定。当然在国际范围内，尤其是世贸组织将知识产权贸易作为贸易中的重要内容以来，一个不可否认的事实是：随着知识产权法律制度的健全和出版业的发展，畅销著作和电脑软件所代表的财产权价值日益受到重视，以著作财产权利设质将成为一种不可忽视和值得推广的融资手段。[1]

4.3.6.2　建立著作财产权质押的配套制度

导致我国著作财产权质押开展不力的另一个因素就是我国尚未建立和健全著作财产权质押的相应配套制度。如著作财产权的权属证明制度、著作财产权的价值评估制度、著作财产权质押合同中的权利义务制度、质押合同的备案登记制度、著作财产权质押期间的风险分担制度以及著作权质押合同中利益平衡制度等。这些制度对于著作财产权质押制度的完善具有重要的意义。

---

[1] （台）陈家驹、吕荣海：《电脑软体著作权》，蔚理法律出版社，1987年版，第171—172页。

4.3.6.3　增强著作财产权质押机构的能力建设

依据我国《著作权质押合同登记办法》之规定，国家版权局是著作权质押合同登记的管理机关。国家版权局指定专门机构进行著作权质押合同登记。质押合同的登记过程，也是对合同内容进行审查、监督的过程。但著作财产权质押毕竟不是动产质押，由于著作权具有无形性、时间性和地域性等特点，尤其是作品的形式具有多样性，从而使登记机关的工作人员无法熟知著作财产权的具体情况。因此，如何从加强著作权质押合同的管理和加强办理合同登记机构来促使著作权质押的不断发展，也是我国所面临的一个重要问题。

4.3.6.4　规范著作财产权质押的程序

只有程序上的合理，才能确保实体上的公平。在著作财产权质押过程中，应当建立一套科学、合理、可行的程序。如申请程序、提交文件及材料的内容审查程序、备案登记程序、公告程序、撤销程序等。只有创建科学、合理、可行的质押程序，才能调动著作权人、债权人等从事著作财产权质押的积极性。使得著作财产权质押制度真正发挥其促进著作财产权交易、实现著作财产权利益和功效的最大化。

4.3.6.5　规避著作财产权质押中的不利影响

（1）著作财产权的无形性对质权人利益的影响。著作财产权的无形性决定了其本身可以同时为多数人所使用，因为它的标的不是有形物，而是被客观化了的人类的智力成果。因此，质权人有权获取著作财产权在先转让或许可使用的收益。著作权被质押期间，经质权人同意而将著作财产权转让或许可他人使用的，出质人所得的转让费、许可费应当向债权人提前清偿所担保的债权或向质权人约定的第三人提存。

(2) 著作财产权的时间性对质权人利益的影响。以著作财产权为标的订立质押合同时，质权人首先应明确该著作财产权的保护期，质押期限必须在著作财产权的保护期内。因为著作权具有一定的时间性，且自然人和法人作为著作权主体，其著作财产权保护期限的时间起算又不同。另外，在质押期间，质押担保以质押标的所具有的交换价值确保债权的受偿，若质押标的被处分或价值降低将危及质权的实现时，质权人有保全的权利。在著作权质押中，随着时间的推移，著作财产权价值可能会受到各种因素影响而发生波动。当作为质物的著作财产权价值有明显减少的可能而足以危及质权的实现时，债权人有权请求出质人另行提供相应的担保；出质人对此不另行提供担保的，质权人有权对质押的著作财产权进行变价处分，所得款项用于提前清偿担保债权或向第三人提存。

(3) 著作财产权的地域性对质权人利益的影响。著作权的地域性使得著作财产权的质押有别于其它动产的质押。因为著作权只在其依法产生的地域内有效，并无域外的法律效力，除有国际条约约束外，著作权人的权利并不是当然受法律保护。因此，著作权的质押一般不适用于涉外合同。一旦要设定涉外著作财产权质押合同，必须履行特定的手续，如我国《著作权质押合同登记办法》规定，中国公民、法人或者非法人单位向外国人出质计算机软件著作权中的财产权的，必须经国务院有关主管部门批准。还有市场素的影响，如著作财产权质押期间的风险控制、价格评估等方面仍与现实存在一定的差距，尤其是市场的不可预测性和人为因素，仍然对著作财产权的评估、风险防范等带来一定难度，客观上制约了著作财产权质押的设定。

4.4 著作财产权交易的类型化分析

在关于著作权许可使用和著作权转让的论述中，虽然分析了各自交易的方式，但并未从交易的层次上予以剖析。笔者试图对著作财产权交易的方式进一步梳理，并从法律关系上予以类型化，目的在于对著作财产权交易的内在规律作进一步探究。从交易的主体看，有自行交易和委托交易；从交易是否涉及邻接权人看，有直接交易和间接交易；从交易的权能看，有整体交易、部分交易和单一权项交易；从交易的期限看，有定期交易和不定期交易；从交易的空间看，有域内交易和域外交易。除这些基本类型外，笔者认为还应当依据交易与当事人意思表示的关系为标准，可分为完全自由型、相对自由型、特许型交易与强制型交易；以交易客体是否回复为标准，可分为回复型交易与不回复型交易；以交易的功能为标准，可分为用益型交易与担保型交易等。

4.4.1 自行交易与委托交易

自行交易是指著作财产权人作为交易一方与另一方所从事的

著作权交易行为。这种交易方式为最初交易方式,也是最直接的交易。但由于作者或者著作财产权人对交易途径、市场状况、交易风险等并不熟知以及相关信息占有的客观不对称,这种交易方式并不能达到著作财产权交易的最佳效果。委托交易是指著作财产权人将其著作财产权委托他人,由受托人代表著作财产权人与第三人所从事的著作财产权交易行为。关于受托人的资格是否法律上应有特殊要求,是值得探讨的一个问题。从我国实践来看,委托交易中的受托人多为著作权集体管理组织或者著作权代理公司,自然人个人作为受托人专门从事著作权交易的并不多。

4.4.2 直接交易与间接交易

直接交易是指著作财产权人与使用者之间所从事的著作权交易行为。其中著作财产权人只能是原始著作权人,因为只有原始著作权人才有权与使用者进行直接交易行为。而作为派生著作权人,由于其要受原始著作权的限制,还可能受到前次著作权的限制,故其在未征得原始著作权人或者前次著作权人的同意或者许可的情况下,不得与使用者直接交易。间接交易是指著作财产权人与传播者从事交易行为后,再由传播者与使用者进行交易,最终达到使用者使用著作财产权的目的。在间接交易中实际上存在两个交易行为,即著作财产权人与传播者的交易行为和传播者与使用者的交易行为。也就是说,在间接交易中,著作财产权人并不直接与使用者发生交易关系。由于作品具有传播性的特点,作品的终端使用者使用作品著作权往往要借助于传播者的传播行为。因此,著作财产权的间接交易在整个著作权交易中起着十分重要的作用。我们可以想象，如果没有传播者，如出版者、表演者、唱片制作者、广播电视组织、互联网络的出版、表演、制作、播放、传输等行为，那么，终端使用者要想直接获得使用作品的权利将可能是一件十分困难的事情。

4.4.3 整体交易与部分交易、单项交易

整体交易也可以称为"一揽子"交易，即著作财产权人将其著作财产权通过交易行为全部许可、转让或者质押给第三人。部分交易是指著作财产权人将其著作财产权中的两项以上权能通过交易行为全部许可、转让或者质押给第三人。单项交易则是指著作财产权人将其著作财产权中的一项权能通过交易行为全部许可、转让或者质押给第三人。由于著作财产权的权能为"一束"权利，基于自愿原则，作为交易对象的著作财产权可能是其全部权能，也可能是部分权能或者是单一权能。交易对象的范围不同意味着交易对方当事人所取得的权利范围不同，尤其是当确认著作财产权归属以及认定著作财产权侵权行为时更具有重要的作用。

4.4.4 域内交易与域外交易

域内交易与域外交易的划分主要是依据著作财产权交易过程中是否涉及域外因素，即交易的主体、客体或者交易的内容是否具有涉外因素。这两种交易主要涉及到交易的规则、管制以及法律适用等问题。对域外著作财产权交易我国作了较为严格的规定，如国家相关部委曾规定，进口书刊资料实行计划分配，分口

审批。国内单位订购进口的自然科学和技术类书刊资料时，凡中央、国务院各部、委所属单位，须经主管部、委指定的司、局级管理机构批准；地方所属单位经省、市、自治区科委批准；军队须经军一级机构批准。中图公司及其发行系统凭批准文件办理订购建户手续。社会科学（包括文化艺术，下同）类书刊资料，限下列单位订购：①中央、国务院各部、委，各省、市、自治区和军队系统有专业需要的单位；②中国社会科学院和各省、市、自治区社会科学院及其所属的研究单位；③有社会科学和文化艺术研究与教学任务的高等院校；④全国性图书馆和各省、市、自治区的中心图书馆；⑤其他有特殊需要的单位。而对域内交易我国则未作任何限制性规定。

4.4.5 定期交易与不定期交易

这种划分仅在著作财产权许可使用和质押中适用，因著作财产权的转让一般是永久性的，这就是说，在著作权整个有效期内的转移。[1] 著作权的转让无所谓期限的问题，即它总是指将著作权或者其部分在整个著作权保护期内让渡给他人。[2] 在著作财产权许可使用和质押合同中，由于涉及被许可或者被质押的权利回归著作权人的问题，故必然在合同中有期间和期限的约定。如果当事人在合同中对此作了明确约定，即为定期交易；如果当事人未就期限作出约定或者约定不明，则为不定期交易。对于不

---

[1] 韦之：《著作权法原理》，北京大学出版社，1998年4月版，第93页。
[2] 同上，第101页。

定期交易可适用我国《合同法》中有关规定予以确认和处理。

4.4.6 完全自由型、相对自由型、特许型交易与强制型交易

完全自由型交易是指著作财产权之交易过程，完全由当事人意思主导，除法律法规的一般规范外，国家并不过多干预。如我国《著作权法实施条例》第 25 条，对许可使用合同和转让合同，仅仅规定"可以"向著作权行政管理部门备案。相对自由型交易是指对于交易过程，国家不予干涉，但是通过设置登记制度，控制交易对抗第三人效力的发生，非经登记不得对抗第三人。该种类型着眼于社会之交易安全的考虑，是对当事人交易效果的合理限制，日、美、意等国家的立法属于此种类型。特许型交易是指交易之最终完成，尚需要国家以行政方式予以干预，只有经政府确认后，交易才发生财产权移转的效果。在现代社会，国家非基于公共利益考虑，不得对私人交易加以干涉，故此种方式非为一般原则，而是仅存在于特定情形，例如按照《保护民间文学表达形式、防止不正当利用及其他侵害行为的国内法示范法条》第 3 条的规定，在特定条件下，对民间文学表达形式的使用须经主管部门的授权。"第 3 条（经授权的使用）在不违反第 4 条的前提下，对民间文学表达形式如果以盈利为目的，并在其传统或习惯范围之外进行下列使用，须经第 9 条所指的主管部门授权：（一）对民间文学表达形式的出版、复制及复制品的发行；（二）对民间文学表达形式的公开朗诵、表演以及通过有线或无线方

式，或其他传播方式向公众传播民间文学的表达形式。"[1] 强制型交易是指对著作权交易之类型、期限、程序等事项，国家均予以严格规制，以此代替交易当事人的意思。此种类型存在于前社会主义国家，以前苏联为例，其"不仅对著作权合同的内容作了详细规定（包括在民法典中），并且还规定了所谓的'标准合同'……这种立法和标准合同把授权合同的最长有效期定为3年，规定了使用者对决定是否采用一部作品的期限和程序，并且规定了向作者支付作品使用费的时间限制等。"这种由国家代替当事人安排双方法律关系的做法是社会主义国家消灭私法的结果，有观点认为，这样规定的目的在于保护经济上较弱一方的作者的利益。但是由于"所有使用者都是国营组织并属于一种单一的经济实体的国家"，作为使用者代言人的国家，其对作者的保护，"实际上处于一种十分吝啬的最低水准。"[2]

4.4.7 回复型交易与不回复型交易

回复型交易是指交易当事人在达成著作财产权的交易之时，预先约定权利回复的条件，当条件满足时，该权利便回归原权利人。不回复型交易是指著作财产权随交易之完成而完全移转于对方，该财产权利以后也不会回转于原权利人。在本文所涉三种交易类型中，许可使用类型一般属于回复型。当许可之期限与著作

---

[1] 参见1993年9月世界知识产权组织和我国文化部、国家版权局在北京联合举办的研讨会。见《民间文学艺术法律保护研讨会》文集。
[2] 参见E·P·加弗里洛夫:"俄罗斯过渡时期的著作权"，《版权公报》，1995年第2期。

财产权之存续期限相同时，该被许可之财产权利在期限届满时，并不回转于原权利人，而是直接进入公有领域，此时为不回复型。转让类型中，无期限转让为不回复型，有期限转让为回复型。至于著作财产权质押类型，因为交易注重该财产权之经济担保功能，该财产权利本身并不随交易之达成而发生移转，故并不适用于此分类方法。

4.4.8 用益型交易与担保型交易

用益型交易是指交易之目的在于通过取得著作财产权，将作品投入传播领域，发挥作品本身的使用价值，以此实现交易的经济目的。转让类型和许可使用类型属于该用益型交易。担保型交易是为了确保其他债权的实现，而通过合同安排以直接支配著作财产权的交换价值为交易目的。著作财产权质押属于担保型交易。

本章通过对著作权交易具体方式探讨并对其类型化，可以得到如下启示：

(1) "无作品则无传播"。著作权交易制度表现了保护作者权利和促进作品传播的双重旨趣，而作品传播的最佳途径在于著作财产权的交易。

(2) "无交易则无利益"。著作财产权的交易是法定权利与现实利益之间不可或缺的链条，且其交易的类型具有多样化。作品著作权只有通过交易才能体现其经济价值并满足交易双方在财产方面的需求。

(3) "无利益则无激励"。传统经济学家认为，人都是自利的，从事任何经济活动的目的都是为了使自己的利益最大化。交易可加速智慧成果转化为财富，以激励人们创作更优秀的智慧成果。

无限制的交易不仅会引起权利的滥用，而且可能会破坏市场交易规则，损害社会公共利益。因此，如何对著作财产权交易进行必要的限制便是下文将要进一步讨论的问题。

第5章 著作财产权交易的限制

基于权利义务平衡理论,且考虑到作品著作财产权的属性,即任何一部作品的产生均涉及到前人的和现有的智力劳动成果的要素,同时考虑到作者和公众、社会公共利益的平衡,应当对著作财产权的交易行为加以限制。

5.1 著作财产权交易限制的理论基础

知识产权,包括著作权的历史演变虽仅为300余年,但从其立法的轨迹审视不难发现,一方面是知识产权人的权利随着技术进步和社会发展而在不断扩张,主要体现为受法律保护的权利种类、范围不断扩张以及法律保护的水平和程度不断提高;另一方面则是公众信息自由的范围也在逐渐扩大。围绕着立法设计和实施,在背后作为一个根本的指导原则起作用的实际上是利益平衡原则。[1] 在著作财产权交易中,同样离不开利益平衡原则的指导。

---

[1] 冯晓青主编:《知识产权法前沿问题研究》,中国人民公安大学出版社,2004年8月版,第2页。

5.1.1 交易中的私益和公益

著作权法律制度基于著作权人创作行为所完成的作品而赋予著作权人"一束"财产权利并具有独占性，该权利在性质上无疑具有高度的私益性，这不仅已为各国的国内立法所肯认，即使在Trips协议中也明确指出，"承认知识产权为私权"。可见，著作财产权的交易充分体现了私权的行使和私益的实现。但是，由于著作权的产生同样离不开前人的智慧成果以及传播者、使用者和整个社会的行为，由此决定了著作权法律制度的设立并非仅为著作权人的私权和私益，同时也考虑到了社会公众利益和整个社会的繁荣与发展，从这个角度我们可以说公益性才是著作权法律制度的终极目标，私益性只是达到公益性的手段。[1] 当然从经济学角度考虑，私益和公益是相通的，正如亚当·斯密在其《国富论》中指出，各个人追求自己的利益，"往往使他能比在真正出于本意的情况下更有效地促进社会的利益"。[2] "我们每天所需的食物和饮料，不是出自屠户、酿酒家或烙面师的恩惠，而是出于他们自利的打算。我们不该说唤起他们利他心的话，而应该说唤起他们利己心的话。我们不说自己有需要，而说对他们有利。不论是谁，如果他要与旁人做买卖，他首先就要这样提议：请给我以我所要的东西吧，同时，你也可以获得你所要的东西。这句

---

[1] 龙文懋：《知识产权法哲学初论》，人民出版社，2003年8月版，第117页。
[2] 〔英〕亚当·斯密：《国民财富的性质和原因的研究》（简称《国富论》）（下册），郭大力、王亚南译，商务印书馆，1979年版，第27页。

话是交易的通义。"[1] 所以，利己性是"支配个人的一切行动、使其在某一问题上根据利害观点采取某一行动的原则"。[2] 亚当·斯密的这些论述揭示了私益和公益并不矛盾，而是有着内在的必然关联性。从前文我们也可以看出，著作财产权交易机制一方面在于激励私益，但交易者在追求自己私利的同时必然会对整个社会总利益作出贡献。利益上的共性是实现著作财产权交易中利益平衡原则的基础。

5.1.2 交易权利滥用及限制

权利的滥用是指权利人利用其享有权利的便利条件，以不公平、不适当的方式行使其权利，从而危害他人合法权益或者社会公共利益的行为。学界通常认为，"权利滥用"的实质是权利人不适当地扩张了其所享有的权利。一般认为，构成权利滥用有四个要素：主体是正在行使权利的权利人；客体是社会的、国家的、集体的或者其他公民的合法的自由和权利；主观方面是权利人存有故意的心理状态；客观方面是有危害他人权利和利益后果的行为。[3] 为了防止权利人滥用权利行为的发生，从法律上就要求任何权利都应当受到一定的限制。从权利限制来看，民法学者梁慧星教授认为，对权利的限制有内部限制和外部限制两种，

---

[1] 〔英〕亚当·斯密：《国民财富的性质和原因的研究》（简称《国富论》）（下册），郭大力、王亚南译，商务印书馆，1979年版，第13—14页。
[2] 〔英〕坎南：《亚当·斯密关于法律、警察、岁入及军备的演讲》，陈福生、陈振骅译，商务印书馆，1962年版，第260页。
[3] 杨春福：《权利法哲学研究导论》，南京大学出版社，2000年版，第184—185页。

前者认为权利本身包含义务，权利应为社会矛盾目的而行使；后者则是在承认并保障权利的不可侵犯性，以民法上的诚实信用原则，权利滥用之禁止原则及公序良俗原则限制权利行使的自由权。[1] 著作财产权交易中的权利滥用，是指著作财产权人在行使其著作财产权时超出了法律所允许的范围或者正当的界限，导致权利人在交易中对该权利的不正当使用，损害了受让人利益、他人利益或者社会公共利益的情形。对此，法律为了保障市场上的公平交易，便对著作财产权人在权利交易过程中作出某些限制性的规定。如欧共体法院近年来关于玛吉尔（Magill）一案的判决，足以表明欧共体对著作权的保护与对共同体市场竞争的保护相比，前者是处于次要的地位，从另一方面可以说，在该案中限制了著作权人对其权利的不当行使，维护了正常的市场竞争秩序和社会公众的利益。在玛吉尔案中，原告是在爱尔兰和北爱尔兰地区从事电视广播业务的 RTE、ITV 和 BBC 三家电视台，被告玛吉尔电视指南有限公司是爱尔兰的一家出版商。该案的主题是，如何处理成员国的著作权与《欧共体条约》第 82 条的冲突。[2] 案件的起因是，玛吉尔以"玛吉尔电视指南"为名出版了一个周刊，预告可在爱尔兰收视的所有电视节目。在玛吉尔出版每周电视节目预告之前，这三家电视台分别通过报纸预告它们

---

[1] 梁慧星：《民法总论》，法律出版社，1996 年版，第 251—252 页。
[2] 依据《建立欧洲共同体条约》（修订版）（简称 ECT）第 82 条的规定，在欧共体市场中，如果具有支配地位的或者占有很大市场份额的企业滥用其市场地位，影响成员国之间的贸易，这些行为将会因为与共同体市场不相协调而被禁止。

当天的节目。在周末或在节假日的情况下，它们预告双日节目。此外，根据爱尔兰法和英国法，这种周期性的节目预告属于著作权法保护的内容。因此，当玛吉尔电视指南预告了它们电视节目的名称、频道、日期和时间之后，它们以玛吉尔公司侵犯了它们的著作权为由向爱尔兰法院起诉，法院以保护著作权为由禁止玛吉尔公司出版其电视指南。玛吉尔于1986年4月向欧共体委员会提出申诉。委员会1988年12月的裁决指出，RTE等三家电视台的行为是滥用市场支配地位，从而违反了《欧共体条约》第82条。作为对这三家电视台的制裁，委员会要求它们停止违法行为，特别是要求它们以不歧视的方式应第三方的请求提供每周电视节目的预告，并允许第三方复制它们的电视节目单。委员会的裁决还指出，这三家电视台如果允许第三方复制它们的节目预告，它们可以收取合理的报酬。RTE等三家电视台不服委员会的这个裁决，便向欧共体初审法院提出上诉，请求撤销委员会的裁决。初审法院驳回上诉之后，它们又向欧共体法院提出上诉。欧共体法院于1996年4月6日对该案做出了终审判决，赞同初审法院的观点，驳回原告的上诉。欧共体法院在判决中首先认定这三家电视台共同占有市场支配地位。法院指出，知识产权本身虽然不等于市场支配地位，[1]但在这个案件中，这些电视节目的名称、频道、放映日期以及放映时间是玛吉尔电视节目预告公

---

[1] 依ECT之规定，市场支配地位（dominant position）是指"一个或者多个企业拥有一定的经济实力（economic strength），这种经济实力可以使这个企业在一定程度上独立于它的竞争者、客户或者最终消费者，而进行妨碍相关市场（relevant market）内有效竞争（effective competition）的行为"。

司唯一的信息内容。因为这三家电视台的电视节目在爱尔兰的大多数家庭和在北爱尔兰 30%—40%的家庭中事实上处于垄断地位，这些电视台的行为就妨碍了电视节目周刊发行市场的有效竞争。在滥用市场支配地位的问题上，原告认为，它们的行为是在行使依成员国国内法而取得的著作权，因此不能被视为违反条约第 82 条。法院虽然承认授予知识产权是国内法的问题，复制的专有权是著作权人的部分权利，所以，即使权利人有着市场支配地位，拒绝给予复制许可的行为也并不一定就是滥用市场支配地位。然而，法院指出，在这个案件中，著作权人行使其专有权是在滥用市场支配地位。这是因为：①该市场上实际没有电视节目每周预告的替代物。某些日报或者周末报纸虽然有 24 小时或者 48 小时的节目预告，或者有每周重点节目预告，但它们只是在有限程度上替代一周的电视节目预告。因为只有全面的电视节目预告才便于消费者事先决定和安排他们所要收视的节目，而这三家电视台在自己没能满足消费者需求的情况下，凭借其著作权阻止这种能够满足消费者需求的预告电视节目的周刊问世，这就构成《欧共体条约》第 82 条所指的滥用行为。②电视台没有正当理由拒绝第三方出版电视节目预告周刊。③这三家电视台拒绝向玛吉尔公司提供电视节目预告周刊必不可少的信息，这表明它们准备将其在电视播映市场上的支配地位扩大到电视节目预告的信息市场上。在这种情况下，欧共体法院认定初审法院适用法律适当,从而驳回了原告的上诉。[1] 学界普遍认为,玛吉尔案件是欧共体法院近年来关于著作权领域最重要的判决。根据该判决的实质精神,一个企业只要在某种产品市场上取得了市场支配地位,它就无权凭借其著作权将其市场支配地位不公平地扩大到相邻市场上。可见,在保护著作权人私益和保护市场竞争公益之间难以找到准确的平衡点的情况下,欧共体的选择是限制了著作权人不适当的扩张其权利,而维护了社会的公共利益和市场的有效竞争。

5.1.3 交易利益平衡及价值取向

利益平衡即在著作财产权交易中平衡个人私益与社会公益之间的利益关系。利益平衡虽有经济学上和法学上的不同理解,但在知识产权法律制度中主要包括知识产权法上的权利和义务的总体平衡、知识产权人的利益与社会公众利益的平衡、知识产权人之间的权利义务的平衡,以及效率与公正之间的平衡等。[2] 从著作财产权交易法律关系来看,著作财产权人与受让人(无论是邻接权人还是使用权人)就著作财产权的交易所产生的权利和义务的平衡是需要协调的主要矛盾。这种平衡具体涉及以下问题:

(1) 著作财产权的成本。著作财产权的成本涉及著作权人创作作品的各种投入,通常是著作权人进行交易时首先考虑的一个

---

[1] 王晓晔:"知识产权中的限制竞争",转引自 http://www.iolaw.org.cn/shownews.asp?=11676.
[2] 冯晓青主编:《知识产权法前沿问题研究》,中国人民公安大学出版社,2004年8月版,第27页。

要素。

(2) 著作财产权的交易价格。交易价格是著作财产权作为商品价值的货币表现，往往是交易双方最为关心的问题。

(3) 著作财产权受让人的可得利益。受让人的可得利益取决于著作财产权的潜在价值的大小，一般是交易能否成功的关键。

(4) 著作财产权人、受让人与社会公众的利益状态。著作财产权交易的目的在于平衡著作财产权人、受让人和社会公众的利益，因此，著作财产权交易后各方当事人及社会公众的利益状态往往是衡量交易结果是否达到平衡的主要依据。

(5) 利益平衡的价值目标在于对著作财产权人利益保护的基础上实现对著作权的充分、有效的传播和使用，使其社会利益最大化。

5.2 著作财产权交易限制的必要性

著作财产权交易的限制并不等同于著作权限制。著作权法律制度一方面为了激励作者、传播者创作和传播作品的积极性，无不对作者以及传播者的创作和传播行为予以法律保护；另一方面为了保障公众利益，促进社会文化和科学事业的发展，对创作者和传播者的权利又进行一定的限制。这种立法模式的目的在于平衡创作者、传播者和使用者之间的利益，即著作权法律制度的实质是在授予创作者或著作权所有者阶段性排他权利的同时，要求其能够使社会公众接触和利用作品，以繁荣社会文化，促进社会进步。而著作财产权交易的限制则主要是指著作财产权在交易过程中就交易的客体、交易的方式、交易的内容等所作的限制性规定。从著作权法律制度的历史演变来看，对著作权人权能的限制是出于利益平衡的考虑，而对著作财产权交易的限制则主要是出于防止著作权人滥用权利，并确保交易市场的有序、安全。但二者又有内在的必然关联性，即著作财产权交易的限制实质上属于著作权限制的范畴。

笔者认为，著作财产权交易限制制度的设立主要应当考虑三方面要素：一是著作权本身的性质和特点所决定，即著作权包涵人身权和财产权双重内容，在交易过程中这两种权利所表现的法律要求是不同的；二是为了防止权利人利用其便利条件滥用权利，即在交易过程中防止和避免权利人垄断市场；三是从著作财产权的功效考虑，即在著作财产权交易中存在利益冲突、利益平衡问题，因法律是公平分配利益的平衡器，只有通过限制才能确保公平交易。

按照上述思路，笔者认为限制著作财产权交易的必要性主要表现在以下几个方面：

5.2.1 防止权利人垄断市场

法律虽赋予著作权人可以全部或者部分转让著作权中的财产权利，但并未改变转让的仍是一种无形智慧成果的性质，它与有形财产转让的一个重要区别就是可以重复转让，如不加以限制，著作权人则有可能滥用其著作权损害著作权受让人及社会公众的利益。因此，防止权利人滥用权利、垄断市场是作为著作权立法和执法一项重要原则加以规定的。Trips协议第7条提出知识产权保护的目标是：知识产权的保护和执法应当有助于促进技术创新、技术转让和传播,以增进社会和经济福利的方式,维护技术知识的创造者和使用者相互受益,以实现权利和义务的平衡。同时,就防止权利人滥用权利、垄断市场,Trips协议第8条规定了两条原则:一是各成员国在制订或者修正其法律和规章时,可以采取必要措施,以保护公共卫生和营养,以及促进对其社会经济和技术发展至关重要的部门的公共利益,但是以这些措施符合本协定的规定为限;二是为了防止权利持有人滥用权利,或者采用不合理地限制贸易或不利于国际技术转让的做法,可以采取适当措施,但是同样以这些措施符合本协定的规定为限。这一规定暗示允许成员为公共利益及社会发展而采取措施(包括立法等)对知识产权进行一些限制;所谓限制的程度,又要以不妨碍本协议对知识产权的保护规定为限。[1] 虽然Trips协议没有详细罗列反竞争的滥用知识产权行为,但在第40条指出了技术许可中存在的主要反竞争行为。即规定"本协定的规定,不应阻止成员在其国内立法中具体说明在特定场合下可能构成对知识产权的滥用、从而在有关市场上对竞争有消极影响的许可证贸易活动或条件。成员可在与本协定其他规定相一致的前提下,顾及该成员的有关法律及条例,采取适当措施防止或者控制这类活动。这类活动包括诸如独占性返授条件、禁止对有关知识产权的有效性提出异议的条件、或强迫性的一揽子许可证。"[2] 当然,Trips协议在规定这些内容时,也充分考虑了对著作权人的保护,如在第

---

[1] 郑成思:《WTO知识产权协议逐条讲解》,中国方正出版社,2001年1月版,第43页。
[2] 同上,第132页。

13条规定,"全体成员均应将专有权的限制或者例外局限于一定特例中,该特例应不与作品的正常利用冲突,也不应不合理地损害权利人的合法利益。"[1]

防止著作权人利用权利垄断市场有利于促进科学技术的发展,有利于推动整个社会的进步。由于知识产权,包括著作权法律制度保护的最终目的在于科技的发展和社会的进步,而并非仅为个人权利的最大满足。这就要求著作权的行使应当合法正当,而不得以不正当的方式行使或者与社会的公共利益发生冲突。这一点不仅在WTO、Trips协议等国际知识产权条约中有所体现,国外立法以及我国著作权法对此也有类似规定。如我国《著作法》第1条规定,制定著作权法的目的就在于保护文学、艺术和科学作品作者的著作权,以及与著作权有关的权益,鼓励有益于社会主义精神文明、物质文明建设的作品的创作和传播,促进社会主义文化和科学事业的发展与繁荣。因而在原则上,无论国际公约还是国内立法都否认了著作权滥用的正当性。

5.2.2 防止交易对象失范

著作权交易的对象仅限于著作财产权,著作人身权由于不可和著作权人分离,故各国普遍肯认著作人身权是不能交易的。当然,也有学者认为著作权人放弃了他的署名权、发表权或者作品完整权,完全无损于他的人身和人格。著作权人转让了这些权利

---

[1] 郑成思:《WTO知识产权协议逐条讲解》,中国方正出版社,2001年1月版,第53页。

(甚至是有偿转让），也无损于他的人身和人格。[1] 但由于著作人身权与著作财产权密切关联，著作财产权交易行为完成后，著作人身权仍然保留在著作权人的手中，这就决定了著作财产权的交易以及交易后权利的行使往往受著作人身权的影响，有时甚至会发生著作财产权与著作人身权冲突的问题，如著作权人将作品的改编权通过交易行为转让他人，而作品的修改权仍然在著作权人手中，改编和修改在这种情形下难免发生矛盾，即如果交易合同中对此没有明确的约定，那么有可能出现受让人在对作品进行改编时会遭到著作权人的反对，而受让人又无合理、充分的理由对此予以对抗。因此，如果著作财产权交易时不对原著作权人的人身权利加以限制，则有可能因著作人身权与著作财产权的分离而影响受让人的著作财产权的正常行使。

5.2.3 防止交易公平颠覆

人类社会正处在知识经济的崭新时代。知识经济以知识和信息的生产、分配、传播和使用为基础，以创造性的人力资源为依托，以高科技产业为支柱。[2] 在这一新的进程中，外国企业尤其是大企业凭借其知识产权垄断地位，滥用知识产权以获取非法利益的现象已愈来愈多。据报道，微软公司以价格歧视的方式出

---

[1] 中国版权研究会编：《版权研究文选》，商务印书馆，1995年4月版，第60页。
[2] 吴汉东、胡开忠等：《走向知识经济时代的知识产权法》，法律出版社，2002年10月版，前言部分。

售 Windows 98，使我国消费者一年因此而多支出 10 多个亿。[1]这种滥用垄断行为严重损害我国消费者的合法利益，但我国却没有相关的法律对微软的滥用行为加以制裁。我国《民法通则》中虽然规定："民事活动应当尊重社会公德，不得损害社会公众利益，破坏国家计划，扰乱社会经济秩序。"但这项原则性规定只能对著作权的滥用行为加以有限程度的控制。微软公司的滥用垄断行为从本质上讲违反了民法的基本原则，但却没有具体的法律条文去应对。审视我国著作财产权交易的现状，出让方多为作者或者其他著作权人，而受让方通常是实力雄厚的出版商。出版商与著作权人虽法律要求在交易中双方地位平等，但由于著作权人有求于出版者，在这种情况下，出版商往往可能利用其优势通过著作财产权交易合同的条款损害著作权人的利益。囿于传统民法调整对象、调整手段及价值理念的特点，使得民法在保障公平交易问题上的作用受到很大的限制。当然这一任务应当由确保公平交易的相关法律来完成，如反垄断法。反垄断法是以维护有效竞争为其立法目的之一，通过维护有效竞争使社会个体的著作权的行使不致破坏社会整体利益——实质公平和社会整体效率。我国于 2008 年 8 月实施的《反垄断法》，借鉴国外对著作财产权的公平交易的相关规制及其经验，在第 55 条规定，经营者依照有关

---

[1] Windows 98 在中国大陆市场零售价为 1980 元，在美国合 800 多元人民币，在日本合 600 元－1200 元人民币；Office 2000 测试版在中国标价 200 元左右，在国外为免费赠送；微软给中国大厂商的 Windows 98 预装许可费为 300 元人民币左右，中小品牌 PC 厂商则达 690 元，而在美国甚至可低到约 100 元人民币。据保守估计，中国消费者因为微软公司的差别价格 1 年就要多支出 10 亿元。（转引自《第一财经》，2005 年 11 月 9 日）

知识产权的法律、行政法规规定行使知识产权的行为，不适用本法；但是，经营者滥用知识产权，排除、限制竞争的行为，适用本法。具有代表性的是 1995 年 4 月 6 日美国司法部和联邦贸易委员会联合发布的《知识产权许可的反托拉斯指南》（以下简称《指南》）。该《指南》集中反映了美国在限制知识产权滥用、确保公平交易领域的丰富经验。在判断知识产权许可合同是否违反托拉斯法的规定时，该《指南》要求反托拉斯部门分析和评估许可合同可能影响的市场领域、合同当事人之间的关系以及限制条款的原则架构。而且该《指南》还规定了分析与评估的一般原则，包括市场的结构状况、协调与排斥，涉及排他性的许可合同，效率与正当理由，反托拉斯的"安全区"等。此外，该《指南》还明确指出应当考虑的主要因素，并清晰地阐明了对许可行为所采用的利益与损害权衡比较分析方法，不仅科学而且易于操作和应用。同时，该《指南》明确了本身违法原则和合理原则的适用对象与范围，在一定程度上也增加了法律的确定性。欧盟、日本以及我国台湾地区的立法对此也作了类似规定，不再赘述。

5.2.4 防止不当利益博弈

马克思指出："人们奋斗所争取的一切，都同他们的利益有关。"[1] 而物质利益是利益结构中的核心内容，因为人们的一切活动"首先是为了经济利益而进行的，政治权力不过是用来实现

---

[1]《马克思恩格斯全集》（第1卷），人民出版社，1956年版，第82页。

经济利益的手段。"[1] 知识产权的稀缺性和财富的有限性以及人们追求自身利益的最大化，必然引起利益冲突问题。当然"利益冲突的根本原因是因人们的生存和发展而不断增长的各类需要与相对落后的社会生产力之间的矛盾，而利益冲突的直接原因是在一个社会中由基本经济制度、基本政治制度和基本法律制度决定的社会具体利益制度安排不合理。"[2] 消除利益冲突，增进效率与公平也是法律制度的一个重要功能。知识产权领域的利益冲突首先表现在国与国的利益冲突上，且主要表现为发达国家与发展中国家在知识产权保护问题上的分歧。知识产权关系到一国的科技发展和社会公共利益，因而需要协调各方利益。发达国家，如美、欧、日等，一般都是知识产权大国，他们一直主张高标准、严要求地保护知识产权；广大发展中国家（包括我国）则认为知识产权的保护应当与社会经济发展水平相适应，要充分考虑发展中国家的利益，给予一定的灵活性。而且由于法律理念和文化的差异，发展中国家普遍认为科学技术应当作为全人类的共同财富，而不应当作为私有财产加以保护。知识产权中的这一利益冲突现象在著作财产权交易中同样有所表现。如拒绝许可、搭售行为、价格歧视等行为，从表面看属于权利人对著作权的滥用，而背后隐藏的是利益上的冲突。从我国来看，在市场经济条件下形成一种大体均衡的利益格局是和谐社会的必然要求。20多年的改革实践表明，市场不仅是一种资源配置和经济整合的机制，同

---

[1]《马克思恩格斯全集》（第4卷），人民出版社，1956年版，第250页。
[2] 柳新元：《利益冲突与制度变迁》，武汉大学出版社，2002年3月版，第14页。

时也是利益格局形成的机制，亦是社会结构的生成机制之一。由于我国经济体制转轨过程中存在市场缺陷，如市场主体在市场竞争中地位不平等；市场体系不完善；市场结构不合理；市场规则、秩序不完善；市场保障体系缺失等问题，加之政府越位和政府缺位现象存在，使得我国社会结构的分化在不断加深；多元的利益主体开始形成，同时，贫富悬殊的问题日益突出。由于利益主体的多元化，同时也由于贫富差距的日益扩大，由利益关系引起的社会矛盾和社会冲突在明显增加。可以说，利益矛盾与利益冲突，已成为我国社会生活的一个组成部分。以至于有学者认为我国正在进入利益分化、利益博弈和利益冲突的时代。"可以说，2005年的中国，利益博弈是最突出的主题之一，而社会生活中的许多事件和现象都与这个因素有着密切的关系。这就提出了一系列的问题：如何为利益博弈提供制度安排？如何保障利益博弈相对公正地进行？如何解决利益博弈过程中不可避免的矛盾与冲突？"[1] 因此，在市场经济条件下，如何使著作财产权交易形成一种相对均衡的利益格局，如何形成一种使得作者利益和社会公众利益格局能够大体均衡的机制，将成为一个著作权法律制度必须面对和解决的问题。我们知道，著作权保护的目的在于鼓励优秀作品的创作与传播，促进文化和科学事业的发展与繁荣，而不仅仅是著作权本身和权利人的各项利益。当然，利益冲突和利益平衡没有一个永恒不变的指标。在著作权法的发展初期，没有也

---

[1] 孙立平："利益博弈的一年"，转引自 http://www.clbiz.com/news/display.asp?id=31181.

不可能涉及到平衡各种主体利益的基本规范，即合理使用制度及其他有关制度。但现在，合理使用制度却为世界各国法律所接受。它所追求的实质上是各种冲突因素处于相互协调之中的和谐状态，它包括著作权人权利义务的平衡，创作者、传播者、使用者三者之间关系的平衡，公共利益与个人利益的平衡。同时，在司法实践中，有些作品著作财产权的交易不仅体现的是作品的经济价值，更重要的是体现作品的艺术价值和社会价值，有的甚至涉及国家和民族利益。尽管"财产权的保护是市场运作的重要机制，但科技进步更是经济长期成长的原动力。"[1] 因此，在交易中一旦多种利益发生冲突时，有必要通过对交易的限制达到保障国家和社会公众的利益。

5.2.5 防止未来利益受损

未来利益是指著作财产权受让人通过交易取得著作权后可以实现和取得的财产利益。该种利益类似于合同法中可得利益，并具有如下特点：一是未来性。即该种利益是一种未来利益，它在交易行为发生时并没有为合同当事人所实际享有，而必须通过对著作财产权的实施（使用、再转让或者质押等方式）才能得以实现。二是期待性。即该种利益是交易当事人从事交易时期望通过交易的实现所获得的利益，是当事人在从事交易行为时能够合理预见的利益。三是现实性。即该种利益已具备实现的条件，只要交易行为如期实施，就会被当事人所获得。一般情况下，当事人

---

[1] John McMillan, "Reinventing the Bazaar", Norton & Company, 2002, P165.

为实现这一利益作了一些准备,具备了转化为现实利益的基础条件。当然,由于科技飞速发展,对于作品新的利用方式也必将不断出现,由此也必然产生一些新的著作财产权利,如果不对交易后的未来利益加以限制,将无法确保著作权人从这些新的权利中得到应有的利益。

5.3 著作财产权交易限制的经济理由

从经济学角度审视,著作财产权交易限制主要基于以下理由:

5.3.1 著作财产权中的利益构成

利益,是一个客观范畴,通常是指人们受社会物质生活条件所制约的需要和满足需要的手段和措施。[1]"利益也是人们生活中最敏感的神经",[2]尤其是"在商品经济社会,人们奋斗的一切都与他们的利益有关"。[3]就利益和法律的关系来看,"利益决定着法的产生、发展和运作;法律影响着(促进或阻碍)利益的实现程度和发展方向。"[4]"法律由利益所决定,对社会关系中的各种客观利益现象进行有目的、有方向的调控,以促进利益的形成和发展。"[5]在本文第二章已论及著作财产权作为商品其

---

[1] 吴汉东、胡开忠:《无形财产权制度研究》(修订本),法律出版社,2005年2月版,第96页。
[2] 《列宁全集》(第16卷),人民出版社,1988年版,第136页。
[3] 《马克思恩格斯全集》(第1卷),人民出版社,1978年版,第71、82页。
[4] 孙国华:"论法与利益之关系",《中国法学》,1994年第4期。
[5] 孙国华、黄金华:"论法律上的利益选择",《法律科学》,1995年第4期。

价值和使用价值的构成，但从利益角度出发，任何一个著作财产权中的具体利益可以说都蕴含以下方面：一是前辈已有成果的传承；二是现有成果的影响；三是个人的独创性付出。因此，著作财产权中的利益构成并非仅基于个人的独创性付出。

5.3.2 著作财产权中的利益冲突

著名法学家庞德对利益冲突问题作过经典论述。庞德认为，法律的作用和任务在于承认、确保、实现和保障利益，或者说以最小限度的阻碍和浪费来尽可能满足相互冲突的利益。这些相互冲突的利益可分为个人利益、公共利益与社会利益三大类。根据庞德的理论，个人利益是直接从个人生活本身出发、以个人名义所提出的主张、要求和愿望；公共利益是从政治组织社会生活角度出发，以政治组织社会名义提出的主张、要求和愿望；社会利益就是从社会生活角度出发，为维护社会秩序、社会的正常活动而提出的主张、要求和愿望。上述各种利益有时是重叠的，有时是一致的，有时是冲突的。在著作财产交易法律关系中同样存在着各种利益的重叠、一致和冲突问题，所不同的只是主要冲突表现为著作财产权人个人和受让人之间的利益冲突、著作财产权个人与社会公众及社会公共利益的冲突、受让人与社会公众及社会公共利益的冲突、著作财产权人和受让人与传播者之间的利益冲突，以及著作财产权人、受让人和传播者与社会公众及社会公共利益的冲突等。这些利益冲突和其他利益冲突一样，也是由一定的利益差别和矛盾引起的。表现为利益主体由于追求的目标不同而产生的利益纠纷和利益争夺，是利益主体之间存在利益矛盾的激化形态。由于利益在本质上根源于一定的社会物质生产关系，而人们对利益的实现都是在有限的社会资源对不同的社会利益主体需求满足的有限性和条件性。[1] 因此，资源的有限性和主体的不同需求必然导致各方的利益冲突。

5.3.3 著作财产权中的利益均衡

利益最大化的问题并非法律问题，而是由经济学所要研究和解决的问题。然而，确定恒量的利益在特定的社会成员之间如何进行权利义务的分配则是法律所面临的问题。著作财产权中的利益平衡实质上是指在一定的利益冲突下如何使得各种利益相对均衡的状态。在现代法治社会中，不同主体之间的利益分配则最终表现为法律所确定的权利义务之间的关系。[2] 因此，利益平衡实质上就是如何规制著作财产权交易中各方当事人的权利义务关系。这就需要我们用法律的价值准则对此进行评判，即在著作财产权交易过程中对各方利益如何估量，依据什么原则来决定各方利益的分量，以及如何使著作财产权人的利益、受让人的利益、传播者的利益、社会公众利益以及社会公共利益达到最大化的平衡等等。当然，从法律制度层面上我们必须做到：在著作权立法上，对著作财产权交易中的权利义务做到最佳的合理配置；在司法实践中，凡涉及进一步解释的著作财产权交易原则、交易规则以及法律无规定或者规定不甚明确的，应当以利益平衡为原则，

---

[1] 冯晓青主编：《知识产权法前沿问题研究》，中国人民公安大学出版社，2004年8月版，第12页。

[2] 任寰："论知识产权法的利益平衡原则"，《知识产权》，2005年第3期。

指导法律的具体适用。著作财产权交易中的利益平衡问题涉及经济学、哲学、政治学、社会学等多个学科的理论和知识,笔者将在以后的研究中对此进一步探讨。

5.4 著作财产权交易限制的方式

上一节重点探讨了限制著作权交易的理论基础,本节笔者将进一步研究限制著作财产权交易究竟有哪些具体的方式。由于著作财产权的利益平衡并非一成不变,故限制著作财产权交易的方式也同样会受到一定时期一国政治、经济、文化等方面的影响和制约,表现为一种动态的发展过程。这一动态过程不仅表明了不同时期著作财产权保护的不同水平,而且表明了同一时期不同国家对著作财产权保护所采取的不同态度。从著作财产权交易限制的方式来看,大体有以下表现:

5.4.1 交易客体的限制

一般认为,著作财产权交易的客体只能是著作权中的财产性权利,对此理论界看法并不一致。一种观点认为,著作权的交易并不能仅限于财产性权利,有些著作人身权也可以交易,但对于何种人身权可以交易,学者们又有不同的意见。有的认为,只有发表权可以交易;有的则认为除了发表权以外,还应包括保护作品完整权。另一种观点则认为著作人身权可以与著作财产权一起作为一个整体交易出去。笔者认为上述观点均值得商榷。就著作人身权可以与著作财产权作为一个整体交易出去的观点而言,其主要论据就是我国《著作权法》第11条关于法人作品的归属以及第17条委托作品可以由委托人与受托人约定由委托人享有著作权的规定。笔者认为,著作权法规定法人作品归法人所有是有前提的,那就是著作权法中规定的法人作品是由法人或者其他组织主持,代表法人意志创作,并由法人承担责任的作品。值得注意的是,这里强调法人作品是自然人"代表法人的意志"创作的,在作品中并没有体现自然人的意志,在这种情况下,不能认为该作品是个人创作性的劳动成果。同时,根据著作权法的规定,在这种情况下,法人也仅仅被"视为"作者,这从另一方面反映了法律也承认法人作为作者与通常意义上的作者是不同的。此外,将法人作品归法人所有理解为该作品交易给了法人,混淆了法律上作品的交易与事实上作品的转移的区别。法人作品是自然人代表法人的意志创作出来的,自然人充其量只是法人创作作品的手段,在作品完成之后将其交付给法人只是将本来就是法人的作品转移给了主人。而交易则意味着自然人将属于自己的作品以有偿的方式交付给法人,二者不可混淆。因此,法人作品的归属并不是作品著作权包括人身权以及财产权的整体交易。就委托作品而言,根据著作权法的规定,受委托创作的作品,著作权的归属由委托人和受托人通过合同约定。也就是说,在委托作品中,双方可以约定该作品由委托人享有其著作权,但不能以此认为就是著作人身权在整体上被交易。因为,根据我国《著作权法》第17条的规定,合同未作明确约定或者没有订立合同的,著作权属于受托人。由此可见,委托作品原则上是属于作者的。同时,著作权交易从理论上说是一种有偿法律行为,即著作权人将其著作权中的财产权以有偿的形式转让出去,在转让中受让方支付出让方的金钱是出让方让渡著作财产权的对价，而在委托作品中委托方支付给受托方的酬金则是受托方劳务的对价，而绝非是出让方让渡著作财产权的对价，更谈不上是出让方让渡著作人身权的对价。就著作人身权是否可以部分交易的问题，其焦点在于发表权是否可以交易。持肯定观点的人认为是可以交易的，认为如果作品尚未发表，著作权人便将著作权转让给他人，这时可以由新的著作权人行使该作品的发表权，并认为这就是发表权的交易。笔者不同意这一看法。尽管在该情况下，作品发表权固然可以由新的著作权人行使，正像持肯定观点的学者所说的，在此情况下如果不允许新的著作权人行使发表权，其受让的著作财产权将毫无意义。但问题在于这是不是一种交易行为呢？笔者认为，这不是一种交易行为而是一种委托行为，是著作权出让方将作品的发表权委托受让方来行使，以此来确保著作权的受让方能充分享有其受让的著作权上的财产利益。至于"保护作品完整权"，则可以看做是受让方充分享有其受让的著作权上的财产利益的一种辅助性权利，更不能认为是一种著作权交易行为。

5.4.2 交易形式的限制

国外许多立法考虑到著作权客体的特殊性，都将著作财产权的交易行为规定为严格的要式法律行为，并要求著作财产权的交易必须签订书面合同，且在立法中对合同的具体内容作了列举式规定。我国在修订《著作权法》时亦规定著作权的转让"应当订立书面合同"。此外，许多国家立法还进一步规定了著作财产权交易合同的登记制度，并采取了登记对抗主义的立法模式，如

《日本著作权法》第77条之规定，著作权的转让或者著作权的质押，若未进行登记，则不能与第三者对抗。笔者认为这种规定是合理的，一方面由于著作财产权可以在不同地方、不同时间被多次、重复交易；另一方面受让方享有的著作财产权并不像受让财产所有权可以基于对所有物的占有来表明自己的权利，如果不以某种方式将这种交易行为公示，受让方在受让著作财产权之后其权利将易受侵犯，且使著作财产权交易的法律关系处于不稳定的状态。我国著作权法中并没有明确规定著作权交易登记制度，仅在《著作权法实施条例》中规定著作权转让合同"可以向著作权行政管理部门备案"。

5.4.3 未来作品著作财产权交易的限制

所谓未来作品是指尚未创作或尚未创作完成的作品。世界各国对于未来作品的交易持不同的立法态度，有的认为可以交易，如《英国著作权法》第37条规定，依合约意思表示，以将来之著作权让与他人，于著作权发生时由受让人或者其继承人享用著作权；有的认为可以有条件的交易，如《巴西著作权法》第54条规定，未来作品如果转让不超过5年，也可以进行转让；有的则不允许转让，如《法国著作权法》第L.131-1条规定："全部转让未来作品无效。"[1]《俄罗斯著作权与邻接权法》第31条第5款对此亦规定："作者将来可能创作的作品，其使用权不能成

---

[1]《法国知识产权法典》（法律部分），黄晖译，郑成思校，商务印书馆，1999年7月版。

为著作权合同的标的。"[1] 我国著作权法对此未规定。笔者认为，此涉及两个问题：一是未来作品是否受著作权法保护；二是在未来作品受著作权法保护的前提下才可以考虑未来作品著作权交易的限制问题。对此笔者将在下文予以探讨。

5.4.4 特殊作品著作财产权交易的限制

所谓"特殊作品"，现行立法并无规定，学界也很少论及。笔者认为该类作品是指具备一般作品的条件和属性，但基于其自身价值和特有作用而在交易中受到行政许可限制的作品。笔者之所以将此类作品称之为"特殊作品"，是因为较之一般作品，该类作品具有较大的经济价值、艺术价值和社会价值。就我国而言，这类作品的形成往往蕴含着我国特色，在我国公众中具有较大影响，属于我国传统的经典之作。该类作品著作财产权的交易不仅涉及作者本人的利益，还涉及到社会利益、公众利益甚至民族利益。如某省发生的中国音乐作品版权拍卖纠纷一案就反映了这一问题。该案发生于1999年，某中心拟举办包括小提琴协奏曲《梁祝》、《我的祖国》等经典、优秀音乐作品著作权拍卖会。该拍卖会最终并未举办，而是被该省版权和文化管理部门以该中心不具有从事涉外著作权代理资格被终止。随后，该中心向法院提起诉讼，请求撤销省版权和文化管理部门的行政行为，赔偿其经济损失。一审法院经审理判决维持省版权和文化管理部门的行

---

[1]《俄罗斯联邦著作权和邻接权法》(1993年7月9日通过)，焦广田译，《著作权》，1995年第2期。

政决定，驳回了原告的行政赔偿请求。原告不服一审判决又提起上诉，二审法院经审理维持了原判。该案发生后，当时不仅在国内学界引起了较大反响，而且在海外也引起了轰动。该案之所以受到人们的关注并引起巨大影响，笔者认为并非是该省版权和文化管理部门对此次拍卖会的终止，而是因为参加拍卖的作品中涉及多个具有我国民族特色、广为我国民众熟知的经典之作。因此，笔者认为，在著作财产权交易过程中，对于某些特殊作品著作权的交易行为一旦涉及到公众利益、社会利益甚至国家和民族利益时，应当对其交易行为予以限制。即当个人利益和公众利益、社会利益甚至国家和民族利益在交易中发生冲突时，个人利益应当让位于其他利益。当然，对于"特殊作品"的具体判定条件和范围，笔者认为仍是需要探讨的一个问题。

5.5 我国著作财产权交易限制制度的完善

根据我国现行著作权法之规定，对著作财产权交易的限制虽涉及著作权许可使用、转让及质押等方面，但限制交易的有关内容主要体现在著作财产权转让的限制上，且主要表现在三个方面：一是《著作权法》第10条关于著作权转让客体的限制，即仅限于著作财产权；二是《著作权法》第25条关于著作权转让"应当订立书面合同"的规定以及该条对于著作权转让合同具体内容的规定；三是在《著作权法实施条例》第25条规定了著作权转让合同备案制度。笔者认为，著作财产权交易的限制不仅要考虑公众利益，也要考虑作者及其他著作权人的利益并要充分认识到著作财产权变动性的特点，从这些要素来看，仅从上述对著

作财产权交易限制加以规定并不完善,故建议我国著作财产权交易限制制度还应当从以下几个方面考虑:

5.5.1 增设著作财产权交易最高年限制度

基于著作财产权易受市场和科技发展因素影响的实际情况,为了充分体现交易的公平性,最大限度地保护交易双方当事人的合法权益,应当规定著作财产权交易的最长年限,即在著作财产权法定保护期限内允许当事人就交易年限进行约定,但不得超过所规定的最高年限。交易年限届满著作财产权交易合同即行失效,原让渡的著作财产权即回归著作权人。考虑到作品的性质、经济价值、社会价值及市场风险等因素,结合我国现实,笔者认为著作财产权转让的最高年限规定为10年较妥。当然,期满后应允许当事人对交易期限予以延长,以此作为对最高年限制度的补充,但总期限不得超过著作财产权的法定保护期限。

5.5.2 对未来作品著作财产权交易的限制

未来作品虽尚未构成法律意义上的作品,但在实践中,尤其是在委托创作作品情形下,虽作品尚未创作或者未创作完成,但就作品的主要内容,甚至作品的主要结构当事人之间已达成一致。在此情况下,基于尊重当事人意思自治的考虑,法律不应当禁止双方当事人对于未来作品著作财产权的交易。如在大型电视连续剧的创作过程中,常常出现电视剧主题及其主要故事情节已确定,但具体内容并没有完成,尚待继续创作完成,有的甚至在拍摄过程中还会出现根本无法预知的情节。当然由于未来作品的价值具有不确定性且难以估量，甚至具有某种风险，如不加以任何限制则有可能损害双方当事人的权益。对此，笔者建议可借鉴外国著作权法中的有关规定，赋予当事人在一定条件下的合同变更或解除的权利。如发生不可抗力或者出现显失公平等情况时，当事人便可以通过行使变更或者解除交易行为的权利，以达到平衡双方利益的目的。

5.5.3 采纳"精神权利部分穷竭"原则

为协调著作财产权交易后著作人身权与著作财产权的冲突，笔者赞同有的学者主张的采纳"精神权利部分穷竭"原则，通过建立强制性规范与任意性规范的方式以平衡当事人的利益。[1] 即对于发表权，立法应规定一旦著作财产权交易后，即视为作者同意将作品发表，且只能一次有效行使，但受让人行使财产权时不得侵犯作者所享有的保护作品完整权；对于作品署名权，著作财产权交易前则可由双方当事人在合同中加以约定；对于修改权，当事人可在合同中约定是否由作者授权受让人对作品进行修改以及修改的尺度或范围。

5.5.4 赋予著作财产权交易登记的对抗效力

我国虽规定了著作财产权转让合同备案制度，但对其效力却没有明确。而在《著作权质押合同登记办法》中就著作权质押合同登记的效力则规定为生效效力。为了对交易行为做出统一的规

---

[1] 李明发："著作权转让的若干法律问题"，《法学家》，1997年第6期。

则，应在法律中明确规定著作财产权交易合同的登记对抗效力，以此来更好地维护著作财产权交易各方及第三人的合法利益。

通过本章分析我们可以得出：著作财产权限制的目的在于平衡创作者、传播者和使用者的利益，以促进整个社会科学文化事业的繁荣与进步；而限制著作财产权交易的目的则在于防止权利人滥用权利，以确保公平交易。

限制著作财产权交易的方式会受到一定时期一国政治、经济、文化等方面的影响和制约，限制的内容和程度表现为一种动态的发展过程。在网络环境下，著作财产权得以无国界的广泛交易，传统的限制交易方式已显不适，国际著作财产权交易及限制又使著作权制度面临新的挑战。

版权交易过程中除了相关限制之外，另一个交易双方当事人比较关注的便是交易客体，即作品或者著作权本身资产价值的评估问题，而该问题直接涉及到交易的成功率和双方当事人的直接权益。因此，有关版权交易中所涉及的评估问题便是下文要讨论的对象。

第 6 章　著作财产权交易中的评估

6.1　我国知识产权评估的演变及地位

随着知识经济时代的到来，知识产权在我国经济发展中，正发挥着越来越重要的作用，已经成为国家、企业的核心竞争力之一。应当看到，我国知识产权制度，无论从法律规范建设，还是实际的申请授权、行政管理体系建设等方面，都取得了显著成果。自 2003 年起，我国国内的发明专利申请数量就首次超过了国外专利申请量。我国商标申请注册总量更是连续多年居世界第一位。可以说，知识产权已经成为企业拥有的重要无形资产之一。随着我国专利申请数量、商标注册数量逐年增加，目前有相当一部分权利人在获得权利证书后，积极寻求知识产权的产业化途径，产权转让以及知识产权入股现象频繁发生。因此，知识产权本身有多大的价值空间，就成为当事人双方都十分关注的问题，知识产权的评估也是投融资交易双方面对的难题。

知识产权评估是现实知识产权有效利用的重要环节。知识产权作为无形资产评估对象进行评估在我国始于 1989 年，第一个无形资产评估事务所在深圳诞生。也是在 1989 年，大连市政府国有资产管理部门率先对产权变动中的国有资产（包括无形资产）进行评估。同年，国有资产管理局发布了关于《在国有资产产权变动时必须进行资产评估的若干暂行规定》，对于无形资产第一次提出了进行价值评估的要求。2002年12月17日，上海市首家知识产权资产评估公司——上海知识产权资产评估有限公司成立。该公司主要对海内外企业的专利技术、注册商标及著作权和计算机软件著作权等价值进行科学评估，使专利技术等知识产权更好地与社会资本结合。据不完全统计，中国现有专业的无形资产评估事务所有十余家。另外，一般综合性的评估事务所也从事无形资产的评估工作，全国共有这类机构3800多家，从业人员达到6.2万人，其中包括1.4万名注册评估师。

目前我国知识产权评估，主要发生在如下几种情形中：企业重组与收购及合资前价值评估；知识产权贸易中的转让和许可使用；通过债务移转获取其他企业的资本比例；确定知识产权许可使用时的合理使用费率；纳税计划与执行；协商OEM或者ODM合作契约的知识产权条款；[1]分享委托项目的知识产权成果、专利申请权和其他利益；知识产权产品涉及的保险相关问

---

[1] OEM，即贴牌生产，也称为定牌生产，英文表述为Original Equipment/Entrusted Manufacture（译为原始设备制造商或原产地委托加工）。基本含义为品牌生产者不直接生产产品，而是利用自己掌握的关键的核心技术负责设计和开发新产品，控制销售渠道，具体的加工任务通过合同订购的方式委托生产同类产品的其他厂家生产。之后将所订产品低价买断，并直接贴上自己的品牌商标。这种委托他人生产的合作方式简称OEM，承接加工任务的制造商被称为OEM厂商，其生产的产品被称为OEM产品。ODM，即Original Design Manufacture（原始设计商）的缩写，是一家厂商根据另一家厂商的规格和要求，设计和生产产品。

题；知识产权侵权诉讼中分析诉讼策略和赔偿数额、争议的解决；以知识产权进行质押贷款；以知识产权增加注册资本数额；吸引风险投资、进行股份制改造、资产重组、民营化改革、企业合并、破产清算、遗产分割、奖励职务发明人；确立研发设计选题、规划知识产权检索和部署策略、开展市场布局、进行广告宣传等，在这些情况下都应当进行准确的知识产权评估。目前企业界对于知识产权评估，有非常迫切的需要。在企业发展的各个环节上，都离不开知识产权评估工作。

目前我国关于知识产权评估方面的立法，主要体现为国家机构的部门立法。这方面的立法主要有：1989年由国家体改委、国家计委、财政部、国家国有资产管理局等四部委共同颁布的《关于企业兼并的暂行办法》，该办法确定了在企业兼并中对被兼并方企业资产的评估作价。被兼并方企业的资产包括有形资产和无形资产，这些资产一定要进行评估作价，并对全部债务予以核实。如果兼并方企业在兼并过程中转换成股份制企业，也要进行资产评估。资产评估组织一定要具有公正性和权威性，有条件的可利用现有会计事务所等中介机构，没有条件的可由有关部门组成临时评估组织。资产评估作价可以采取以下三种办法：一是重置成本法，即按资产全新情况下的现价或重置成本减去已使用年限的折旧，来确定被评估资产的价值；二是市场法，即按照市场上近期发生的类似资产的交易价来确定被评估资产的价值；三是收入法，即按预期利润率计算的现值来确定被评估资产的价值。这三种办法可以互相检验，亦可单独使用。

1991国务院出台的《国有资产评估管理办法》增加了一种

评估方式,并且还预留了其他评估方法。1989年国家国有资产管理局发布关于《在国有资产产权变动时必须进行资产评估的若干规定》,对无形资产第一次提出价值评估的要求,并成立了相应的评估机构,此后陆续在全国各地开展资产评估工作。1993年7月1日,开始实施《企业财务通则》和《企业会计准则》,明确提出无形资产的概念和界定范围。我国政府、行业协会已经对知识产权的价值评估形成一套规范性文件。其中主要有国务院、财政部等主管部门颁发的《国有资产评估管理办法》、《国有资产评估管理若干问题的规定》、《国有资产评估违法行为处罚办法》、《关于加强和规范评估行业管理的意见》、《资产评估机构审批管理办法》、《资产评估准则——基本准则》、《资产评估职业道德准则——基本准则》、《资产评估准则——无形资产》等规范性法律文件。2006年4月,财政部颁布了《关于加强知识产权资产评估管理工作若干问题的通知》。中国资产评估协会也发布了《企业价值评估指导意见(试行)》、《注册资产评估师关注评估对象法律权属指导意见》等执业准则。随着法规的逐步完善,我国无形资产评估行业取得了较大的发展。

按照2006年4月财政部颁布的《关于加强知识产权资产评估管理工作若干问题的通知》规定,知识产权占有单位符合下列情形之一的,应当进行资产评估:

根据我国《公司法》第27条的规定,以知识产权资产作价出资成立有限责任公司或股份有限公司的;以知识产权质押,市场没有参照价格,质权人要求评估的;行政单位拍卖、转让、置换知识产权的;国有事业单位改制、合并、分立、清算、投资、转让、置换、拍卖涉及知识产权的；国有企业改制、上市、合并、分立、清算、投资、转让、置换、拍卖、偿还债务涉及知识产权的；国有企业收购或通过置换取得非国有单位的知识产权，或接受非国有单位以知识产权出资的；国有企业以知识产权许可外国公司、企业、其他经济组织或个人使用，市场没有参照价格的；确定涉及知识产权诉讼价值，人民法院、仲裁机关或当事人要求评估的；法律、行政法规规定的其他需要进行资产评估的事项。

非国有单位发生合并、分立、清算、投资、转让、置换、偿还债务等经济行为涉及知识产权的，可以参照上述规定进行资产评估。

由此可以看到，知识产权评估发生在企业运行的各个方面。尤其是对于国有企业经营活动中，在发生企业改制、合并、分立、清算、投资、转让、置换、拍卖等情况时，都需要进行知识产权评估。

随着中国加入WTO，外资同中国各行业的合资、合作不断加深，双方均十分关注维护自身知识产权方面的权利。知识产权价值的评估，直接关系双方的权利、利益的分配以及国有资产的保值增值问题。可以说，以知识产权变动为目的的评估已经成为法定资产评估的重要部分。权利人越来越希望从资产评估以及价值确定的角度来重新审视知识产权的未来前景，并且能够从未来收益的角度最大程度地管理、经营其知识产权，使之发挥出更大的效益。

目前我国知识产权评估方面的法律规范，非常散乱，没有统一规范的立法体制。我国目前的立法,一方面并不是主要关于知识产权评估方面的专门立法,另一方面政出多门,没有加以统一规范。因此,有必要对上述立法加以整合,完善和发展专门的知识产权评估的立法制度。

在国际竞争日趋激烈、国家提出"自主创新"战略的大背景下,我国知识产权战略纲要明确提出加强知识产权保护力度的要求。我国《公司法》也明确规定,无形资产投资可以占公司全部资本的70%。国内外企业之间进行知识产权转让、许可使用、质押融资等方面的经济活动,越来越频繁,这些经济活动都离不开知识产权评估工作。没有统一规范、完善高效的知识产权评估法律制度,就可能为今后我国知识产权评估事业的发展壮大埋下隐患。及时规范和制定相关立法,解决知识产权评估工作中的相关法律问题,及时理顺各方关系,明确各方权利、义务及法律责任是非常必要的。

培育知识产权专业评估机构,提供知识产权评估的专业服务,并构建系统的知识产权评估体系,是实现知识产权产业化发展的重要一环。一套完备的知识产权评估体系有助于在我国国内市场加快知识产权的转化与利用。知识产权评估是市场经济的产物,是知识产权商品化中的一个重要问题。中国目前评估业发展的主要问题是,如何明确无形资产评估与有形资产评估的区别,并且要实现规范化和法制化,以便早日建立起较为完善的知识产权评估制度,使知识产权评估工作有章可循。

知识产权评估在我国经济发展中发挥着越来越重要作用,其重要性体现在:

（1）知识产权评估是投资决策的重要前提。企业进行投资之前，必须进行知识产权评估，对于相关知识产权的现实和未来价值有所把握。

（2）知识产权评估是企业转换机制中防止国有资产流失的重要环节。国有资产可以分为两大类型：有形资产和无形资产。过去我国国有企业合资等活动中，重视有形资产的评估，而忽视无形资产的评估，造成许多严重的不利后果。因此，知识产权评估在今后企业改制中显得尤为重要。

（3）知识产权评估是完善技术市场，加速科学技术转化的必不可少的环节。技术市场的发展和培育，需要知识产权中介服务活动的介入。

（4）知识产权评估是建立公平分配制度的必要保证。在知识产权许可、转让和质押过程中，确定知识产权的现实价值，明确知识产权利用中的利益构成，对交易双方当事人是非常重要的。

（5）知识产权评估是扩大企业影响，提高企业形象的手段。知识产权评估，本身就是企业的一种宣传手段，在现代企业经营中常常被使用。

（6）企业加强管理需要对知识产权进行估价。企业加强自身经营管理，必须对企业自有的知识产权价值有所掌握，不仅对于企业有形资产进行管理，也应当加强企业无形资产的管理。

在这一方面，外国政府始终非常重视知识产权评估问题。据有关统计数据表明，西方发达国家企业的无形资产占总资产的比重达35%，高科技企业则达60%－70%，外国政府和企业对知识产权评估，都给予了高度重视。美国最早于20世纪20年代开始进行知识产权评估工作。20世纪初,美国就成立了国会服务部(CRS),直接针对各委员会及议员们提出的各类问题进行研究、分析和评估。其中与科技有关的研究、分析和评估即可认为是知识产权评估的雏形。

美国已建立了科技评估支持系统,其完善的评估机制以及丰富的评估形式和内容,最终影响了许多国家。基本效仿美国开展科技评估活动的国家有瑞典、德国、丹麦、荷兰、澳大利亚,部分借鉴美国科技评估机制的国家有瑞士、匈牙利、墨西哥、俄罗斯等。法国、德国、加拿大、日本、丹麦等国的知识产权评估工作开始于20世纪40年代至60年代;瑞士、瑞典、英国、澳大利亚、韩国等开始于80年代;西班牙、新西兰、泰国等开始于90年代。在中国的近邻日本,知识产权评估工作和知识产权战略紧密结合起来。日本政府发现,专利实施较低的主要原因是专利与现实市场严重脱节,在专利和市场之间缺少一个重要的产业化渠道,于是建议发展技术中介产业。同时,日本知识产权战略在实施的过程中,运用促进知识产权的转让和流通战略,使发明创造和研究开发成果产业化,最大限度地实现经济社会效益。加大转让和流通战略的实施措施包括:促进大学和公共研究机构、企业的知识产权的转让和流通;建立和完善知识产权价值的评价体系;提高经营者意识;开发知识产权交易系统软件等。该计划在战略性利用方面的一个重要的内容是,在2004年度末确立了知识产权评估方法,并在当时制定知识产权战略指标。可见,在日本知识产权评估已经成为实施其知识产权战略的重要步骤。

因此,我国必须加强对知识产权评估领域的管理工作,加快法律制度的建设。应当完善包括知识产权评估在内的法律法规和准则建设,修订目前的资产评估办法,制订针对知识产权评估的相关准则,完善资产评估师管理办法、注册资产评估师道德守则、资产评估机构执业标准等。加强评估机构管理是完善知识产权评估机构的核心工作,只有加强知识产权评估机构的监督管理,才能够防止随意评估知识产权价值,维护资产评估工作的权威性、公正性,从而维护整个行业的长远利益。

我国政府已发布《国家知识产权战略纲要》,指出实施国家知识产权战略,就是要大力提升知识产权创造、运用、保护和管理能力,有利于增强我国自主创新能力,建设创新型国家;有利于完善社会主义市场经济体制,规范市场秩序和建立诚信社会;有利于增强我国企业市场竞争力和提高国家核心竞争力;有利于扩大对外开放,实现互利共赢。因此,只有加快知识产权利用,才能使知识产权为国家经济发展发挥更大的作用。从我国目前的知识产权评估立法体制和知识产权评估的实践来看,离国际标准还相差较远。可以说,我国知识产权评估事业还处于起步阶段。因此,我国应当加快建立和完善知识产权评估法律制度、明确知识产权评估机构的法律责任、建立知识产权评估管理机制、促进知识产权评估事业顺利发展。

6.2 国外知识产权评估的基本情况[1]

6.2.1 国际评估准则

国际评估准则委员会制定和努力推广的《国际评估准则》(International Valuation Standards，IVS)是目前最具影响力的国际性评估专业准则。1981年成立的国际评估准则委员会经过近20年的发展，为适应国际评估行业的发展需要，改变《国际评估准则》过去偏重不动产评估的状况，努力实现《国际评估准则》的综合化发展。1997年在瑞典斯德哥尔摩召开的国际评估准则委员会年会上，曾专门就国际评估准则体系的地位进行过讨论，与会各国代表就此问题分别进行发言。英国代表指出，国际评估准则不应当包括不动产评估以外的内容，而包括中国、美国在内的大部分国家代表认为，应当建立一个综合性的国际评估准则体系。在此基础上，国际评估准则委员会在1999年北京年会上制定了国际评估准则三年修订计划，明确提出将制定包括企业价值评估、动产评估、无形资产评估等在内的综合性评估准则体系。这一工作的成果，就是国际评估准则委员会于2000年制定了《评估指南四——无形资产》，第一次将无形资产评估纳入到《国际评估准则》的规范体系中，这是国际评估准则体系的重大

---

[1] 该部分资料参阅来小鹏主持的国家知识产权局研究课题《知识产权评估相关法律问题研究》研究报告第三部分："知识产权资产评估相关法律问题国外经验介绍"(中国政法大学陈健副教授参与完成)。

变化。这一修订也是与 1999 年修订《国际会计准则第 38 号——无形资产》相呼应的。国际会计准则委员会理事会于 1998 年 7 月批准颁布了《国际会计准则第 38 号——无形资产》，于 1999 年 7 月 1 日生效。国际评估准则委员会的主要宗旨之一，就是协调与会计准则的关系，"使国际评估准则在国际会计准则及其他相关报告准则中得到认可，并使评估师认识到，根据其他专业领域的规定评估师需要做什么。"可以说，国际评估准则委员会制订无形资产评估指南的主要目的之一，就是适应国际会计准则的相关要求，为"满足无形资产评估使用者和财务报告使用者"服务。国际评估准则委员会现实施的是第七版（2005 年版）《国际评估准则》。

《指南四——无形资产》认为无形资产评估在评估方法和概念上，与其他资产类别的评估是基本一致的，因此使用本指南时必须结合国际评估准则中其他相关的规定处理。评估指南中无形资产是指"不具备物理形态、赋予其权益和特权、通常能为其带来收益的资产"。根据其产生的来源，无形资产可分为权利类（rights）、关系类（relationships）、组合类无形资产（grouped intangibles）和知识产权（intellectual property）等四大类无形资产。评估指南规定可采用书面或口头形式编制评估报告。评估师应将评估报告所有有关的信息资料或工作成果归档并保存一个合理的时间，除非具有司法管辖权的法庭指令，评估报告及其副本未经委托方的特别允许不得提供给委托方以外的任何人。

在进行相关评估时，国际评估准则对于评估师提出了如下要求：

(1) 评估师应对评估所依据数据信息的来源进行鉴定,说明是否还存在别的数据来源。如果有其他来源的数据信息,则评估人员必须阐明是否对其进行了验证。

(2) 评估师应当声明评估报告中的分析、判断和结论仅仅是在报告的假设和限定条件下成立,是评估师个人的、没有偏见的专业分析、判断和结论。

(3) 评估师必须声明与评估报告中所评估的资产不存在现时的或将来的利益,与评估所涉及的各方也不存在利害关系或偏见。若存在着利害关系或偏见,则必须在报告中披露。

(4) 评估师必须声明:评估结论仅在报告标明的评估基准日和对报告陈述的评估目的是有效的。

(5) 评估师应当以明晰的方式描述评估项目,包括描述所评估的权益、列示评估基准日、列示评估价值类型及其定义、阐述评估价值的重要前提和假设、阐述评估的目的和用途、描述评估范围、明确评估报告编制日期等。

(6) 评估师应当以明晰的方式描述被评估的无形资产,包括说明所使用信息资料来源、经济和行业发展前景、历史状况、对季节或时间循环的敏感度、竞争状况、所有者权益、无形资产前景展望、类似无形资产所有者权益以往交易的记录等。

(7) 评估师应当以明晰的方式说明所采用的评估方法,包括说明所采用的评估方法以及采用该方法的依据,说明评估中的计算和逻辑推理方式,说明折现率、资本化率等变量取值依据,说明评估结果调整的方式等。

《指南四——无形资产》的特点是明确提出服务对象是评估

报告的使用者和评估报告的编制者，重视引导客户和相关当事人正确使用评估结果。同时，侧重规范评估师应当做什么，而不是解释如何运用具体的评估方法，特别强调评估结果的恰当披露。

6.2.2 美国评估情况

美国的现代评估业自 19 世纪中期开始发展，后来随着传统经济向技术经济转化，知识产权评估有了快速的发展，尤其是在 20 世纪中期以后，以知识产权、企业价值、无形资产为核心的评估业务迅猛发展起来。美国资产评估业约有 100 多年的历史。最初进行评估的目的，主要是财产保险、资产抵押贷款、家庭财产分割等。随着资产评估行业的不断发展，评估者自发地成立了若干个有较大影响的综合性及专业性的民间自律性评估组织。其中规模较大的有 16 个评估协会。这些组织均有自己的规章制度和评估标准。后来这些评估组织成立了美国评估师协会（简称 ASA）。

美国评估师协会是国际上享有盛名的大型综合性专业评估协会，成立于 1936 年，总部设在华盛顿，会员遍及世界许多国家。ASA 设有 6 个主要评估专业领域：企业价值评估、机器设备评估、珠宝首饰评估、动产评估、不动产评估、评估复核与管理。ASA 早在 20 世纪 60 年代，就设立了无形资产评估委员会，作为协会的专业委员会对无形资产评价进行指导。同时，由于无形资产评估与企业价值评估在评估方法、程序、理念上都有很多相似点，因此，ASA 根据评估行业的发展需要，将无形资产评估委员会改为企业价值委员会，负责指导企业价值评估和无形资产评估。1987年ASA作为主要发起单位成立了美国评估促进会（Appraisal Foundation，AF），AF下属的评估资产准则委员会（ASB），从使用者的利益出发，制定、出版、解释并修订专业评估统一标准，并制订了执业标准USPAP。美国资产评估促进会（AF）制定的评估统一标准USPAP为全美资产评估执业的规范标准。ASA是美国资产评估最高权力机关，AF是美国资产评估的业务权威。ASA也是国际评估准则委员会（IVSC）主要成员之一。ASA还从事职业教育、考核和授予评估资格等活动。

美国评估业目前有85 000多有执照的估价师，他们绝大多数在小型独立评估事务所工作，也有一部分人在日益增加的全国性和地区性顾问公司工作。一些全国性的公司，如Pricewaterhouse Coopers和Cushman & Wakefield已经收购了许多小型专业化评估事务所。众多小型评估事务所通过联合、兼并，形成了规模较大的私人评估顾问公司。美国的资产评估人员一般分三类：一类是评估公司的经理、决策人员，他们是公司的经营人员；第二类是公司的销售人员，他们的主要任务是拉客户，承揽资产评估业务；第三类是专业评估人员，他们主要是由专业技术人员构成，一般都有较高的教育水平，大都是具有工程师以上的技术职称，公司的评估工作是由他们来完成的。目前美国涉及知识产权评估的职业资格认证组织有4个，他们是：注册价值分析师全国联盟（National Association of Certified Valuation Analysts，NACVA）；美国评估师协会（American Society of Appraisers，ASA）；企业价值评估师研究会（Institute of Business Appraisers，IBA）；美国注册会计师协会（American Institute of

Certified Public Accountants，AICPA)。

　　上述组织正在积极进行合作，试图使无形资产评估的实际操作准则更加一致。这四个组织联合加拿大特许企业价值评估师协会，成立了一个联合的企业价值评估术语委员会，已经做出了一个企业价值评估术语的文件草案，并且联合发布。同时，这4个组织也组建了一个合作企业价值评估促进会，任务是向美国评估促进会的评估标准委员会提出 USPAP 的修改意见。

　　NACVA 于 1990 年成立，它是由一批注册会计师发起的，最终在1991年正式成为一个提供企业和无形资产价值评估、法庭咨询等一系列服务的职业组织。目前该协会会员已经达到 5000 人以上，就知识产权评估方面而言，其人数居美国各评估组织之首。NACVA 授予颁发认证价值分析师资格（Accredited Valuation Analyst，AVA)。其要求评估师要有商学学位资格，有两年全职或具有同等效力时间的企业价值评估工作经验，或实际完成过 10 个以上的企业价值评估业务项目。获得资格，要完成关于会计知识的 8 个小时的资格考试，另加一个综合测试，包括 30 小时－50 小时的案例研究，即在综合测试中，根据案例研究完成一个企业价值评估的报告。对于注册价值分析师（Certified Valuation Analyst，CVA) 资格，要求有注册会计师资格，完成五天的学习课程，另加一个半天的闭卷考试，课程包括一个案例研究和评估报告的撰写。

　　美国评估师协会（ASA) 成立于 1936 年，是一个历史悠久，有多种学科专业的评估组织。从 1984 年到 1999 年，企业价值评估这个分支是 ASA 所有分支中间发展最快的一个领域，包括知识产权评估。ASA 提供职业资格有 Accredited Member（AM），对于教育程度要求是，大学本科或同等学力完成课程。要有两年全职的企业价值评估经验，或等同两年全职经验。有注册会计师（CPA）、特许金融分析师（CFA）、特许企业中介师（CBI）3 种职业资格的，在其相应领域有 5 年的实际工作经验可以替代一年全职企业价值评估经验。在完成 4 门课程（每门课程时间为 3 天）的学习后，有 3 门课要求通过一天半的考试。此外，还要求通过协会的职业道德准则考试和 USPAP 的考试。同时，还要向考试局呈交两份实际的评估报告。

企业评估师研究会（IBA）成立于 1978 年，它在企业价值评估方面提供几种职业资格的头衔，并召开这方面的学术研讨会。这个组织主要针对那些并不是把全部工作活动时间用于企业价值评估的评估师，目前全美有 3000 多会员。它提供 AIBA，Accredited by IBA，IBA 正式资格。其教育要求是，必须在 AICPA、ASA、或 NACVA 获得一种企业价值评估的资格之后方能申请，或者完成 IBA 的 IBA8001 全套课程学习。它还要求提交每两年 24 小时企业价值评估的工作经历，或者每两年再提交一份报告给同行审阅，或者在两年时间内模拟完成 10 个企业价值评估的项目，或者是通过 CBA 的考试。CBA（注册企业价值评估师，Certified Business Appraiser），要求有 4 年大学本科，或者是同等学力，至少做过两个完整的企业价值评估项目。参加一个 3.5 小时的考试，呈送两份企业价值评估报告，要求达到职业水准。法律诉讼评估师（Business Valuator Accredited for Litigation，BVAL），除了需要满足上述全部要求之外，还需要完成一个 7 天的培训班课程，通过一个 4 小时的考试，呈交两封律师的推荐信，完成 16 小时课程的法律教育。

美国注册会计师协会（AICPA），是最新的进入无形资产评估的美国注册会计师协会。它成立于 1887 年，但在 1997 年才开始颁发一种企业价值评估的专业资格——Accreditation in Business Valuation（ABV）。ABV 资格的申请要求是，美国注册会计师协会会员，并有有效的 CPA 职业执照，同时至少实质性参与 10 个企业价值评估业务项目的工作。参加完成考试后，获得 ABV 资格。

在美国的评估行业中，企业价值评估领域在过去的 10 年里经历了最大幅度的增长和变革。经济事件如全球经济一体化、企业合并、新兴市场的开放、财务和税收报告要求的变化；治理机制例如萨班斯法案（Sarbanes－Oxley），都促进了这个专业领域的发展。在美国对企业价值评估的需求主要是受州和联邦税法、财务会计报告准则及证券交易条例所驱动。

6.2.3 欧盟评估情况

1977 年 4 月，比利时、法国、德国、爱尔兰和英国发起成立了欧洲固定资产评估师联合会（European Group of Valuers of Fixed Assets），后改名为欧洲评估师联合会。1978 年欧洲固定资产评估师联合会为配合欧盟公司法的有关规定，出版了《欧洲评估指南》第一版（Guidance Notes for European Application）。《欧洲评估准则》（European Valuation Standards，EVS）是由欧洲评估师联合会（TEGOVA）制定的一部适用于欧洲地区的区域性评估准则,也是当前国际评估界具有重要影响力的评估准则之一。

随着评估业的综合发展,欧洲评估业近10年来也在向不动产评估和以财务报告为目的的评估业务以外的领域拓展,反映到《欧洲评估准则》中,从其第四版中已经开始涉及其他商业目的等领域。2000年出版的第四版《欧洲评估准则》中,第一次增加了《指南7——企业价值评估》和《指南8——无形资产评估》两个评估指南,其向非不动产评估领域延伸速度之快引起了各国评估界的广泛关注,在一定意义上也验证了国际评估业综合性发展的趋势。在此基础上,几经修订,欧洲于2003年推出了《欧洲评估准则》第五版。

《欧洲评估准则》指南7主要对于企业价值评估进行了规定:

(1) 企业价值与权益价值的分类。指南7首先指出评估师应当将企业价值评估业务分为两类:一类是评估企业价值(enterprise value),即企业的总价值;另一类是评估权益价值(equity value)。

(2) 企业评估的价值类型和评估师的身份。如果评估师在评估过程中采用了源自市场的信息或来自同类企业的期望回报率等信息,则其评估结论属于市场价值;如果评估是基于投资者的主观标准和要求,则评估结论是企业价值的"主观价值"。评估师的身份在执业中十分重要,与所评估企业价值的价值类型之间有一定的逻辑关系,应当予以明确。评估师执行企业价值评估业务应当区分三种不同的身份:①独立评估师(independent assessor),为双方提供谈判的基础。在这种情况下,独立评估师应当从一个市场上通常的投资者角度进行评估，其评估结论应当是市场价值，不得反映任何特别购买者的主观影响。②咨询专家（expert advisor），为客户提供关于最佳方案（如最高卖价或最低买价）的建议。在这种情况下，评估师在建立自己对未来经营状况的预测模型的同时，也考虑客户的判断和预测，因此这种评估是具有主观性的。③仲裁人（arbitrator），在综合考虑买卖双方的意见后形成判断。在这种情况下，评估师会受到相关法律或双方协议的约束。

在不同的身份下评估师扮演了不同的角色，可能会形成不同内涵的价值类型，因此强调评估师应当明确身份并披露，以避免造成误导。评估师应当根据所在国家的法律和行业惯例以及业务约定书的要求明确自己所扮演的身份，并且应当特别注意将其身份、地位以明晰的方式对外表示，不得让第三方误解。只有这样，第三方才能理解评估师执行评估业务的基础，进而合理理解评估结论。

（3）关于评估师明确基本事项的要求。评估师在与委托方洽谈企业价值评估业务时，应当明确下列基本评估事项：①明确被评估的企业及其权益状况；②明确评估目的；③明确价值定义；④明确影响分析和意见的假设和限制条件；⑤明确形成评估结论所需的数据分析、评估的程序；⑥明确评估基准日和评估报告日；⑦报酬基础。

（4）关于收集资料的要求。评估师应当根据评估目的收集所有必要的信息资料，要求评估师对被评估企业进行现场调研，查看评估范围内的资产，查验法律权属资料中的相关信息，并尽可能查验所有委托方提供的信息。评估师收集的资料主要包括：①不动产权属资料；②公司章程、注册备忘录、股东名册、会议记录等；③以前年度的资产负债表和损益表（如果可能收集已审计的报表）；④管理会计记录、预算、预测资料；⑤固定和变动费用明细；⑥固定资产和证券情况；⑦与客户的合同；⑧环境审计资料；⑨负债情况。

指南7要求评估师收集企业的相关信息，主要包括：①企业特征，企业所有权或证券状况，影响企业控制权的权利、特权和义务，任何限制买卖或转让的协议等；②企业的性质、历史状况和未来前景；③历史财务信息资料；④有关企业、权益、优先股、可转债或其他证券以前的交易情况；⑤管理层和人事方面的信息，包括人事合同，特别是与管理层报酬安排和股权激励相关的信息；⑥供应者的信息；⑦生产系统；⑧商业协议；⑨专利、发明、公式、程序、设计、专有技术、商标、商号、版权等；⑩竞争者信息。

指南7还要求评估师收集以下基础资料：①对企业有或可能有影响的产业性质和动态；②影响企业的经济因素；③资本市场信息，如替代性投资的回报率、股票市场交易信息、并购信息；④工资总额预测；⑤产品的市场需求信息；⑥产业领导者的主要比率；⑦未来竞争者；⑧客户和供应商的能力；⑨政府立法或国际惯例潜在变化的影响；⑩其他相关信息。

（5）企业价值评估原则。评估师进行企业价值评估时，应当关注企业资产的分类。经营性资产（operational assets）或企业经营所必需的资产应当作为企业整体进行评估，非经营性资产

(non—operating assets)（非企业经营必需的资产）应当单独评估其可变现市场价值（net realizable market value）。

评估师进行企业价值评估应当充分考虑公司章程、协议中对所有权买卖、股权转让的限制性规定等因素，不论被评估的企业股权处于控股地位还是小股东地位。评估师进行企业价值评估应当确定所选用的评估方法与评估目的、评估师的身份相适应。企业价值评估主要有三种评估方法：收益法（income approach）、资产基础法（asset based approach）和比较法（comparison approach）。

6.2.4 日本评估情况

在推动专利技术实施方面，日本政府建立了专利信息的专家咨询系统和专利战略分析系统。日本专家认为，专利实施较低的主要原因是专利与现实市场严重脱节，在专利和市场之间缺少一个重要的产业化渠道，并建议发展技术中介产业。同时，日本知识产权战略在实施的过程中，运用促进知识产权的转让和流通的活用战略，使发明创造和研究开发成果产业化，最大限度地实现经济社会效益。活用战略的实施措施包括：促进大学和公共研究机构、企业的知识产权的转让和流通；建立和完善知识产权价值的评价体系；提高经营者意识；开发知识产权交易系统软件等。该计划在战略性利用方面其中一个重要的内容就是 2004 年度末确立知识产权评估方法，制定知识产权战略指标。可见，知识产权评估已经成为实施知识产权战略的重要步骤。

日本的律师协会正在讨论建立知识产权价值评估机构，这种机构是以严正、中立、高信赖度为标准,自 2004 年正式启动以来,不仅企业知识产权受到侵犯时律师辩护要求索赔有据可依,而且企业给个人发明奖励时也能做到心中有数。这说明日本保护知识产权在法律化、制度化和体系化的同时,社会化程度也很高。

在日本的国家知识产权战略中,提出了银行要改变传统的抵押观念,开展知识产权的质押信贷。同时,针对银行质押的特点,研究适应银行业务需要的知识产权评估方法及评估模型。

日本的知识产权评估组织机构也相当完善,具有两种属性和三个层次。但又有其独特的特点:日本的高层次知识产权评估机构较重要的就有近 20 个;日本的专职知识产权评估机构较多;日本知识产权评估内容多为应用技术的发展;日本的知识产权评估机构中企业界人士较多。目前涉及知识产权评估活动的部分机构有:科学技术会议政策委员会、通产省的产业构造审议会等。

日本在完善知识产权评估组织机构设置的同时,非常重视有关知识产权评估支持条件的建立。如政府拨款支持院校和大学培养有关知识产权评估的人员、出版专业杂志、建立相关的知识产权评估专业协会和大型的多种形式的数据库等。

6.3 我国知识产权评估中的问题

在对知识产权评估中的法律关系论述之前,首先应当回答这样一个问题:在法学研究的意义上,研究知识产权评估应当研究什么?知识产权评估之概念并不是某一门学科的专有概念,不同的学科都能够从不同的角度予以研究。因此,关于知识产权评估的研究，会计学、审计学、资产评估学、法学等学科都从不同的角度作了相应的探讨。这些研究基本上可以划分为两类：第一类是教人如何评估的；第二类则是探讨在评估过程中当事人之间的权利、义务以及责任分配。不难发现，在会计学、审计学和资产评估学领域，学者对知识产权评估的探讨基本属于第一类，他们讨论最多的是关于知识产权评估的技术方法，他们的目的是要更加准确地评估出知识产权的价值，他们研究的是技术。[1] 在此意义上，这批学者更接近于自然科学家。与此相对应，法学家对于知识产权评估的探讨应当属于第二类，厘清当事人之间的权利、义务以及责任分配，应当是法学家研究知识产权评估的基本目标，他们的研究对象是规范而不是技术，如何更加准确地评估出知识产权的价值，无论如何也不是法学家应当关注的问题。

现行法学界对于知识产权评估的研究呈现出以下几大特点：

(1) 政策性探讨多于规范性探讨。受我国知识产权评估的行业现状影响，法学界在知识产权评估的研究上，总免不了要呼吁建立知识产权评估制度的必要性，讨论建立知识产权评估制度的意义，以及号召完善知识产权评估制度的迫切性，等等。政策性探讨的结果是，关于知识产权评估的法学研究逐渐偏离法学的范畴，因为，知识产权评估的法律因素在知识产权评估制度中仅仅是问题的某一个方面而已，而且，这种政策性探讨对于研究和厘清知识产权评估中的法律关系并不能起到很大的作用。政策性探

---

[1] 参见李寿德、万威武："知识产权价值评估的思考"，《自然辩证法研究》，2000年第4期。

讨在知识产权评估的法学研究中只能起到辅助性作用，而不能作为研究的重点。

（2）事实性探讨多于规范性探讨。知识产权评估行业之于国民，恐怕还是一个比较新鲜的事物，因此，许多发表于法学期刊的文章会比较愿意去向读者介绍知识产权评估行业本身，以及国外知识产权评估行业的现状，并在此基础上提出应当如何发展我国知识产权评估行业的建议等等。[1] 这种事实性的探讨，更像是一种社会学的研究方法，它不关注当事人之间的权利、义务以及责任，而只关注事实本身。事实性探讨在知识产权评估的法学研究中同样只能起到辅助性作用，而不能作为研究的重点。

（3）方法性探讨多于规范性探讨。在知识产权评估的法学研究中，方法性探讨构成了法学研究的一个主要的特点。法学界也像会计学、审计学和资产评估学一样向读者介绍知识产权评估应当遵循的原则和技术方法，同时为了能够与会计学、审计学和资产评估学方向的论文相区别，法学界一般会用"影响知识产权价值评估的法律因素"之用语来行文，其用意在于指出，在知识产权评估的过程中，应当注意到相关的法律因素会直接影响到知识产权的评估结果，比如，某商标是否还没有注册、某专利是否已经许可了第三人、在侵权诉讼中应当以何种标准认定损害赔偿的

---

[1] 参见周林："试论知识产权评估的基本概念和理论依据"，《法商研究》，1996年第6期。

数额,等等。[1] 尽管如此,法学界在这方面的研究却仍然是无法与会计学、审计学和资产评估学方向的论文相区别,因为,不管"影响知识产权价值评估的法律因素"之用语有多么的特殊,它还是一种方法性的探讨,因为这种探讨只能影响知识产权的评估结果,而不涉及在知识产权评估过程中的法律关系。在此意义上,这类研究更像是在向会计学、审计学和资产评估学领域的学者提供一种来自法学界的建议罢了。笔者认为,在法学研究的意义上,知识产权评估更应当注重知识产权评估中法律关系的研究。

6.3.1 知识产权评估法律关系的基本内涵

法律关系以相关法律事实之发生为前提,知识产权评估之法律关系,对应的相关法律事实是知识产权之评估行为,而知识产权评估行为之发生,又必须以一方当事人的委托为前提。从道理上看,一方当事人是否愿意将其知识产权交由资产评估机构进行评估,属于私人的意思自治范畴,法律自然无从干涉。但是,在一些特殊的情形,知识产权的评估并非如此,因知识产权的评估结果会直接影响到第三人的利益,此时,为防止第三人利益遭到不公正的对待,法律即开始介入,因而规定了一些当事人应当进

---

[1] 该方面的代表成果系首都经济贸易大学韩立岩教授主持的北京市教委人文、社会科学研究计划项目《知识产权类无形资产评估的机理与方法研究》课题。该成果根据国内外文献对无形资产的范畴、类别、评估方法、评估要素等作了系统归纳,针对商标、技术型资产和版权评估三项知识产权类无形资产展开研究,运用模糊综合评价法改进了信比系数的确定,提出了以随机过程方法描述商标寿命的思路和示例等。

行知识产权评估的情形。由此可见，在一方当事人委托资产评估机构进行知识产权评估的情形，实际上存在着两种类型：①当事人意思自治，自行决定是否申请。当然，在此也不排除当事人之间通过合同的约定，而使得另一方当事人负担委托资产评估机构进行知识产权评估的合同义务，不过，对此情形，虽然一方当事人负担了委托资产评估机构进行知识产权评估的合同义务，但这还是当事人之间意思自治的结果，因而仍然属于第一种类型。②当事人履行法定义务。在一方当事人履行法定义务而委托资产评估机构进行知识产权评估的情形，首先发生的法律关系存在于一方当事人与相关的利害关系人之间；在一方当事人委托资产评估机构进行知识产权评估时，此时一方当事人与资产评估机构存在着知识产权评估的委托合同关系；资产评估机构要设立，也必须遵循相关的法律规范，其间的法律关系亦相当复杂；在资产评估机构出具评估报告书之后，还存在着资产评估机构同使用或者信赖该评估报告书的利害关系人之间的法律关系。同时，在公法的层面上，还并存着国家对知识产权评估的监管法律关系。

6.3.2 知识产权评估法律关系的主体

（1）委托人。从法律关系的角度看，委托人是"应当委托"即为"有义务委托"的人。问题是：谁有义务委托？根据2006年《财政部、国家知识产权局关于加强知识产权资产评估管理工作若干问题的通知》第1条的规定，此时的义务人是指知识产权占有单位。那么，知识产权占有单位是指什么？在1991年国务院通过的《国有资产评估管理办法》中，国务院即采取了国有资产占有单位的用语，知识产权占有单位之用语应当就是取自于国有资产占有单位之用语。既然如此，要厘清知识产权占有单位的含义，就必须先了解国有资产占有单位的含义。根据1992年国家国有资产管理局发布的《国有资产评估管理办法实施细则》第4条的规定，国有资产占有单位包括国家机关、军队、社会团体、国营企业、事业单位、各种形式的国内联营和股份经营单位、中外合资企业、中外合作经营企业、占有国有资产的集体所有制单位、其它占有国有资产的单位。准此以言，国有资产占有单位即是指国家机关、事业单位、社会团体以及使用国有资产投资设立的企业。从法律的角度上看，国有资产占有单位实际上就是国有资产的权利人，只是在那时囿于计划经济观念的束缚，法律才没有使用国有资产权利人的表述方式，因而采用了国有资产占有单位之用语。2007年10月1日施行的《中华人民共和国物权法》，其中对于国家机关、事业单位、社会团体以及国家出资的企业，分别赋予了他们以权利人的地位。[1] 所以，国有资产占有单位或者知识产权占有单位的用语，已经过时。另外，知识产权占有单位的用语还使人产生疑问：它是否包括自然人？从用语的表述上看，既然是单位，就当然不包括自然人了。但是，根据2006年《财政部、国家知识产权局关于加强知识产权资产评估管理工作若干问题的通知》第1条第1款的规定，根据《公司法》第27条的规定，以知识产权资产作价出资成立有限责任公司或股份有限公司的，应当进行评估。显然，以知识产权资产作

---

[1] 参见《中华人民共和国物权法》第53—55条之规定。

价出资成立有限责任公司或股份有限公司的,并不限于法人或者其他组织,自然人也是可以的,是故,从立法原意上讲,知识产权占有单位应当是包括自然人在内的。综上所述,知识产权占有单位应当改为知识产权人较为合适。

(2) 受托人。知识产权评估委托合同的另一方当事人,根据2006年《财政部、国家知识产权局关于加强知识产权资产评估管理工作若干问题的通知》第2条的规定,是指经财政部门批准设立的资产评估机构。我国最早关于资产评估机构的法律规定是1989年国家国有资产管理局通过的《国家国有资产管理局关于国有资产产权变动时必须进行资产评估的若干暂行规定》,其中第3条规定确立了两种类型的资产评估机构:①经国有资产管理部门许可的临时评估机构;②经国有资产管理部门许可的非临时评估机构,主要是指资产评估公司、会计师事务所、财务咨询公司等评估机构。1991年国务院通过的《国有资产评估管理办法》延续了这两种类型,只不过在非临时评估机构当中增加了审计事务所。《国有资产评估管理办法》是当前我国唯一关于资产评估的行政法规,也是当前在所有关于资产评估的有关规定当中级别最高的,它对资产评估机构类型的规定,对于之后资产评估机构的发展方向具有了某种决定性的作用。在《国有资产评估管理办法》颁布之后,首先遇到的问题是:为国有资产评估而设立的资产评估机构能否从事非国有资产的评估业务?另外,资产评估机构(除了临时评估机构)在民事主体法上应当如何定性?根据国家国有资产管理局1990年制定的《资产评估机构管理暂行办法》(已失效)和1992年发布的《国有资产评估管理办法实施细则》

的相关规定,资产评估机构可以从事国有资产评估业务,也可以从事非国有资产的评估业务,资产评估公司、会计师事务所、审计事务所、财务咨询公司等资产评估机构,必须是经工商行政管理部门注册登记、具有法人资格的单位。从法理上看,资产评估机构也完全可以是合伙企业,《国有资产评估管理办法实施细则》之所以不作这样的认定,估计同当时还没有颁布《合伙企业法》有很大的关系。自1991年国务院《国有资产评估管理办法》颁布以后,我国资产评估行业迅速发展,评估队伍不断壮大,到1994年底全国资产评估机构就已经达到2300家,从业人数也超过了35 000人。在这段时间,随着非临时资产评估机构的不断设立,临时资产评估机构呈现不断萎缩的趋势,尽管临时资产评估机构一直以法律条文的形式得到承认,但是,非临时资产评估机构的专业性即足以在市场上摧毁它们。然而,正如每一个新兴行业在发展之初必然要经历过的,资产评估行业也同样经历着机构设立混乱、管理不力的尴尬局面。尽管国务院一直明令禁止党政机关经商、办企业、从事营利性活动,但屡禁不止的局面在资产评估机构的设立上得到延续,国家机关、事业单位设立资产评估机构或者干预资产评估的现象时有发生。1998年,国有资产管理体制改革进入一个新阶段,国家国有资产管理局被撤销并入财政部。财政部开始了全国资产评估行业清理整顿的工作。1998年,财政部发布了《财政部关于开展全国资产评估行业清理整顿工作的通知》(已失效);1999年,财政部发布了《财政部关于资产评估机构脱钩改制的通知》(已失效)、《财政部关于进一步明确资产评估机构脱钩改制有关问题的通知》(已失效)、《财政部关于资产评估机构脱钩改制工作程序的通知》（已失效）以及《财政部关于资产评估机构脱钩改制有关政策问题的补充通知》（已失效）。至此，资产评估机构设立混乱的局面才逐渐得到控制，由于1997年国家通过了《合伙企业法》，因此在这段时间也逐渐出现了合伙企业性质的资产评估机构，并且也得到了财政部的承认。是故，在经过了财政部的大力整顿之后，资产评估机构逐渐去除了政府的气味，还原了其本来的民事主体身份。根据1999年财政部颁布的《资产评估机构管理暂行办法》（已失效）第5条的规定，[1]资产评估机构的基本发展方向是合伙企业和有限责任公司，而且，该办法也没有再规定临时性评估机构了。该办法将资产评估机构分为专营资产评估机构和兼营资产评估机构。专营资产评估机构是指以资产评估为主要业务的资产评估（估价）事务所（公司），兼营资产评估机构是指兼营资产评估业务的会计师事务所、审计事务所、财务咨询公司等。在此背景下，资产评估行业蓬勃发展的车轮又向前开了，截至2004年底，全国资产评估机构达到3348家，注册资产评估师近2.3万人。由于专营资产评估机构的设立条件要高于兼营资产评估机构，兼营资产评估机构的数量规模性地增长，导致专营资产评估机构和兼营资产评估机构的比例严重不协调。兼营资产评估机构的过量增长并不是一件好事，一方面，专业分工是社会发展趋势，兼营资产评估机构代表不了资产评估行业的发展方向，资产评估行业

---

[1] 1999年财政部颁布的《资产评估机构管理暂行办法》取代了国家国有资产管理局1990年制定的《资产评估机构管理暂行办法》。

的发展趋势必然是专营资产评估机构；另一方面，兼营资产评估机构牵涉到了其他的业务，在实践当中较难充当资产评估中立的角色。2005年，财政部制定了新的《资产评估机构审批管理办法》而废止了1999年制定的《资产评估机构管理暂行办法》，根据2005年《资产评估机构审批管理办法》的相关规定，财政部不再审批兼营资产评估机构。至于在此之前设立的兼营资产评估机构，根据《财政部关于贯彻实施〈资产评估机构审批管理办法〉，认真做好资产评估机构管理工作的通知》，符合2005年《资产评估机构审批管理办法》规定的相关条件的，可以继续经营资产评估业务。

针对以上我国资产评估机构的立法现状，有如下几个问题值得讨论：①根据我国相关行政法规、行政规章的规定，设立资产评估机构的形式有合伙企业和有限责任公司两种，而关于合伙企业和有限责任公司，我国早已经有了《合伙企业法》和《公司法》等相关法律，它们的位阶显然要高于行政法规、行政规章。行政法规、行政规章关于设立资产评估机构所规定的条件，无疑是要大大的苛刻于《合伙企业法》和《公司法》。在《合伙企业法》和《公司法》没有明确授权的情况下，行政法规、行政规章擅自改变合伙企业、公司的设立条件，是否与《立法法》以及《行政许可法》相抵触？②根据我国相关行政法规、行政规章的规定，经营资产评估业务属于行政许可的范畴，必须得到财政部的许可，获得财政部统一制作的资产评估资格证书。根据《行政许可法》第12条第3项的规定，这属于赋予法人或者组织特定资格的行政许可范畴。又根据《行政许可法》第14条的规定，尚未制定法律的,行政法规可以设立行政许可。我国关于资产评估业务至今仍未制定法律,故能够为财政部授予资产评估资格的行政许可行为提供合法性基础的,就只有 1991 年国务院制定的《国有资产评估管理办法》。《国有资产评估管理办法》第 9 条涉及到了这方面的规定,资产评估机构要从事国有资产评估业务,必须持有国务院或者省、自治区、直辖市人民政府国有资产管理行政主管部门颁发的国有资产评估资格证书。《国有资产评估管理办法》第 9 条虽然能够为财政部授予资产评估资格的行政许可行为提供一定的合法性基础,但是,该条针对的只是国有资产而没有包括非国有资产,无法为财政部授予非国有资产评估资格提供合法性基础。而且,根据《行政许可法》第 17 条的规定,设定行政许可,应当规定行政许可的实施机关、条件、程序以及期限,而《国有资产评估管理办法》第 9 条只是规定了实施行政许可的实施机关,即国务院或者省、自治区、直辖市人民政府国有资产管理行政主管部门,除此之外根本不涉及条件、程序以及期限。这意味着,《国有资产评估管理办法》第 9 条设定的行政许可,由于没有规定设定行政许可所应当规定的内容而在实际上没有起到设定行政许可的立法目的。③现在我国正在起草《资产评估法》,应当考虑将上述两类行政许可的行为纳入到法律效力级别更高的《资产评估法》,以此来解决法律冲突的尴尬局面。

6.3.3 知识产权资产评估的范围

知识产权资产评估的范围是指应当委托资产评估机构进行知识产权评估的情形。2006 年《财政部、国家知识产权局关于加强知识产权资产评估管理工作若干问题的通知》第 1 条即规定了应当委托资产评估机构进行知识产权评估的 9 种情形。这 9 种情形基本上可以分为涉及公共利益和涉及第三人利益两种类型。涉及公共利益的类型包括：根据《公司法》第 27 条规定，以知识产权资产作价出资成立有限责任公司或股份有限公司的；[1] 行政单位拍卖、转让、置换知识产权的；国有事业单位改制、合并、分立、清算、投资、转让、置换、拍卖涉及知识产权的；国有企业改制、上市、合并、分立、清算、投资、转让、置换、拍卖、偿还债务涉及知识产权的；国有企业收购或通过置换取得非国有单位的知识产权，或接受非国有单位以知识产权出资的；国有企业以知识产权许可外国公司、企业、其他经济组织或个人使用，市场没有参照价格的。涉及第三人利益的类型有：以知识产权质押，市场没有参照价格，质权人要求评估的；确定涉及知识产权诉讼价值，人民法院、仲裁机关或当事人要求评估的。当然，该条也如同其他立法一样规定了兜底条款，即法律、行政法

---

[1] 从道理上讲，股东用知识产权出资，既可以发生在公司设立阶段，也可以发生在公司成立之后。2006 年《财政部、国家知识产权局关于加强知识产权资产评估管理工作若干问题的通知》仅规定，在公司设立阶段，股东用知识产权出资的，必须进行知识产权评估，却没有规定在公司成立之后，股东用知识产权出资的，是否也要进行知识产权评估。《公司法》第 27 条关于用知识产权出资应当进行评估的法律规定，是针对公司设立而言，但是，对于在公司成立之后股东用知识产权出资的，也就是所谓的增资，《公司法》第 179 条的规定，适用公司法设立有限责任公司缴纳出资的有关规定，换言之，在公司成立之后，股东用知识产权出资的，也必须进行知识产权评估。2006 年《财政部、国家知识产权局关于加强知识产权资产评估管理工作若干问题的通知》似乎遗漏了这一项。

规规定的其他需要进行资产评估的事项。这主要是指散落在各种法律、行政法规的关于知识产权评估的法律条款，如根据《证券法》第17条规定，申请公开发行公司债权，申请公司应当提交资产评估报告书；又如根据《最高人民法院关于人民法院民事执行中拍卖、变卖财产的规定》第3条的规定，人民法院对拟拍卖的财产，应当委托具有相当资质的资产评估机构进行价格评估等。

6.3.4 知识产权资产评估法律关系的内容

知识产权资产评估法律关系的内容主要涉及委托人和受托人的权利义务。本文重点分析委托人和受托人依法应当承担的义务。

（1）知识产权占有单位违反义务没有委托资产评估机构进行知识产权评估的法律效力。知识产权占有单位违反义务没有委托资产评估机构进行知识产权评估的法律效力应当如何认定，法律并没有较为具体的规定，只有在1992年国家国有资产管理局发布的《国有资产评估管理办法实施细则》第10条才涉及这方面的规定。根据该条的规定，对于应当进行资产评估的情形没有进行评估的，该经济行为无效。然而，该条显然是针对国有资产评估而言的，至于非国有资产评估，则没有任何直接具体的规定。不过，没有直接和具体的规定却不等同于没有规定。从道理上而言，知识产权评估的目的在于通过价值确定价格，而之所以要确定价格，一般即是为了交易计算，于是，问题便转化为：知识产权占有单位违反义务没有委托资产评估机构进行知识产权评估，所从事的交易行为（法律行为）是否有效？准此以言，《民法通则》、《合同法》以及《物权法》等相关的民事法律即有适用的余地。结合上述，不难得出，知识产权占有单位违反义务没有委托资产评估机构进行知识产权评估，进而从事的交易行为（法律行为）有可能出现两种后果：其一，侵害公共利益；其二，侵害第三人利益。显然，侵害公共利益的交易行为当然无效，因此，投资者以知识产权作价出资却没有进行相应的知识产权评估的，该出资行为无效，行政单位拍卖、转让、置换知识产权而没有进行相应的知识产权评估的，拍卖、转让、置换行为同样无效，等等。问题在于：侵害第三人利益所从事的交易行为（法律行为）是否也一律无效？例如，人民法院拍卖被执行人财产时没有进行知识产权评估，那么由此而进行的拍卖行为是否必然无效？对此，我国法律并没有明确的规定。自道理而言，既然此时受拍卖行为影响的只有申请执行人，那么拍卖行为是否对于申请执行人造成了损害，理应由申请执行人决定方才合理。是故，侵害第三人利益所从事的交易行为（法律行为）应当认定为可撤销方才合理。

至于知识产权占有单位违反义务没有委托资产评估机构进行知识产权评估是否需要承担行政处分、行政责任、甚至刑事责任的问题，法律针对国有资产作了相应的规定，并且是按照国有资产流失的相关法律规定来作处理的。至于非国有资产方面，法律并没有作任何的规定，换言之，在非国有资产上，知识产权占有单位违反义务的法律效果只有民事责任一项。

（2）知识产权评估委托合同的受托人义务。知识产权评估委托合同属于委托合同的一种,因此,我国《合同法》关于委托合同的相关法律规定可以直接适用,对此无须赘言,值得讨论的是知识产权评估委托合同的特殊之处。一般而言,受托人应当按照委托人的相关指示去履行义务,受托人的义务是遵循市场规则,即所谓的"一方出钱,另一方出力"。但是,在知识产权评估委托合同方面,受托人履行合同义务的最终成果是提交知识产权评估报告书,而知识产权评估报告书涉及的不仅仅是委托人的利益,更牵涉到第三人的利益,甚至是公共利益,因此,受托人在履行合同义务方面即不能完全受制于委托人的指示,他还必须接受相关法律规范的约束,通俗地讲,即要做到"有所为,有所不为"。中国资产评估协会1996年制定的《资产评估操作规范意见(试行)》将受托人的评估行为定位为:资产评估要遵循独立性、客观性、科学性的工作原则。

较之一般的委托合同,法律应当设定相应的规范约束资产评估机构的评估行为。然而,法律对资产评估机构评估行为的约束,却不能因此而走上指导资产评估机构如何进行资产评估的道路。[1] 道理很简单,如果法律有能力指导资产评估机构的评估行为,资产评估机构也就没有必要存在了,法律对于资产评估机构评估行为的规范应当通过事后的监督来完成。一个行业,无论它有多么的专业,总会存在着许多成熟并且可以为外行人理解、掌握的行业操作规范。一个资产评估机构是否尽职地完成了评估

---

[1] 1989年《国家国有资产管理局关于国有资产产权变动时必须进行资产评估的若干暂行规定》、1991年《国有资产评估管理办法》以及1992年《国有资产评估管理办法实施细则》均试图指导资产评估机构如何进行资产评估。

行为,可以通过观察它是否遵守了相关的行业规范来确定。受托人只要遵循了相关的行业规范,法律就不应当再加以干涉,这里就是法律与行业的边界。关于行业规范的制定需要通过行业协会来完成。现行由中国资产评估协会制定的行业规范主要有:1996年的《资产评估操作规范意见(试行)》、2001年的《资产评估准则——无形资产》、2004年的《资产评估准则——基本准则》和《资产评估职业道德准则——基本准则》等。

从上述可见,如果受托人遵守了相关的资产评估行业规范,就应当认定受托人履行了资产评估委托合同的基本义务。

(3) 资产评估报告书及其法律责任。资产评估报告书一作出,涉及到的利益是多方面的。首先,它与委托人的利益息息相关;其次,资产评估报告书还是相关利害关系人(资产评估报告书的使用者或者信赖者)实施相关行为的依据;再者,一份不真实、不合法的资产评估报告书对社会公共秩序所造成的冲击也是可以想象的。因此,围绕着资产评估报告书,法律科以许多的法律责任,其间既有民事责任、行政责任,也有刑事责任。

资产评估报告书侵犯委托人的利益,资产评估机构应当向委托人承担违约责任或者侵权责任,对此,我国《合同法》、《民法通则》已经有了相应的法律规范,无须赘言。

资产评估报告书侵犯相关利害关系人(资产评估报告书的使用者或者信赖者)的利益,现行立法上并没有一般的法律规定,只有《公司法》、《证券法》按照特殊侵权行为做了相应的、针对某种特殊情形的法律规定。根据《公司法》第208条第3款的规定,资产评估机构出具的资产评估结果不实,给公司债权人造成损失的，除能够证明自己没有过错的外，应当在评估不实的金额范围内承担赔偿责任。根据《证券法》第173条的规定，资产评估报告书有虚假记载、误导性陈述或者重大遗漏，给他人造成损失的，资产评估机构应当与发行人、上市公司承担连带赔偿责任，但能够证明自己没有过错的除外。

资产评估报告书侵犯社会公共利益需要承担行政责任的，现行立法也没有一般的法律规定，而是散见于各种具体的法律文件当中，如我国《公司法》、《证券法》等。资产评估报告书侵犯社会公共利益需要承担刑事责任的，现行刑法将之定为"出具证明文件重大失实罪"。

6.4 影响版权评估的法律因素

随着知识经济时代的到来，版权产业在一国经济发展中，正发挥着越来越重要的作用，已经成为一个国家、一个企业的核心竞争力之一。版权评估作为现实版权有效利用的重要环节，往往标志着版权产业的发展水准和市场完备的程度。从我国目前的版权评估立法体制和版权评估的实践来看，离国际标准还相差较远。可以说，我国版权评估事业还处于起步阶段，尤其是从法律角度对版权评估的研究还远远不够。针对版权评估研究的现状，笔者认为，从法律的角度更应当注重规范性的研究。从这个角度分析，笔者认为影响版权评估的法律因素大体表现为以下方面：

（1）作品的类型。作品的类型不同往往意味着作品的生命力不同，故不同类型的作品其版权价值的评估结果也有所差异，如原创作品与二次作品。在原创作品的基础上，通过翻译、改变等使用方式产生的新作品,一般称为演绎作品。这种作品的权利人,尽管有权自行禁止他人复制、发行或以其他方式使用有关的作品,但却无权单独许可他人使用自己的作品。因为,这种经"使用"他人已有作品而产生的"二次作品",其版权受原创作品版权人的约束。[1] 因此,演绎作品虽然有自己的价值,但其转让和许可受到的限制较多,自然价值会受到影响。此外,独著作品与合著作品、自然人作品与法人作品、职务作品与委托作品等不同类型,都会对版权评估的结果造成不同的影响。

(2) 权利束包含的内容。著作权的权利束是指著作权人对某项作品所享有的权利的总和,如我国《著作权法》第10条规定著作权包括人身权和财产权达17项之多。由于著作财产权是可以分开转让或许可的,所以一般受让或者经许可的著作权会产生这方面的问题。比如作者仅将著作权法第10条规定的著作权内容中第(五)项至第(十七)项权利中的一部分转让或许可给第三人,而自己仍保留了其他部分,则必然影响受让人评估该著作权的价值。

(3) 版权的收益方式。作品著作权的收益方式主要有两种,销售型(直接收益型)和使用型(间接收益型)。前者是通过销售其作品直接获得收益,比如图书就是通过销售而获得收益的典型例子。后者是通过其收益人使用其作品的方式体现收益的,就像一幅汽车的外观设计图纸,它的价值实现方式不在于转让,而是体现在根据图纸制造出的汽车的价值收益中。对销售型的著作

---

[1] 参见郑成思:《知识产权论》,法律出版社,2003年10月版,第404页。

权一般采用市场上或法律规定的一定比例的版税或提成费的评估标准。而对于使用型的著作权，由于评估涉及问题较为广泛，如自然科学（如科技发展水平）、社会学（如作品的社会影响力）、经济学等许多学科的知识，需要结合各方面的知识、方法综合加以评估，故必须建立一套更为复杂的评估标准体系。

（4）版权登记的状况。在实行"选择登记制"的国家，有关作品是否在行政主管部门或法律指定的部门进行了版权登记，会对版权评估造成一定影响。比如在我国，法律规定一般作品采取自愿登记原则。尽管这种登记并非版权产生的前提，但是在侵权纠纷或权利归属纠纷一旦发生时，已经登记的权利人，可以将登记记录作为自己是真实权利人的初步证明。[1] 这样就大大降低了著作权人在维权或对抗诉讼中的成本，间接性地提高了著作权的价值。

（5）作品存续的经济寿命和司法环境。经济寿命不单独是一个法律保护的概念，而是集法律和经济价值属性为一体。影响著作权经济寿命的因素比较多，除作品的种类、作品的内容、作者的著名程度以及作品的衍生品种类等外，作品在版权产业[2]中

---

[1] 参见郑成思：《知识产权论》，法律出版社，2003年10月版，第405页。
[2] 版权产业系探讨中的一个概念，本书在第一章已经提及，通常是指与复制、发行、传播文学、艺术和科学作品有关的行业和收集、储存与提供信息的信息产业。主要包括：图书、报纸、杂志的出版、印刷、发行；音像制品和电子出版物的出版、复制、发行；电影、电视片的制作、发行、放映；广播电视节目的制作、播放；音乐、戏剧、舞蹈、杂技的演出；时装的设计、展览与制作；计算机程序设计与软件的制作和销售；信息数据库的开发与利用；数码通信与信息高速公路；广告的设计与传播；工艺美术品的设计、制作与销售；艺术建筑的设计与施工等。

对社会经济发展的影响程度也是比较重要的一个因素。与发达国家相比，我国版权产业整体结构尚不完整，缺乏完整的自主创新机制，版权消费与司法环境不成熟，消费观念与法律、法规严重滞后，市场化程度较低，没有贸易支撑体系，总体上尚未形成经济产业。这种状况对作品版权价值的评估不能说不产生影响。

（6）作品的法律寿命。作品的法律寿命主要是基于作品著作财产权的法律保护有一定的时间限制。作品是否已经达到或接近了著作权的保护期，往往是影响版权价值评估的一个重要因素。因保护期届满，作品便进入公共领域。一般来说，一部快要超过保护期的作品的价值要比一部刚刚创作完成的作品的价值低，但也有例外，如许多国家用版权法来保护的数据库，在某种程度上与许多文学艺术品相似，时间越长，反而越显示出它的使用价值，其评估的价值也可能更高。因此，在这个问题上不能一概而论。此外，作品的合理使用范围、强制许可程度等也会影响版权价值的评估。

（7）作品的权利状况。作品的权利处于静态涉及该作品是否具有著作权以及著作权的归属问题；动态则涉及该作品著作权的许可或者转让以及许可或转让的权限问题。因此，版权评估中应当从静态和动态两个方面考虑版权的价值。如有关作品是否有抄袭他人作品的成分，是否有未经他人许可的翻译、改编、汇编成分。尽管因侵权而形成的作品不享有著作权，但并不影响其他原创部分的著作权。如果存在这样的成分，则在评估该作品的价值时，不仅要注意将这些成分剔除掉，还要充分考虑到这些侵权的成分可能会引起的诉讼成本以及其他风险。

(8) 作品的创新和更新程度。作品的创新和更新程度往往会间接地影响到版权价值的评估，这一点在计算机软件上表现的特别明显，比如 windows xp 和 windows vista 相继上市后，windows 98 的价值就会因为新版本的问世而降低。因此，一部作品是否会有新的版本或者更好的替代品以及更新的程度，是影响版权价值评估的又一重要因素。

(9) 作品在版权产业中的法律地位。根据 WIPO 的界定，版权产业分为四类：即"核心版权产业"，是指那些主要目的是为了生产或发行版权产品的产业。这些产业包括图书出版、唱片、音乐、报纸和期刊、电影、广播和电视播放以及计算机软件（包括商业性软件和娱乐软件）。"部分版权产业"，是指那些有部分产品为版权产品的产业。这些产业从纺织品到家具，再到建筑物。"边缘版权产业"，包括将版权产品发行给商家和消费者的产业。这样的例子有为发行版权产品的运输服务，以及批发商和零售商。WIPO 也把长途电讯纳入其中。"交叉版权产业"，是指那些生产、制造和销售其功能主要是为了促进有版权作品的创造、生产或使用的设备的产业。[1] 作品在版权产业中的法律地位不同，意味着其潜在的价值不同。

从本章我们可以得知，知识产权资产评估在我国起步较晚，在整个知识产权法律制度中比较而言，著作财产权的评估相对于商标权、专利权的评估无论是在评估的具体方法上，还是经验上

---

[1] WIPO 2003 Guide on Surveying the Economic Contribution of the Copyright Based Industries.

都是滞后的,尤其是和美国、欧盟、日本等就知识产权的评估还有一定的差距。此外,有关著作财产权以及其他知识产权的评估,无论是立法还是司法仍存在许多法律上的困惑,如在什么情况下需要评估?是自愿评估还是强制评估?是否权利人和利害关系人均可作为委托人进行评估?如何确保评估程序合法、公正和评估结果的真实、权威?以及如何对违法或违规的评估在法律上予以救济?等等,这些仍将是我们研究著作财产权以及其他知识产权资产评估时所面临的法律问题。

第7章 著作财产权交易中的代理

著作财产权交易中的代理,通常称之为"版权代理",系传统民法代理制度中的一种具体使用方式。它作为作品著作财产权变动的桥梁,在著作财产权交易中发挥着重要的作用。为了促进著作财产权交易,应当借鉴代理制度的功能,使得著作权人和作品使用人获得更多利用作品的机会,从而更好的实现著作权的价值。本章将从版权代理与著作财产权交易的关系入手,在概览国外版权代理的基本情况下,重点研究我国版权代理的现状、存在的问题以及如何完善。

7.1 版权代理与著作财产权交易

7.1.1 代理及其版权代理

传统民法通常认为,代理是指一人在法定或者约定的权限范围内,以他人的名义及费用与第三人进行一定的法律行为,而法律行为的后果最终归属该他人的行为。从这一概念中可以看出,民法上代理的主要法律特征表现为:代理人以被代理人的名义进行活动(与行纪人不同);代理人在权限范围内独立进行意思表示（与居间人、传达人、协助人、证人不同）；代理行为须为具有法律意义的行为（与一般事实行为不同）；代理行为所产生的后果归属于被代理人（后果包括权利与义务、合理的花费、无过失的不利后果等）。民法上设立代理制度的主要意义在于弥补无行为行为人和限制行为人的行为能力，扩张完全行为能力人的行为空间。版权代理作为代理的一种，目前学界对其基本含义研究不多，一般认为，版权代理是指作者或其他著作权人，将自己享有财产权的作品委托给一个代理人或一个代理机构，由代理人或代理机构替他（或她）行使权利。[1]

7.1.2 版权代理的法律特征

与传统民法上的代理制度比较，版权代理除具备代理制度基本要素外，还具有以下法律特征：

7.1.2.1 委托人必须是作品的著作财产权人或者依法享有作品著作财产权的机构

在版权代理法律关系中，作为委托方通常都是作品的作者或者其他著作权人，即必须是依法享有作品著作财产权的人。此外，委托方也可能是依法取得著作财产权的机构，如出版单位或者依法可行使作品著作财产权的组织。由于版权代理的最终法律后果往往涉及到作品著作权的许可使用、转让或者质押等权利变动行为，实质上是涉及到作品著作财产权的处分，故委托方必须

---

[1] 杨贵山：《海外版权贸易指南》，中国水利水电出版社，2005年8月版。

具有相应的资格方可从事委托行为。

7.1.2.2 受托方必须是依法取得版权代理资格的机构及个人

版权代理人是指连接作者和出版商的中间机构或个人。他们与作者签署版权经纪合同，帮助作者寻找作品出版和发表机会，从而获得一定的收益。然哪些机构以及哪些人可以从事版权代理工作？从我国目前现状来看，国有版权代理机构大多是通过行政手段直接建制的事业部门，版权代理人大多也是该事业部门的人员。从机构来讲其本身脱胎于政府行政部门，其人员一方面具有对市场宏观判断和综合考虑的优势，但同时其又缺乏对市场灵活判定的丰富经验。要使其能够适应市场的需求，政府应该在市场选题能力、外语水平、经营理念、服务意识等方面对其进一步加大扶持力度。事实上，版权代理机构可能是一个出版社、一个唱片公司，也可能是一个文化公司。因此，其在实质上通常是一个以营利为目的的公司法人，在设立和运行上要接受行业主管部门的管理和约束。[1] 笔者认为，一方面要考虑版权代理专业性、技术性比较强，为保护著作权人的合法权益，对版权代理机构和代理人从行业方面应当予以管理；另一方面要考虑版权代理对促进版权交易的积极作用，对版权代理机构和代理人又不能够限制过多。至于是否需要从法律上对版权代理机构和代理人设立资质

---

[1] 杨力："版权代理拓展版权贸易的空间"，《中国知识产权报》，2008年9月26日。

认证制度还是一个值得进一步研究的问题。

关于著作权集体管理法律关系的性质，尤其是对集体管理组织与委托人之间的法律关系系何种性质的问题，颇有争议。在学说上主要有"代理说"和"信托说"两种。"代理说"认为集体管理组织是作为委托人（作者或者其他著作权人）的代理人进行活动，故其活动的基础是委托代理，著作权集体管理组织与委托人之间的法律关系是代理关系。"信托说"认为作者等委托人将其权利委托给集体管理组织，而集体管理组织根据作者的要求，在信托合同约定的范围内为作者的利益进行活动，其活动的基础是信托。故著作权集体管理组织与委托人之间的法律关系是信托关系。[1] 笔者同意"代理说"观点，即认为著作权集体管理组织与作者等委托人之间的关系是代理法律关系。

7.1.2.3 版权代理人从事的代理活动限于作品著作财产权的交易行为

版权代理人与第三人从事的法律行为必须涉及到作品著作财产权的交易活动，即能够引起著作财产权的许可使用、转让或者质押的法律后果。版权代理不同于一般的民事代理活动，该代理行为始终应当涉及作品著作财产权问题，故版权代理过程中，无论是从版权代理的发生看，还是从版权代理的后果看，其代理活动均与作品著作财产权的交易有关。

---

[1] 费安玲、来小鹏等：《知识产权法学》，中国政法大学出版社，2007年8月版，第100页。

7.1.2.4 版权代理通常是有偿行为

民事代理中可以有偿，也可以无偿；但版权代理中通常代理人从事代理行为的主要目的在于获得一定的利益，故委托合同通常表现为有偿合同。

7.1.3 版权代理在著作财产权交易中的作用

版权代理制度最初发源于英国，始作俑者一般认为是亚历山大·坡洛克·瓦特（Alexander Pollock Watt）。1875年，他在伦敦创办了一个经纪人事务所，立即得到了作者和出版社欢迎。经过100多年的发展，版权代理人已成为现代版权产业机制中重要的角色。如在美国的大众图书出版市场（Trade Book Publishing），超过90%的书是透过版权代理人中介，作者逐渐失去与出版商直接接触的机会。版权代理人已成为作家与出版商之间的润滑剂与缓冲器。譬如风靡全球的《哈利·波特》，当初就是由作者罗琳女士先寄投到英国克利斯托费·利脱文学代理公司，由该公司推荐给出版社出版并迅速传播世界取得巨大成功的；《达·芬奇密码》也是作者丹·布朗和他的经纪人说服出版社出版并大力营销的。当然，从法律的角度审视，版权代理在著作财产权交易中主要发挥以下作用：

7.1.3.1 版权代理是实现作品著作财产权价值的有效途径

作者创作完成作品后，仅凭自己对作品传播是非常有限的，往往也难以实现作品的价值。作品,尤其是优秀作品,只有通过版权代理人的行为才能更好地将作品投放市场,使得作品广泛传播,并为作品的开发使用提供基础,而这一切均是实现作品著作财产权价值的前提和条件。因此,版权代理的首要作用便是充当著作权人与作品使用者的桥梁,为最大限度地实现作品著作财产权的价值奠定了基础。

7.1.3.2 版权代理人负责处理著作财产权交易的相关事务

根据版权代理合同的约定,版权代理人负责处理与作者有关的版权事务,通常包括寻找出版商、出版合约谈判、市场推广安排、作品著作权潜在价值的开发与利用等等。通过版权代理,将作者从繁冗的事务工作中解脱出来,节省时间和精力,确保作者不再为作品著作财产权的交易而分心,从而创作出更多、更优秀的作品。

7.1.3.3 版权代理有利于促进版权交易

在版权交易中,由于语言的障碍、文化的差异、思维方式的不同,加之有很多技术、法律、市场、经济等专业性问题需要处理。如果仅仅凭借著作权人,难以集中最大力量去解决问题,而且在此过程中,对相关专业业务的不熟悉,不可避免地会带来误会和纠纷,往往会直接有碍版权交易的正常进行。而借助专业版权代理,则可预防和排除这些问题,有利于促进版权交易。

7.1.3.4 版权代理有利于整个版权产业的发展

版权服务作为版权产业的一个重要内容,包括法律咨询、版权代理、版权纠纷的调解、版权集体管理等,是版权产业中不可或缺的组成部分。其中,版权服务是贯穿于整条版权产业链中,使版权产业的各环节得以顺利运作。而版权代理是版权服务中至关重要的一个环节,它往往决定着版权产业的发展状况,并有助于促进整个社会文化的繁荣与发展。

7.2 国外版权代理简况

7.2.1 英美版权代理的基本情况

版权代理是盎格鲁—撒克逊人的产物。[1] 早期的版权代理人亦叫做文学代理人,最早出现在1875年,苏格兰的小说家和诗人乔治·麦克唐纳请他的好友亚历山大·斯特拉罗出版社的审稿人亚历山大·勃罗克·瓦特为他出售小说的著作权。版权代理作为一种社会行业,是在20世纪以后才发展起来的。文学代理人通常受作者委托,代表作者与使用作品的单位或个人进行谈判、签订合同并替作者收取版税,及时送交作者,同时他们从中提取一定的佣金。文学代理人作为一种社会职业,在美国和英国较为普遍。[2] 目前,版权代理业在英国相当发达,版权代理机

---

[1] 辛广伟:《版权贸易与华文出版》,河北人民出版社,2001年3月版,第5页。
[2] 沈仁干、钟颖科:《著作权法概论》,商务印书馆,2003年版,第133—134页。

构已经有 200 多家，居欧洲首位。其中，最具代表性的当数英国版权代理公司（Copyright Licensing Agency Ltd.，CLA），它是国家级的出版公司，拥有丰富的资源——英国作家授权和收藏学会、英国出版商授权学会、英国设计和艺术家版权学会会员及非会员；其主要工作在于建立版权所有者和消费者的联系：定期出版期刊、定期举办不同专题的版权展览或洽谈会。该机构与许多国家的版权代理机构都有联系和业务往来。[1]

美国是世界上版权代理机构最多的国家。据美国《文学市场指南》（Literary Market Place）统计，美国目前较活跃的文学代理公司在 600 家左右，加上其他的作品代理，美国的版权代理机构总数应有 700 多家。[2] 当中有盈利性组织，也有非盈利性组织，比如全美书商联合会（American Booksellers Association）、作曲家、作家和出版家联合体（American Society of Composers, Authors and Publishers）、音乐放送联合体（Broadcast Music Incorporated）等。一些美国出版公司都有自己的版权代理商，在版权贸易过程中，这些版权代理机构发挥了很大作用。一是可以有效地减轻出版社和作者的工作量。如通过代理机构，作者与出版社能够顺利地沟通、互动，更加了解出版社，并达到出版的目的；同时，代理机构还能帮助作者预期市场，达到财务目标。此外，代理机构还需要处理图书出版的许多市场方面的问题：如决定合适的推荐时间，策划畅销书，确定小说、非小说类图书如

---

[1] 蒋亚隆、南晶惠、赖姝玲："中国版权代理机制的比较思维"，《新闻界》，2008年第4期。
[2] 马小莉："版权代理制研究"，武汉大学法学院，2002年。

何出版，选择合适的编辑，了解作者的历史情况，收集出版商资料，以及进行市场推广工作，负责财务谈判等种种繁琐的工作。[1]

7.2.2 德法版权代理的基本情况

大陆法系国家的版权代理制度较之英美而言，无论是版权代理机构的数量还是从业人员，都没有英美发达。主要原因是大陆法系国家多拥有具本国特色的版权集体管理制度。仅就德国而言，就存在11家著作权集体管理组织，如音乐表演与机械复制权协会为音乐作品的曲作者、词作者以及音乐出版者的各项权利的实施提供保障。该协会也是德国最古老、在经济上具有最重要意义的协会。文字著作权协会主要是对文字作品的作者以及出版商权利的实施提供保障。邻接权利用协会为表演者、表演活动组织者、唱片制作者以及音像制品制作者的各项权利的实施提供保障。音乐版权协会主要是为那些已经不再受著作权保护的音乐作品的撰写人、编者以及出版者第一次出版或者新版相应的音乐版本时所产生的各项权利的实施提供保障。图形艺术协会为艺术家们在自己的后续权以及出借版税的请求权的行使方面提供保障。卫星著作权协会主要负责收取有线电视网络所产生的各项报酬。多媒体著作权暨邻接权清算中心有限公司主要负责一次性提供给多媒体制作者在制作多媒体制品时所必需的各项权利，通常称之

---

[1] 参见魏红："美国版权考察纪行"，《中国知识产权报》，2007年9月。

为"一站式购买"等。[1] 当然，著作权集体管理组织并不等同于版权代理机构，二者的工作宗旨都是最大限度维护著作权人的利益，促进版权交易。但是，两者涉及的权利管理范围、机构的性质、与著作权人的关系以及行为的目的等均不尽相同。

法国与德国的基本情况相似，但法国的管理机制的特点在于由政府机构与行业协会共同实施管理。这种制度体现了法国不仅重视出版业的经济性，而且注重其文化性。目的在于促进政府扶持出版业的发展，尤其是大力支持包括涉外版权贸易在内的出版国际化的发展。

7.2.3 日韩版权代理的基本情况

在日本和韩国也有相当数量的版权代理机构，但版权交易大多也是通过著作权集体管理组织。早在1939年，日本制定和实施了《著作权中介业法》。该法带有浓厚的行政管制色彩，不仅限制著作权人的代理人行使代理行为，而且还规定除著作权人外，行使著作权代理行为的组织必须是依照《著作权中介业法》规定，取得许可资格的团体。而著作权中介团体应具备何种条件和资格，该法完全没有规定，而由其主管机关文化厅任意决定。直到1994年8月，委托著作权审议会权利集中管理小委员会，检讨《著作权中介业法》及整体著作权中介制度应有的改革方向，并最终制订了《著作权等管理事业法》。该法于2001年10

---

[1] 参见〔德〕M·雷炳德：《著作权法》，张恩民译，法律出版社，2005年1月版，第557—560页。

月1日起实施。该法通过引入市场机制，保障私权自治等理念，对著作权集体管理事业进行制度性的变革。其目的在于确立集体管理事务自由发展，确保管理事务的公平运转，保障著作权人的利益，促进作品的利用，进而推动文化的发展。截至2003年，日本国内共有29个团体作为管理事业者进行了登记。其中，有株式会社15个、社团法人6个、协同组合3个、有限会社2个、特定非营利活动法人1个、有限责任中间法人1个、任意团体1个。日本音乐著作权协会等4个单位是根据《中介业务法》登记的业务团体，自动作为管理事业者登记注册。另外25个团体是在《著作权等管理事业法》颁布后注册登记的。[1]另据《中国新闻出版报》介绍，2007年3月29日上午从日本唱片协会（RIAJ）在京举行的新闻发布会上获悉，中国国家版权局正式认可日本唱片协会为日本音乐作品在中国的权利认证机构。为此，日本唱片协会在京设立了北京代表处，并自4月1日起，作为日本音乐在中国的权利认证机构正式开始认证业务。据日本唱片协会会长佐藤修在新闻发布会上介绍，日本音乐在中国发行时需要办理许多繁杂的手续。在制作发行计划时，这些手续拖延的时间往往会延误唱片的最佳发行期。因此，日本唱片协会充分认识到中国规范认证体制的必要性，并经过沟通和努力，最终被中国国家版权局正式认可为日本音乐作品在中国的权利认证机构。这也是近10年来，中国国家行政机关第一次批准日本的机构从事权

---

[1] 参见王福珍："日本著作权集体管理的情况介绍"，《版权参考资料》，1996年第6期。

利认证业务,这不仅对音乐产业,而且对日本的整个版权产业,甚至全部产业都具有重大的影响。随着权利认证业务的开始,日本音乐在中国发行的手续较以往将变得简单,认证所需的时间也大幅度缩短。[1]

韩国的版权代理业与我国的起步时间相仿,1988年开始设立版权代理机构,其中最老牌的版权代理公司信元公司与中国的业务开始于2001年,但它所代理的作品中国读者很多是耳熟能详,比如韩剧《蓝色生死恋》、《我的野蛮女友》、《情定大饭店》等。

7.3 我国版权代理的演变及存在的问题

7.3.1 我国版权代理的历史演变

我国的版权代理起步较晚。最有影响的当属成立于1988年的中华版权代理总公司,它也是当时唯一一家国家级的版权代理机构,实际是享受国家财政差额补贴的事业单位。总公司成立后曾根据业务发展需要分为三个部门:欧美部主要负责欧美国家的版权代理业务;俄东部主要负责俄罗斯和东欧国家的版权代理业务;综合部主要负责亚洲及其他地区的版权代理业务以及期刊、美术、摄影作品,音像制品,数字化制品,计算机软件版权代理业务。1998年中国版权保护中心(CPCC)成立后,新闻出版总

---

[1] 参见赖名芳:"国家版权局正式认可日本唱片协会在华代理身份",《中国新闻出版报》,2007年3月30日。

署（国家版权局）将公司划归该中心统一管理。在继续做好图书、音像制品等传统版权代理业务的基础上，公司大力扩展业务范围，积极开拓期刊、影视作品、美术摄影作品、电子出版物、数字化制品、动漫画、游戏软件和网络传输等方面的版权代理业务。目前，该公司已与俄罗斯、美国、英国、德国、法国、日本、意大利、澳大利亚、乌克兰、格鲁吉亚、巴西等国及我国台湾、香港、澳门地区的多家版权集体管理机构、版权代理机构和出版公司建立了长期友好的合作关系。其经营的主要业务有：代理洽谈签订版权转让或许可使用合同；代理版权纠纷诉讼并提供法律咨询服务；代理收转著作权使用报酬；组织国内外版权贸易洽谈；开展其他与版权代理相关的业务。中国版权保护中心作为国家设立的版权公共服务机构，在贯彻实施著作权法律，实施著作权行政管理制度，实施国家版权战略，发展并完善我国版权公共服务体系，保护著作权人合法权利，促进作品的创作与传播，服务相关版权产业的健康发展，增强自主创新能力、建设创新型国家等方面发挥着重要作用。[1]

除中国版权代理中心外，许多省市也设有自己版权代理公司，大多是在当地新闻出版局（版权局）名下。其中较有影响是：

---

[1] 参见 http://www.ccopyright.com.cn/cms/Article Servlet? article id=1541，访问时间：2009年3月5日。

7.3.1.1 陕西省版权代理公司

陕西版权代理公司（陕西省版权事务中心）于1993年1月经国家版权局批准成立，是陕西省新闻出版局（陕西省版权局）下属事业单位，为全国首家地方性版权代理专业机构。该公司适应陕西省改革开放和经济建设的需要，竭诚为著作权人和作品使用者提供完善的服务，为促进陕西省与国内外的文学艺术和科学技术的交流与发展做出了一定贡献。

7.3.1.2 上海版权代理公司

上海版权代理公司成立于1993年，是华东地区第一家专门从事涉外版权贸易中介服务的机构。它是我国第一家以企业形式，自负盈亏的版权代理公司。上海版权代理公司已经在德国设立了办事处，与欧洲、美国、日本等百余家海外出版社保持良好的合作关系。此外，上海版权代理公司还是美国企鹅公司下属的Dutton、Gotham、Plume、Alpha、New American Library、Signet、Roc/Onyx等品牌的中文版权的独家代理人，并成功地进行了海明威全部作品的全球中文版权代理等上千项中介活动。

7.3.1.3 广西万达版权代理公司

成立于1993年的广西万达版权代理公司与中华版权代理公司相似，也是享受国家财政差额补贴的事业单位。其业务主要是非主流类图书国内外版权业务，领域涉及文艺类、生活类、建筑类、音乐类、美术类；此外也涉及英、日、法、俄、德、意语种及我国港台地区图书版权代理。与万达合作的外方出版社中，北美地区主要是一些中小型出版社，欧洲则有一些比较大的出版社，尤其在建筑书籍方面。

7.3.1.4 北京版权代理公司

北京版权代理有限责任公司是全国首家股份制代理公司，成立于1998年8月28日。公司主要从事图书、音乐、广播、电视、电影、音像、多媒体以及网络出版等版权代理业务。公司成立以来，已与世界近百家出版社有长期业务往来，代理版权近5000余项，现有英语、日语、德语、法语、俄语、西班牙语、韩语等业务开展。公司下设国际部、国际二部、国内部、培训部、出版信息咨询部、影视代理部、翻译中心等业务机构，全方位、多层次的为著作权人及各类作品使用单位服务。

除上述版权代理公司外，还有天津版权代理公司、辽宁版权代理公司、河南省版权代理公司、湖北省版权代理公司等。

7.3.2 我国版权代理的现状

自1988年起，我国版权代理制度走过了20多个年头。尽管有了很大的发展，但相比欧美等国家完善的制度，我们还处于发展的初级阶段。从全国来看，仅有30多家版权代理公司。其中大部分为国有性质的版权代理公司，还有少量的民营公司和独立版权代理人。[1] 我国的版权代理机构无论从数量、规模还是业绩上分析，与国际版权代理机构都有相当大的差距。我国的版权代理人从其人员数量、专业素养、从事代理的综合能力等，均与版权代理人应有的要求有一定的差距。从整体上可以说，我国的版权代理还处于摸索发展期，很多制度、规范都在摸索和实践阶段，有待于我们进一步研究和完善。

7.3.3 我国版权代理存在的主要问题

7.3.3.1 版权代理机构不健全

从上述我国版权代理的现状不难看出，我国版权代理存在的首要问题就是版权代理机构不健全。根据有关资料显示，全国有将近600家图书出版社、200多家电子音像出版社、8000多家杂志社、2000多家报社、数百家网站和其他与版权相关的产业机构。直至2005年改革版权代理公司的审批制度后，我国的版权代理机构也仅为30多家。可见，版权代理机构不健全直接影响了我国版权代理各项工作的开展。

7.3.3.2 版权代理人员严重不足

版权代理虽然在法律上和一般的民事代理并无实质上的区

---

[1] 民营版权代理公司按照国家规定的版权代理不能涉及出版，故民营公司并非严格意义上的版权代理公司。独立的版权代理人由于必须具有专业学科背景，熟知他国的语言和文化体系，又必须熟悉出版工作和版权代理，故能够成为独立版权代理人的则更难。

别,但版权代理人不仅应当具备应有的法律知识,而且要精通外语,熟悉出版流程和当地的风俗习惯,还应兼有宽广的知识面和善于交流的能力等。然而,我国现有的版权代理人,这方面的整体能力有待增强。因此,我国严重匮乏版权代理专门人才,这种状况已经成为阻碍版权代理业发展的最大瓶颈。

7.3.3.3 版权代理的业务范围拓展有限

虽然我国就版权代理的范围作出了一定规定,[1]但就我国目前版权代理机构可以从事的业务范围来看,主要包括:图书、影视、音像、软件等版权代理,但各家真正开展的业务中,基本是以图书为主。据报道万达版权代理公司代理过一些电子图书,但并不多,软件更少,其也想涉足游戏软件的代理,但苦于一时人力不足。上海版权代理公司还有杂志涉外版权代理,图片、电子光盘的版权代理等,目前也是浅层次的涉及。近来中华版权代理中心准备代理一些影视作品,由于影视作品标的更高,代理费也会水涨船高。北京版权代理公司近来也开始涉足音像、影视、电子出版物及游戏软件等产品的代理。[2]

---

[1] 民营版权代理公司按照国家规定的版权代理不能涉及出版,故民营公司并非严格意义上的版权代理公司。独立的版权代理人由于必须具有专业学科背景,熟知他国的语言和文化体系,又必须熟悉出版工作和版权代理,故能够成为独立版权代理人更难。

[2] 参见 http://www.66wen.com/05wx/xinwen/xinwen/20060919/39677.html,访问时间:2009年2月23日。

7.3.3.4 版权代理的机制不灵活

体制不灵活，机制问题没有解决，是现有的版权代理公司没有发展起来的原因之一。我国现有的版权代理机构，从其设立来看，大多是国有事业单位，而且当中基本上都是挂靠在当地的版权局，与版权局是同一套管理班子。在市场经济条件下，这些版权代理机构缺乏竞争机制，一旦没有版权管理行政机关的扶持，就很难运用市场经济的运营模式更好地从事版权代理活动。当然，我国加入世贸组织后，已允许外商、外国律师事务所在华设立代表处，进行商标和专利的代理，它们也可能介入版权的代理活动。国家会保留版权贸易的审批权，即成立涉外版权贸易机构须经过审批，但审批的标准和条件是公开透明的，一些具备条件的国外代理机构就可能进来。另外，一些未经国家版权局批准、也未到国家工商行政管理部门登记的版权代理个体户，还会持续增加。

7.4 完善我国版权代理制度的建议

7.4.1 立法上明确版权代理机构的法律地位

我国早在1996年就由国家版权局和国家工商局发布了《著作权涉外代理机构管理暂行办法》，主要目的是为加强对著作权涉外代理机构的管理，维护著作权人及作品使用者的合法权益。明确指出著作权涉外代理是指著作权涉外代理机构以委托人的名义，在代理权限范围内办理涉外著作权中财产权的转让或许可使用以及其他有关涉外著作权事宜的民事法律行为。并规定著作权涉外代理机构是指依法成立的，从事著作权涉外代理业务的企业法人。同年，为了进一步加强对外著作权的保护，加强对国外著作权认证机构常驻中国代表机构的管理，根据国务院《关于管理外国企业常驻代表机构的暂行规定》，制定了《国外著作权认证机构在中国设立常驻代表机构管理办法》。这些对版权的涉外代理发挥了重要的指导作用。然而，我国有关国内著作权代理机构的法律地位则不甚明确，特别是版权代理机构的法律性质有待进一步规范。

7.4.2 行政上加强对版权代理机构的管理

版权管理是指国家有关机构或社会有关组织采取有关管理模式和管理手段对版权行使过程中的授权、侵权、救济等行为进行宏观协调和监控管理，以保护作者、版权人以及与版权相关的出版者、表演者等作品传播者的合法权益，从而保证著作权法被切实有效地贯彻执行。版权代理过程中同样离不开版权相关机构的管理。就我国目前的版权管理机制而言，许可工作性质模糊，职权分配不合理，管理力度欠缺。版权代理业的行业规则尚未成型，与版权相关的行业协会虽纷纷建立，但其经营活动仍由政府扶持。因此，从行政上应该进一步发挥版权行政管理机关的指导和监督职能，尤其是应当充分利用政府部门的公信力和主动性，引导版权代理或为版权代理活动提供和创造更多的机会与便利。

7.4.3 行业上规范版权代理人的行为

除从数量上不断培养版权代理人外，更应当从质量上加强对版权代理人的培养。可以通过不同的方式对版权代理人定期进行培训，不断提高他们的业务素养和综合素质。同时从制度上尽快为版权代理设立资格准入制度，以有利于对版权代理业的管理，规范版权代理的操作规程，强化版权代理人的专业素质和国际意识，从而提高版权代理的质量和效率，提升中国版权代理事业专业化经营水平，促进我国版权贸易健康发展。

7.4.4 体系上完善我国版权代理机制

我国现有版权代理机制明显无法适应市场经济发展的需要，建议我国版权代理机构应当采取多元化的综合代理模式。在借鉴国外版权代理有关经验并结合我国具体情况下，对现有的版权代理机构进行撤并、改造、重组，使版权代理机构真正独立，能够自主走向市场，努力开发图书外如电影、电视、音像、电子出版物等立体版权形式，实现版权产品的利益最大化。同时，提倡和鼓励多种版权代理形式，使版权代理人的功能和作用在版权交易中真正得到体现和发挥。

通过本章可见，由于我国版权交易本身并不发达，故无论是版权拥有者，还是邻接权人或者版权使用者，对版权代理的依赖度还较低，从而影响了版权代理的有效开展和繁荣。

从各国版权发展的经验来看，版权代理是版权保护、版权管理的一项重要制度。目前我国该项制度还存在许多需要改革和完善的地方。建议学界对版权代理相关问题进行专题研究；著作权行政管理部门加强对版权代理的扶持和引导；著作权行业协会尽快构建符合我国具体国情的版权代理机制和运营模式；国家立法机关进一步完善版权代理相关法律制度，使版权代理在我国版权产业发展和对外交流中做出更大的贡献。

第8章 著作财产权交易制度的构建和完善

8.1 著作财产权交易制度构建的背景

"规范只能在属于一个规范体系、属于一个就其整个来说是一个有实效的秩序条件下,才被认为是有效力的。"[1] 著作财产权交易规范也不例外。中国的著作权交易制度的建立是以国际知识产权流转和保护需要为参照系,以我国目前经济社会发展状况、知识产权保护现状及知识产权交易的社会诉求为大背景的制度建设。在微观层面,该制度的建立是以我国现有著作权法律制度、特别是著作权财产权交易的社会实践基础为背景的制度建设。考察我国近10年的著作财产权交易的情况,以及相关的典型案例,我们不难发现构建我国著作财产权交易制度不仅是历史发展的必然,也是现实的需要。

---

[1] 引自〔奥〕凯尔森:《法与国家的一般理论》,沈宗灵译,中国大百科全书出版社,1996年版,第44页。

8.1.1 我国著作财产权交易现状

8.1.1.1 图书著作财产权交易量分析

为了从总体上把握我国著作财产权交易的现状，本文仅就近10年来我国的著作财产权贸易情况进行分析。[1] 据国家版权局的调查统计，1995年，我国引进版权1664项，输出版权354项；1996年，引进版权2515项，输出版权250项；1997年，引进版权4075项，输出版权322项；1998年，引进版权5469项，输出版权588项；1999年，引进版权6461项，输出版权418项；2000年，引进版权7343项，输出版权638项；2001年，引进版权8250项，输出版权653项；2002年，引进版权10 235项，输出版权1297项；2003年，引进版权12 516项，输出版权811项；2004年，引进版权10 040项，输出版权1314项（见图4）。[2]

---

[1] 我国正式开展版权贸易统计是从1995年开始的，统计的类型主要是图书。参见辛广伟："1990—2000年十年中国图书版权贸易状况分析（1）"，《出版经济》，2001年第1期。

[2] 1995—1999年统计数据参见辛广伟：《版权贸易与华文出版》，重庆出版社，2003年7月版，第37页。2000年—2004年统计数据参见国家版权局网站"版权统计"（http://www.ncac.gov.cn/）。

图 4

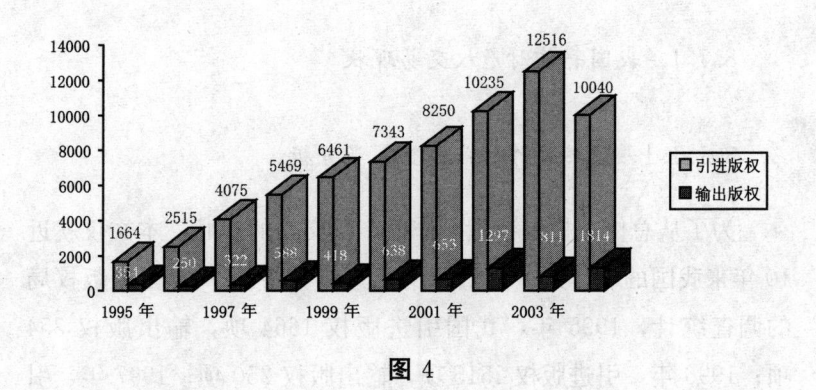

从图 4 中可以看出，1995 年－2004 年，我国图书著作财产权引进在数量上呈逐年增长的趋势。引进量从 1995 年的 1664 项增加到 2004 年的 10 040 项。尤其是 2001 年以来，我国的图书著作财产权引进量上涨较快。这一数据表明了我国的著作财产权交易逐步进入国际著作财产权交易行列并越来越受到各国重视的客观现实。一方面说明了我国图书交易市场的影响不断扩大，国内出版行业的著作财产权交易意识日益加强；另一方面也说明了我国的著作权保护水平得到了国际社会的肯认，海外版权行业愿意将其资源投放到我国著作财产权交易市场。其结果拓展了我国著作财产权交易的范围，繁荣了交易市场，促进了我国科技、文化水平的发展。

从图 4 还可以看出，1995 年－2004 年，我国图书著作财产权输出在数量上并不稳定，即时增时减，呈现为波浪式。如 1995 年输出著作财产权为 354 项，但 1996 年输出著作财产权却仅为 250 项；1998 年输出为 588 项，但 1999 年输出却又降至

418 项；2000 年—2002 年这 3 年输出著作财产权呈现出稳步上升，即从 638 项、653 项到 1297 项；然而到 2003 年又出现了下降，仅为 811 项。这些数据与我国引进数据比，相差甚远。10 年来著作财产权引进和输出的比例为大体为 10∶1，尤其是 2003 年竟达到了 15∶1 还多。这些数据显现了我国近 10 年来著作财产权贸易的逆差较大，一方面说明了我国对外输出的能力较差，另一方面也说明了我国的出版行业在版权经营、著作财产权交易方面的水平与海外还存在较大的差距。

8.1.1.2 图书著作财产权交易来源地分析

从国家版权局统计数据可见，图书著作财产权交易地的突出特点为：一是引进地主要以外国为主；二是输出地则主要以我国港台地区为主。具体来看，1998 年列入我国图书著作财产权引进地前 8 名的国家与地区分别是美国、我国台湾地区、英国、日本、俄罗斯、德国、法国与韩国，引进数量共达 4220 种，占当年总数的 77%。其中从美国引进的数量为 2236 种，占总数的 40%；从我国台湾地区引进的数量为 1032 种，占总数的 18%。1999 年的前 8 名则分别为美国、我国台湾地区、英国、日本、德国、法国、加拿大、俄罗斯。其中从美国引进的数量占 45%，从我国台港地区引进的占 17%。[1] 从 2000 年—2004 年，前 5 名分别为美国、英国、我国台湾地区、日本和德国，而紧排其后

---

[1] 辛广伟："1990—2000 年十年中国图书版权贸易状况分析 (2)"，《出版经济》，2001 年第 2 期。

的是法国、我国香港地区和韩国，仅 2001 年俄罗斯排在韩国之前（参见下表 1）。

表 1

	1998 年	1999 年	2000 年	2001 年	2002 年	2003 年	2004 年
第一名	美国	美国	美国	美国	美国	美国	美国
第二名	我国台湾地区	我国台湾地区	英国	英国	英国	英国	英国
第三名	英国	英国	我国台湾地区	我国台湾地区	我国台湾地区	我国台湾地区	我国台湾地区
第四名	日本	日本	日本	日本	日本	日本	日本
第五名	俄罗斯	德国	德国	德国	德国	德国	德国
第六名	德国	法国	法国	法国	法国	法国	法国
第七名	法国	加拿大	我国香港地区	我国香港地区	我国香港地区	我国香港地区	我国香港地区
第八名	韩国	俄罗斯	韩国	俄罗斯	韩国	韩国	韩国

其中，前 5 个国家和地区引进的图书著作财产权总数平均占当年引进总数的 70% 还强，如 2002 年这个数字就达 87%。[1]且前 5 个国家和地区主要集中在美英两国。如 2002 年，仅美英之和为 6365 种，占总数 10 235 种的 62.19%；2003 年，美英两国之和为 8811 种，占总数 12516 种的 70.40%；2004 年，美英

---

[1] 参见国家版权局网站"版权统计"（http://www.ncac.gov.cn），访问时间：2009 年 3 月 5 日。

两国之和为 6098 种，仍然占到总数 10 040 种的 60.74%（参见图 5）。

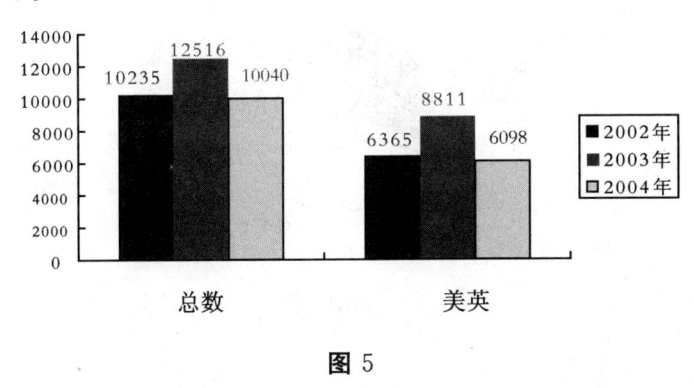

图 5

下面我们从另一个角度来观察一下这 3 年的情况，如下图（参见图 6）：

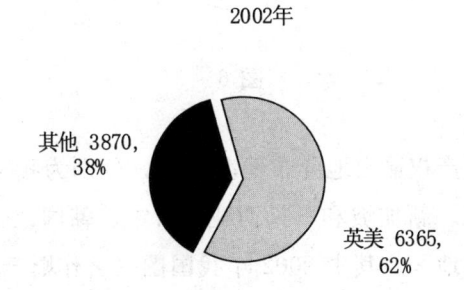

2002年

其他 3870, 38%

英美 6365, 62%

2003年

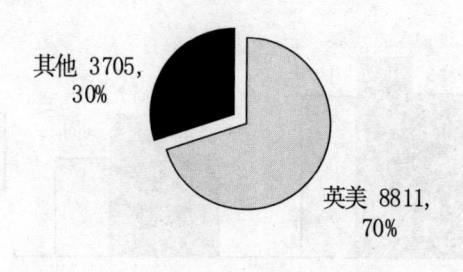

其他 3705, 30%

英美 8811, 70%

2004年

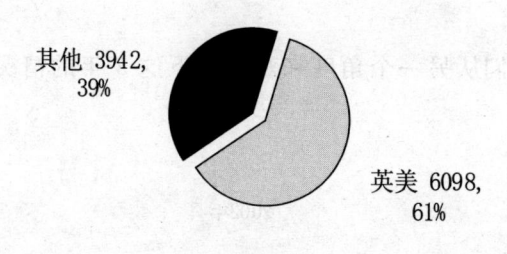

其他 3942, 39%

英美 6098, 61%

图 6

从著作财产权输出地分布情况来看，分别为我国台湾地区、我国香港地区、新加坡和马来西亚、日本、韩国、德国、巴西、美国等国家和地区。其中 2002 年我国图书著作财产权输出到我国台湾和香港地区以及韩国的总数达到 1210 种，占当年总数 1297 种的 93.29%。[1] 2003 年，三者之和共有 739 种，占当年

---

[1] 张美娟：《中外版权贸易比较研究》，北京图书馆出版社，2004 年 12 月版，第 46—47 页。

总数 811 种的 91.12%。[1] 2004 年,三者之和共有 1047 种,占当年总数 1314 种的 79.68%。[2] 而美英等国的输出量所占比例则较小,如 2002 年我国图书著作财产权输出到美英两国的总数仅为 15 种,占当年总数的 1.16%;2003 年,两国之和仅为 7 种,占当年总数的 0.86%;2004 年,两国之和也只达到了 30 种,占当年总数的 2.28%(参见下表 2)。

表 2

	2002 年	2003 年	2004 年
总 数	1297	811	1314
美 英	15	7	30
我国台湾、香港地区,韩国	1210	739	1047

从上述我们可以看出,我国图书著作财产权交易地的特点比较明确,引进地主要集中在欧美,而输出地则主要集中在亚洲。我国图书著作财产权交易虽走出了国门,但并未真正走向世界。由于中文目前在世界上所处的文化地位的弱势,翻译语言的障碍和不完善的输出渠道,尤其是我国出版商对外国市场了解太少,缺乏相关商业信息,我国在引进如火如荼的同时,著作财产权输出的明显逆差已是不争的事实。

---

[1] 叶新:"2003 年我国版权贸易统计分析",《出版广角》,2004 年第 9 期。
[2] 参见国家版权局网站"版权统计"(http://www.ncac.gov.cn/),访问时间:2009 年 3 月 5 日。

8.1.2 北京国际图书博览会历届情况分析

自 1986 年以来,已成功举办 12 届的北京国际图书博览会奉行"把世界图书引进中国,让中国图书走向世界"的宗旨,在促进国际文化交流、推动中国出版业的发展、扩大中外合作出版和著作财产权交易、发展图书进出口贸易方面发挥了重要作用。到今天,北京国际图书博览会已经成为集著作财产权贸易、图书贸易、合作出版和文化交流于一体的大型博览会,被认为是亚洲乃至世界瞩目的、最有影响力的出版展会之一,也是我国版权行业每年企盼的盛会。2000 年之前,即前 8 届每两年举办一次,从 2002 年开始改为一年一次。就各项具体数据来分析,参展展场面积依次为:7800;12 800;9000;9000;10 000;14 000;18 000;26 000;26 400;26 400;26 800;26 000 平方米。参加的国家和地区的数量依次为:35;36;29;35;36;30;35;40;42;40;42;48。参展台总数依次为:348;448;368;464;488;546;687;961;984;939;984;1099。参展的海外展台数依次为:282;280;181;223;265;250;277;343;352;352;355;485。参展的中国展台数依次为:66;168;187;241;223;296;410;618;632;587;629;614。参展商总数依次为:228;292;261;320;517;802;888;900;920;903;900;941。参展的海外展商数依次为:165;156;107;166;370;372;424;420;430;423;430;465。参展的中国展商数依次为:63;136;154;154;147;430;464;480;490;480;470;476。参展的展品数量依次为:50 000;90 000;

70 000；85 000；90 000；93 000；100 000；100 000；100 000；100 000；100 000；100 000。达成的版权贸易数依次为：97；72；300；917；1268；2500；4200；6879；8106；8129；8250；9000[1]（见图7）。[2]

图7

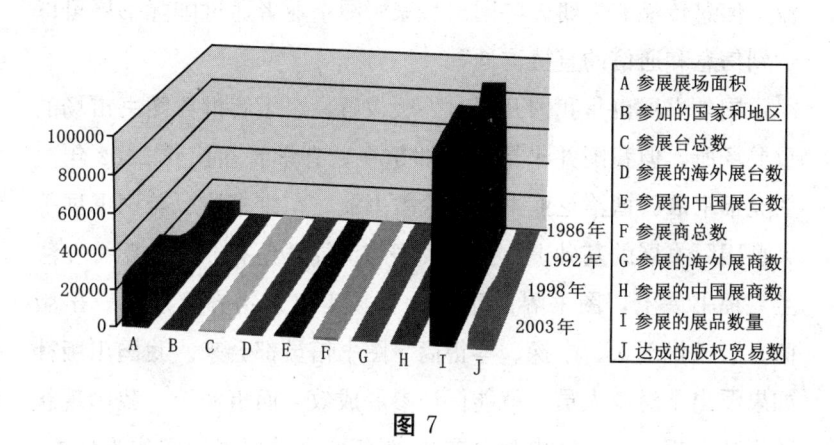

A 参展展场面积
B 参加的国家和地区
C 参展台总数
D 参展的海外展台数
E 参展的中国展台数
F 参展商总数
G 参展的海外展商数
H 参展的中国展商数
I 参展的展品数量
J 达成的版权贸易数

在历届博览会中，值得一提的是2002年第九届北京国际图书博览会的召开，在我国版权贸易史上具有划时代的意义。从这一届开始，北京国际图书博览会不仅将两年一次改为一年一次，而且为了更好地发挥版权贸易平台的作用，第一次以"版权贸易"为主题，（即"发展版权贸易，促进文化交流"）举办图书博览会。而本届博览会的各项指标均创历史新高，共签署了版权贸

---

[1] 计亚男："北京图书博览会版权贸易取得突破"，参见中国作家网（http://www.china writer.com.cn/），访问时间：2005年9月15日。

[2] 参见中国网（http://www.china.org.cn/chinese/zhuanti/12bjbh/950056.htm），访问时间：2005年8月24日。

易 8106 种，是首届的 83 倍多。博览会成交的数量占当年我国版权贸易总数量 11 532 项中 70.29%。已足以说明图书博览会已逐步成为我国出版业实现版权贸易的最重要场所。业内人士曾把北京国际图书博览会比作"一个巨大的知识信息中转站，知识交流、信息传递的枢纽。各国出版家、图书业者通过国际书展可以达到信息和通信的直接沟通"。[1]

　　国外书展也是我国开展对外版权贸易、了解世界图书市场的重要场所，但我国并未予以足够重视。有学者在比较 2002 年法兰克福书展、博洛尼亚书展、伦敦书展、东京书展、美国书展等大型国际书展的基础上，指出我国与世界还是有一定差距。在法兰克福书展上，图书界的重要人物、实权人物齐聚展场，出版商、版权代理人、书探、零售商、图书馆员都会来。我国出版社如果派出了对口人员，就能保证参展成效。而事实上，我国现状还不甚理想。以新闻出版总署 2001 年 9 个重要书展团作为样本，在总共 425 人次中，最多的是主任级领导，为 151 人次，占 35.5%；社长、总编级领导其次，为 132 人次，占 31%。其他人员分别是编辑、管理人员，人数最少的是版权贸易人员，为 30 人次，占 7%。从人员分布情况来看，北京地区为 182 人次，占 42.8%；上海为 39 人次，江苏为 33 人次，山东为 23 人次，浙江为 19 人次，合计占 26.8%。而内蒙古、河南、海南、西藏、宁夏、新疆、甘肃、青海等地参展人数屈指可数，有些省甚

---

[1] 参见刘志鹏："我们怎么利用国际图书博览会"，《出版发行研究》，2002 年第 5 期。

至是零人次。[1]

8.1.3. 2005—2007 近三年版权交易情况及发生的变化

8.1.3.1 图书著作财产权交易量变化与分析[2]

根据国家版权局的相关调查统计显示，2005年，全国各出版社共引进图书版权9382项，输出图书版权1434项，引进输出比例为6.5∶1。其中引进数量较多的5个地区是北京、上海、广西、辽宁、吉林；输出数量较多的5个地区是北京、上海、陕西、浙江、辽宁。2006年，共引进图书版权10 950项，全国通过出版社输出图书版权2050项，引进输出比例为5.34∶1。其中引进数量较多的5个地区是北京、上海、江苏、广西、重庆；输出数量较多的5个地区是北京、上海、辽宁、湖南、江西。2007年，共引进图书版权10 255种，比上一年下降6%；全国通过出版社输出图书版权2571种，为历年最高，比上一年上升25.4%。2007年，通过图书出版社开展的版权引进与输出比例为3.99∶1。其中，引进版权最多的5个地区为北京、上海、江苏、吉林、湖南，版权输出最多的5个地区为北京、吉林、上海、辽宁、江苏。(见图8)

---

[1] 周群："透过书展看中国版权贸易"，《中国版权》，2002年第1期。
[2] 文中涉及的部分数据系中国政法大学民商法专业硕士研究生王孝收集整理。

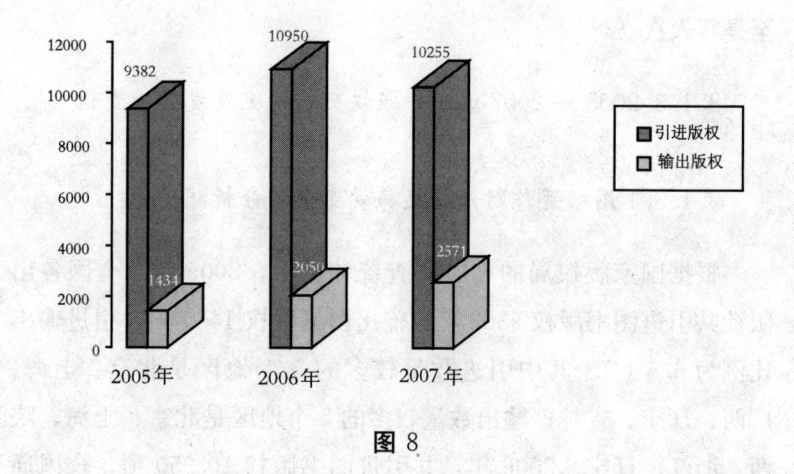

[图表：2005年 引进版权9382，输出版权1434；2006年 引进版权10950，输出版权2050；2007年 引进版权10255，输出版权2571]

图 8

从图 8 可以看出，2005 到 2007 年 3 年间，我国图书版权的引进量虽然还是呈现出波浪式，起伏不定，但总体上还是处于一个较高的水平，与前几年引进数量基本持平。但是相比之下，这 3 年图书版权的输出量却保持了一种稳定增长的态势，以每年大约 500 项的速度逐年稳定增长，到 2007 年已经达到了 2571 项，几乎是 10 年前版权输出量的 8 倍，版权引进量和输出量之比也由前几年的 10∶1 缩小到了 3.99∶1。这充分说明了我国各出版社在有关部门的指导下，深入贯彻"走出去"的战略方针，积极拓展版权对外贸易空间，让我国版权交易更进一步地融入国际竞争，并通过提高图书内容和印刷等方面的质量来不断提升自己在版权贸易中的竞争力。再加上政府各级部门的高度重视和大力扶持，我国版权贸易结构得到逐年改善，贸易环境发生重大的变化，贸易范围不断扩大，版权贸易逆差幅度不断缩小，再加上各出版单位自身的积极努力，共同促使我国版权贸易在这短短的 3

年中取得了骄人的成绩。

同时，图书作为一国思想文化的重要载体和表现形式，我国图书版权输出的大幅增长，不仅是世界越来越深入地对我国传统文化的了解和认同的结果，反过来，也促进了世界各国人民进一步加深对我国悠久而优秀的传统历史文化的认识与了解，两者互为因果，形成良性循环。

8.1.3.2 图书著作财产权交易来源地分析

从国家版权局最新统计数据可以看出，图书著作财产权交易地依然保持着引进地主要以外国为主，输出地主要以我国港台地区为主的特点。具体看，2005年占据我国图书版权引进量前8名的依次是：美国、英国、我国台湾地区、日本、韩国、德国、法国与我国香港地区，引进数量共达8766种，占当年总数的93％。其中从美国引进的数量为3932种，占总数的42％；从英国引进的数量为1647种，占总数的18％；从我国台湾地区引进的数量为1038种，占总数的11％。2006年前8名分别是美国、英国、我国台湾地区、日本、韩国、德国、法国与新加坡，其中美国占27％，英国占12％，我国台湾地区占7％。2007年前8名分别是美国、英国、我国台湾地区、日本、德国、韩国、法国与我国香港地区，其中美国占38％，英国占16％，我国台湾地区占9％。从排名来看，近3年里占据我国图书版权引进量前四甲的一直都是美国、英国、我国台湾地区和日本，紧随其后的基本上都是韩国、德国、法国、我国香港地区和新加坡。与以往相比，最大的变化就在于英国取代了我国台湾地区稳稳地占据了第二的位置，我国台湾地区则退居第三（见表3）。

表3

排名

	2005年	2006年	2007年
第一名	美国	美国	美国
第二名	英国	英国	英国
第三名	我国台湾地区	我国台湾地区	我国台湾地区
第四名	日本	日本	日本
第五名	韩国	韩国	德国
第六名	德国	德国	韩国
第七名	法国	法国	法国
第八名	我国香港地区	新加坡	我国香港地区

其中，从前5名的国家和地区来看，从其引进的图书著作财产权总数平均占当年引进总数比例依然高达66%，且从英美两国的引进量依然高居不下，如2005年英美两国之和为5579种，占总数9382种的59%，2007年英美两国之和为5531种，占总数10 255种的54%。只有在2006年略显偏低，两国之和为4253种，占总数10 950种的39%（参见图9）。

第 8 章 著作财产权交易制度的构建和完善 297

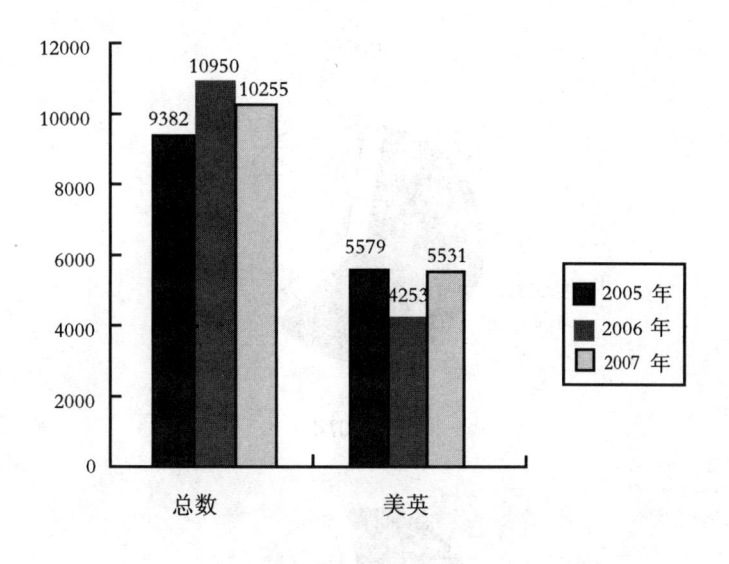

图 9

下面我们依然从另一个角度来观察一下这 3 年的情况（参见图 10）：

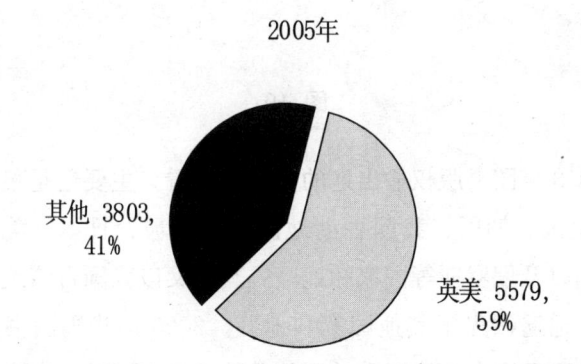

2005年

其他 3803, 41%

英美 5579, 59%

2006年

英美 4253, 39%

其他 6697, 61%

2007年

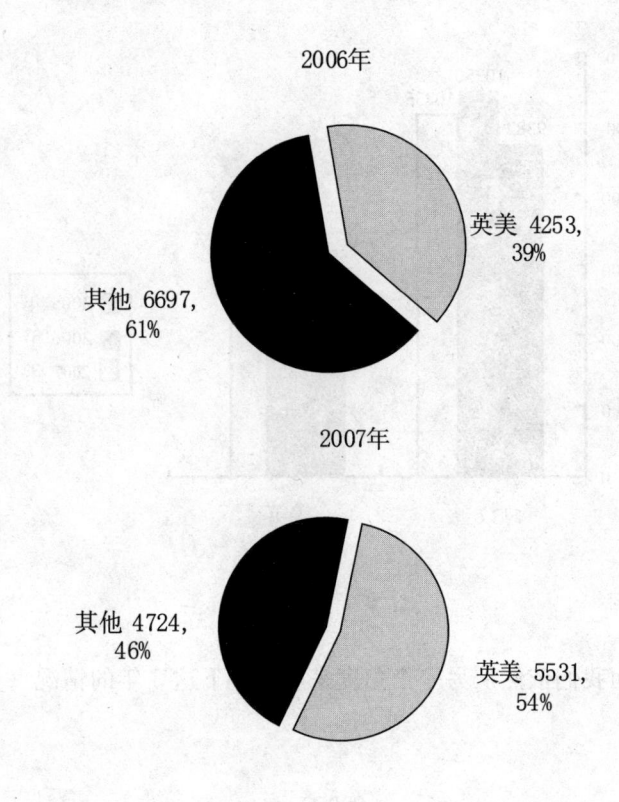

其他 4724, 46%

英美 5531, 54%

图 10

从这 3 年图书版权输出地的分布情况看，主要还是集中在我国台湾地区、韩国、我国香港地区、新加坡、日本、美国、英国、德国以及俄罗斯等国家和地区。其中又以我国台湾地区和韩国最多，遥遥领先于其他国家和地区。2005 年我国图书著作财产权输出到我国台湾地区和韩国的总数达到 973 种，占当年总数

1434 种的 67.9%。2006 年，两者之和共有 1065 种，占当年总数 2050 种的 60%。2007 年，两者之和共有 967 种，占当年总数 2571 种的 37.61%。与往年不同的是，从 2005 年开始，我国输出到英国和美国的图书版权量大幅度增加，2004 年两者只有 30 种，2005 年就增加到了 90 种，2006 年又跃至 213 种，2007 年更是达到了 305 种之多，几乎是 2005 年以前我国所有输往英国和美国的图书版权总量之和的 5 倍多（参见下表 4）。

表 4

	2005 年	2006 年	2007 年
总 数	1434	2050	2571
美 英	90	213	305
我国台湾地区和韩国	973	1065	967

从以上数据可以看出，以往我国图书版权引进地欧美独大，输出地亚洲独大的局面正在逐渐被打破。从 2005 年开始，我国对英国和美国的版权输出量便开始跳跃式增加，如 2005 年对英国输出量从 2004 年的 16 种增加到了 74 种。尤其值得一提的是，美国在 2005 年以超过我国香港地区 28 种的优势取代香港地区成为我国版权输出第三大国，输出量达到 147 种，2007 年达到了 196 种，而在 2005 年以前，这一数字一度都是个位数，甚至是零，最多也不过是 14 种。这一显著的变化充分说明了我国版权贸易市场不再仅仅局限于亚洲少数国家和我国港澳台地区，而开始向欧美等发达国家地区迅速蔓延。图书版权输出量的增加以及

输出范围的扩展表明我国版权贸易正在大步迈出国门，走向世界。从原因上分析，版权贸易范围的扩展尤其在欧美贸易量的激增说明我国传统文化在世界范围内的影响力正在慢慢加强，世界各国尤其是西方发达国家逐渐开始对我国传统文化表现出浓厚的兴趣，并开始有意识的了解接受这一来自古老的东方文明古国独特的文化传统，中国渴望走向世界，世界也渴望了解中国。

8.1.3.3 北京国际图书博览会的新变化

自 2006 年以来，我国又分别在北京和天津成功举办了第 13、14、15 届北京国际图书博览会，规模一次比一次宏大，展会影响力也在不断扩大。从具体数据来分析，三届博览会的参展展场面积依次为：26 000；34 000；35 000 平方米。参加的国家和地区的数量依次为：50；57；51。参展台总数依次为：1189；1463；1370。参展的海外展台数依次为：550；600；512。参展的中国展台数依次为：639；863；858。参展商总数依次为：1343；1450；1390。参展的海外展商数依次为：863；920；870。参展的中国展商数依次为：480；530；520。参展的展品数量依次为：100 000；150 000；150 000。达成的版权贸易数依次为：12 064；13 742；11 451。从版权交易量上看，第 18 届北京国际图书博览会举办地移至天津，这是图博会首次走出北京易地举办，由于交通及城市影响力等方面的原因，版权交易量相比上一届尽管有所下降，但是独特的天津地方特色使得本次图博会"津味"十足。天津不仅以其深厚的文化、热情的服务，为各地客商和读者搭建了一个文化平台，同时也为全国乃至全世界人民更好的了解我国地方特色文化打开了一扇窗口。对于图博会来说，重要的不仅仅是在展会期间能达成多少数量的版权交易，而是如何能够通过北京国际图书博览会来更好的宣传和发扬我国的传统文化，增强我国传统文化及地方文化在全世界范围内的影响力，从而更好地促进我国版权贸易的快速发展。毕竟图博会不是也不能成为我国版权交易的唯一途径，版权交易需要走多元化的发展道路。"今后我国政府还将继续加大政策支持的力度和广度，鼓励中外出版企业扩大合作的范围、领域和形式，鼓励创造出更多优秀的文化产品。这些政策上的支持都是为了推动中外文化交流，让世界通过阅读来了解中国，也让中国了解世界。"[1]

8.1.4 网络环境下涉及版权交易的案例评析

关于著作财产权交易的案例中，最具有典型代表意义的案件是网络环境下所出现的数字图书馆中的著作财产权许可使用和邻接权方面的纠纷。

数字图书馆（Digital Library）的提法源于美国1992年7月1日的《信息结构与技术法案》（The Information Infrastructure and Technology Act of AC），或称电子图书馆，是对传统图书馆内的处于有形载体状态的信息进行收集、整理并进行数字化处理，再通过网络系统向公众提供所需要信息，是一种信息服务的概念。[2] 1997年，国际"分散式知识工作环境"会议指出："数

---

[1] 参见新闻出版总署副署长阎晓宏在"2008北京国际出版论坛"上的讲话。
[2] "数位图书馆与著作权"，参见http://www.is-law.com/专文发表/ipr数位图书馆与著作权.htm。

字图书馆的概念并不仅仅是一个有着信息管理工具的数字收藏的等价词，它更是一个环境。它将收藏、服务和个人带到一起以支持数据、信息乃至知识的全部流程，包括从创造、传播、使用到保存的全过程。"[1] 而所谓的数字技术（Digit Technology），就是能将任何信息——文字、声音、图像、动画等都以数字代码的形式转化成二进制（0 或者 1）的数字语言，交给计算机处理的技术。数字图书馆实质上就是为了解决网络环境下数字化信息的组织、查询和服务等相关问题。较之传统图书馆，数字图书馆具有快捷性、跨地域性、容量大和便于检索性等特征。目前我国虽对数字图书馆有明确的界定，但据相关部门统计，截至 2005 年 6 月，中国电子书出版总量增至 148 000 种，已达到全球第一；全国约 100 家出版社开始同步出版电子书，数字图书馆超过 1000 家。[2] 图书馆如果是为了保存的需要将作品数字化，或者大专院校图书馆将作品数字化后在馆内及校园网内小范围使用并只能浏览不能下载打印，在著作权法范围内是许可的。但是我国目前的几家数字图书馆，诸如超星公司、数图公司、书生之家等，尽管具有一定的公益性，但都是按照商业模式来运作的，用户交费后在互联网上就可以阅读并下载打印。因此，我国的数字图书馆按照目前商业运作模式，其所提供给读者的作品必须要经

---

[1] 张晓明、鄂云龙："数字图书馆——信息时代发展行阶段的国家级挑战"，参见 http://www.cass.net/chinese/s14-zxs/org/zxin/whzxin/stguan.htm，访问时间：2009 年 3 月 5 日。

[2] 周季钢、唐宜青："难以通达的'未来之路'"，参见中国营销传播网（http://www.em/zt.com.cn/article/230/23014-2html），访问时间：2005 年 9 月 23 日。

过著作权人的授权许可。本文并不准备对数字图书馆进行探讨，所要研究的问题是：在数字图书馆环境下如果依法要取得著作财产权人的许可，应如何取得作品权利人的授权？以及在网络环境下如何获得邻接权人授权而使其使用行为合法等。笔者认为借助以下案例可以说明这方面的问题。

案例1：我国首起与数字图书馆有关的著作权侵权案[1]

2002年3月，北京市海淀区法院受理了陈兴良诉中国数字图书馆有限责任公司著作权侵权案。原告诉称，自己是《当代中国刑法新视界》、《刑法适用总论》、《正当防卫论》的作者并享有著作权。2001年12月自己在被告的"中国数字图书馆"网站上发现读者只有付费后才可以成为被告的会员、阅读并下载网上作品，其中包括自己的3部著作，被告的这种行为并没有征得本人同意，侵犯了自己的信息网络传播权，故诉至法院，请求判令被告立即停止侵权并赔偿经济损失40万元以及为制止侵权行为而支出的合理费用8000元。被告辩称，建立数字图书馆的目的是适应信息时代广大公众的需求，公司基本上属于公益型事业，一直对著作权保护十分重视，正在投入资金开发著作权保护系统，一方面保护著作权人的利益不受侵犯，另一方面又能发挥中国数字图书馆的作用，使数字图书馆更好地为公众服务，故请求法院依据中国数字图书馆的实际情况，结合我国国情，作出裁决。

法院经审理判决如下：

---

[1] 参见 http://www.emkt.com.cn/article/230/23014-2.html，访问时间：2009年3月5日。

一、自本判决生效之日起，被告中国数字图书馆有限责任公司停止在其"中国数字图书馆"网站（网址为http://www.d-library.com.cn）上使用原告陈兴良的作品《当代中国刑法新视界》、《刑法适用总论》、《正当防卫论》；

二、自本判决生效之日起10日内，被告中国数字图书馆有限责任公司赔偿原告陈兴良经济损失8万元以及因诉讼支出的合理费用4800元；

三、驳回原告陈兴良的其他诉讼请求。[1] 宣判后，双方均未提起上诉。

案例2：知识产权专家联手起诉书生公司案[2]

2004年3月初，中国社科院教授郑成思发现他的8部作品被"书生之家数字图书馆"网站擅自放上网络向公众传播。与此同时，郑成思的6位同事也在这家网站上发现了自己的作品。2004年6月，7位专家以侵犯著作权为由，将书生公司告到北京市海淀区人民法院。针对7位专家的指控，书生公司认为其对作品的使用范围、方式进行了必要的限制，比如3人以上不能同时在线阅读同一图书、对作品只能拷屏下载等等，自己并不构成侵权。2004年10月21日上午，该案在海淀区人民法院开庭审理。

法院经审理于2004年12月20日，由海淀区法院做出一审判决，认定书生公司侵犯了7位专家的著作权，判令其停止侵权、赔礼道歉并赔偿损失。书生公司不服一审判决，向北京市第

---

[1] 参见北京市海淀区人民法院（2002）海民初字第5702号民事判决书。
[2] 参见新华网（http://www.fubusi.com），访问时间：2005年6月28日。

一中级法院提出上诉。2005年6月10日,北京市一中院作出维持原判的判决。根据该判决,书生公司应自判决生效之日起停止侵权行为,在《法制日报》上刊登对郑成思教授的致歉声明,并赔偿其经济损失及诉讼合理费用56 500元。除郑成思教授外,其他6名学者也都拿到了判决书和赔偿款。至此,这起历时1年多的7名知识产权教授集体捍卫知识产权的行动画上了一个比较圆满的句号。[1]

案例3:正东唱片有限公司诉北京世纪悦博科技有限公司侵犯录音制品制作者权纠纷案[2]

原告正东唱片有限公司(简称正东唱片公司)诉被告北京世纪悦博科技有限公司(简称世纪悦博公司)侵犯录音制品制作者权纠纷一案,北京市第一中级人民法院于2004年1月7日受理后,依法组成合议庭,于2004年3月29日公开开庭进行了审理。原告正东唱片公司诉称:2003年8月12日,原告发现被告在其经营的音乐极限网站(网址为www.chinamp3.com)上向公众提供了陈慧琳演唱的专辑《闪亮每一天DISK 1》、《闪亮每一天DISK 2》和《爱情来了》等35首歌曲的下载服务。原告系上述35首歌曲的录音制品的制作者。被告在未经原告许可的情况下,在互联网上传播原告制作的录音制品的行为,严重侵犯了原告的合法权益,并给原告造成了重大经济损失,故请求法院判令被告:①立即停止对上述歌曲在网络传播和下载服务的侵权行

---

[1] 参见《中国工商报》,2005年6月29日。
[2] 参见北京市第一中级人民法院(2004)一中民初字第400号民事判决书。

为；②在其经营网站的主页及《法制日报》上向原告公开赔礼道歉；③赔偿原告经济损失70万元人民币、调查取证费及诉讼合理支出5万元人民币；④承担本案的诉讼费。

被告世纪悦博公司辩称：①世纪悦博公司在音乐极限网站上提供的是链接，不是下载服务。被告作为大型音乐网站，主要是向用户介绍有关歌手的新闻、音乐专辑等公开的相关信息，为网络用户提供免费服务。世纪悦博公司事先通过网络搜索系统，检索到其它网站编排的，与涉案歌曲有关的网站建立链接，并将该链接保留在特定页面。同时，在"下载"链接页中，被告声明了"下载"只是链接，不提供本地下载，通过点击"下载"，用户将被链接到其它网站，并与其它网站产生数据交换。互联网上的链接实质是起到通道作用。对于设置、使用这种链接，并不会导致被链接内容在世纪悦博公司的服务器中产生复制品，也就不存在未经著作权人许可复制或传播涉案歌曲的行为。②世纪悦博公司作为网络内容服务的提供者，其在自己经营的网站上设置链接只起到通道的作用。我国目前的法律并没有对链接设置者的注意义务进行明确规定，没有要求链接设置者审查被链接内容来源的合法性以及用户使用链接目的合法性，而且本案中，正东唱片公司并没有提供证据，证明被链接网站提供涉案歌曲下载服务是侵犯著作权的行为。因此，世纪悦博设置涉案歌曲的"下载"链接不违反法律规定。③世纪悦博公司不具有侵犯著作权的主观过错，在我国网络法规不完善、网络内容服务提供商注意义务不明确的情况下，应依据最高人民法院《关于审理涉及计算机网络著作权纠纷案件适用法律若干问题的解释》第5条的规定，通过向网络内容服务提供商发出确有证据的书面证明,来判断网络内容服务提供商的行为是否构成侵权。世纪悦博公司在收到起诉书后已经断开了与涉案歌曲的全部链接,因此,世纪悦博公司不具有侵犯著作权的主观过错。因此,被告的行为不构成侵权,不应承担侵权的法律责任。

北京市第一中级人民法院经审理依照《中华人民共和国著作权法》第10条第1款第(12)项、第41条、第47条第(4)项之规定,判决如下:

一、自本判决生效之日起,被告北京世纪悦博科技有限公司立即停止对原告正东唱片有限公司享有录音制作者权的《三秒钟》、《制造浪漫》、《记事本》、《爱我不爱》、《你不一样》等涉案的35首歌曲的信息网络传播的侵权行为;

二、自本判决生效之日起10日内,被告北京世纪悦博科技有限公司赔偿原告正东唱片有限公司经济损失包括诉讼合理支出共计人民币10万元;

三、驳回原告正东唱片有限公司的其他诉讼请求。

案例4:上海步升音乐文化传播有限公司诉北京百度网讯科技有限公司录音制作者权侵权纠纷案[1]

原告上海步升音乐文化传播有限公司诉被告北京百度网讯科技有限公司录音制作者权侵权纠纷一案。原告诉称:原告于2005年3月30日发现被告在其经营的网站上(网址为http://www.baidu.com)向公众提供胡彦斌、许巍、"黑棒组合"和

---

[1] 参见北京市海淀区人民法院(2005)海民初字第14665号民事判决书。

"花儿乐队"演唱的46首歌曲的MP3文件的下载服务。经原告审查确认，上述曲目的录音制作者权均归原告所有，而原告从未许可被告通过互联网向公众传播，被告的行为严重侵犯了原告权益，并给原告造成重大经济损失。为此，原告请求法院判令：①被告立即停止对原告享有录音制作者权的歌曲之网络传播权的侵害，停止提供涉案歌曲的下载服务；被告在其经营的网站主页及《法制日报》上发表声明，向原告公开赔礼道歉；②被告赔偿原告经济损失46万元人民币和合理费用3万元人民币，合计49万元人民币；③被告承担本案全部诉讼费用。

被告辩称：搜索引擎是指自动从互联网搜集信息，经过一定整理以后，提供给用户进行查询的系统。用户向搜索引擎发出查询请求（或指令），搜索引擎按照用户的请求（或指令）在索引数据库中检索，进行必要的逻辑运算，最后以链接的方式给出查询结果。通常搜索引擎会在这些链接下提供相应的摘要信息，以帮助用户判断此网页是否含有自己需要的内容。答辩人是一家中立的搜索引擎服务提供商，按照技术规则为网络用户提供全面有针对性的搜索结果，供用户查询和使用；答辩人没有提供涉案歌曲的下载服务，只是以链接形式为搜索用户提供动态的搜索服务；答辩人的搜索引擎服务系统依据技术规则对搜索结果自动生成链接列表，答辩人没有对任何被链接网站（页）进行非技术性的选择与控制；百度获利的方式是在页面的上方或右方设置广告，与是否链接被告歌曲无任何关系，由于互联网上的媒体文件极其丰富，以及我方支付的巨大成本支出，对于免费搜索服务，我方没有义务也没有能力明确提供每一个文件的具体地址资料，答辩人的行为没有任何过错。综上,请求法院判决驳回原告的诉讼请求。

北京市海淀区人民法院经审理依据《中华人民共和国著作权法》第 40 条、第 41 条、第 47 条第(四)项、第 48 条第 2 款之规定,北京市海淀区人民法院判决如下:

一、自本判决生效之日起,被告北京百度网讯科技有限公司停止在其网站上提供原告上海步升音乐文化传播有限公司享有录音制作者权的涉案歌曲的 MP3 文件下载服务;

二、自本判决生效之日起 10 日内,被告北京百度网讯科技有限公司赔偿原告上海步升音乐文化传播有限公司经济损失 618 万元及因诉讼支出的合理费用 4095 元;

三、驳回原告上海步升音乐文化传播有限公司的其他诉讼请求。

案例 5:上海步升音乐文化传播有限公司诉北京飞行网音乐软件开发有限公司、北京舫盛舫安信息技术有限公司侵犯录音制作者权纠纷案[1]

原告上海步升音乐文化传播有限公司(以下简称上海步升公司)诉被告北京飞行网音乐软件开发有限公司(以下简称北京飞行网公司)、北京舫盛舫安信息技术有限公司(以下简称舫盛舫安公司)侵犯录音制作者权纠纷一案。原告上海步升公司起诉称:原告上海步升公司对于胡彦斌演唱的《老爸你别装酷》、《梦》、《猜》、《你记得吗》、《目不转睛》、《第一次》、《黑雨》、

---

[1] 参见北京市第二中级人民法院(2005)二中民初字第 13739 号民事判决书。

《透明人》、《想》、《昨天是你的生日》、《进行式》、《情不自禁》、Waiting For You、《干脆点》、《我的未来不是梦》、《红颜》、《尴尬》、《借口》、《宣言》、I Wanna Be、《一个人……两个人》，许巍演唱的《纯真》、《旅行》、《曾经的你》、《喝茶去》、《坐看云起》、《秋海》、《温暖的季节》、《每一刻都是崭新的》、《永远自由的心》、《小鱼的理想》、《悠远的天空》、《天鹅之旅》、《完美生活》、《时光》、《蓝莲花》、《礼物》、《星空》、《夏日的风》，花儿乐队演唱的《刚刚好》、Miss You、Flower Show、《加减乘除》、《陪你去》、《我是你的罗密欧》、《爱你是错》、《爱情残酷物语》、《已到花朵盛开时》、《懒》，黑棒演唱的《哎哟 A—YO》、No.1、《嘻哈不断》、《非典型女友》等歌曲享有录音制作者权，且从未许可他人通过信息网络向公众传播上述歌曲。被告北京飞行网公司和舶盛舫安公司利用 kuro（酷乐）软件向公众提供上述歌曲的分享、搜索和下载服务。二被告的上述行为侵犯了原告享有的录音制作者权，给原告造成重大经济损失。故请求法院依法判令二被告：①立即停止涉案侵权行为；②连带赔偿原告经济损失 35 万元及诉讼合理支出 3 万元；③承担本案诉讼费用。

被告北京飞行网公司答辩称：kuro 软件不是被告北京飞行网公司开发的，也不是被告北京飞行网公司经营的。因此，请求法院判决驳回原告的诉讼请求。被告舶盛舫安公司未答辩。

北京市第二中级人民法院经审理依据《中华人民共和国著作权法》第 41 条第 1 款、第 47 条（4）项、第 48 条，《最高人民法院关于审理涉及计算机网络著作权纠纷案件适用法律若干问题的解释》第 3 条，《中华人民共和国民法通则》第 130 条、《中华人民共和国民事诉讼法》第130条的规定，判决如下：

一、北京飞行网音乐软件开发有限公司和北京舶盛舫安信息技术有限公司于本判决生效之日起，停止涉案侵害上海步升音乐文化传播有限公司对涉案53首歌曲享有的录音制作者权的行为；

二、北京飞行网音乐软件开发有限公司和北京舶盛舫安信息技术有限公司于本判决生效之日起10日内，连带赔偿上海步升音乐文化传播有限公司经济损失20万元及诉讼合理支出1万元；

三、驳回上海步升音乐文化传播有限公司的其他诉讼请求。

案例6：华纳诉百度著作侵犯案[1]

原告华纳唱片有限公司（Warner Music Hong Kong Limited）（以下简称华纳公司）诉被告北京百度网讯科技有限公司（以下简称百度公司）侵犯信息网络传播权纠纷一案。原告华纳公司诉称，我公司于2005年6月6日发现被告百度公司在其经营的网站上（www.baidu.com）从事我公司录制的郑秀文演唱的《值得》、《完整》、《落错车》、《宠物》、《终身美丽》、《舍不得你》、《不可多得》、《交换温柔》、《两个只能爱一个》、《神化》、《宿命主义》、《甜》、《未来》、《小心女人》、《星"秀"传说》（Everyone is a Superstar）、《超速驾驶》、《你爱我爱不起》；周国贤演唱的《温室气球》、《逃避》、《那一天》；郭富城演唱的《水手装与机关枪》、《杀手23》、《分享爱》、《创举》、《I love you so（太爱你）》、《望乡之（再见萤火虫）》、《等我回来》、《降龙十八掌》、《真的怕了》、《动起来》、《爱的呼唤》、《被爱》、《唯一色

---

[1] 参见北京市第一中级人民法院（2005）一中民初字第8995号民事判决书。

彩》、《强》、《痛苦》、Para Para Sakura、《当我知道你们相爱》；薛凯琪演唱的《快乐到天亮》、《前菜》、《男孩像你》、《小黑与我》、《未约定》、《我想留低》、《奇洛李维斯回信》、《瞬间转移》、《丑小鸭天鹅湖》、《影迷少女》、《南瓜车》、《小聪明》等49首歌曲的在线播放和下载服务。我公司对上述歌曲享有录音制作者的信息网络传播权，我公司从未许可被告通过互联网向公众传播上述歌曲。被告的行为严重侵犯了原告录音制作者的信息网络传播权，并给原告造成重大经济损失。依据《中华人民共和国著作权法》及相关法律法规，请求法院判令被告：①立即停止提供涉案歌曲的在线播放和下载服务；②在其经营的网站主页及《法制日报》上发表声明，向原告公开赔礼道歉；③赔偿原告经济损失49万元人民币及为调查被告侵权行为和诉讼所支出的合理费用5万元人民币，合计人民币54万元；④承担本案全部诉讼费用。

在本案诉讼过程中，原告撤销了对郑秀文演唱的《舍不得你》、《不可多得》、《交换温柔》、《两个只能爱一个》、《宿命主义》、《甜》、《未来》、《小心女人》、《星"秀"传说》(Everyone is a Superstar)、《超速驾驶》；郭富城演唱的《水手装与机关枪》、《唯一色彩》、《Para Para Sakura》；薛凯琪演唱的《快乐到天亮》、《前菜》、《未约定》、《瞬间转移》、《影迷少女》、《南瓜车》等19首歌曲的诉讼请求，并将郭富城演唱的《痛苦》的歌名更改为《痛哭》，保留对其余《值得》等30首歌曲的诉讼请求。同时变更起诉状之诉讼请求第三项，即：被告赔偿原告经济损失30万元人民币及为调查被告侵权行为和起诉被告所支出的合理费用5万元人民币，合计35万元人民币。保留起诉状之诉

第8章 著作财产权交易制度的构建和完善

讼请求第一、二、四项内容不变。

被告百度公司辩称：被告系一家专业性的搜索引擎服务提供商，MP3搜索服务是被告搜索引擎服务项目之一，其工作原理、技术和软件与网页、新闻、图片等其它服务项目的搜索服务是完全一致的。被告提供的搜索引擎服务对被收录的网页信息本身不进行任何的加工或处理，都是由程序自动完成的，被告只提供网络链接，不提供实际内容；被告的搜索引擎只是针对不被禁止或不被限制搜索的世界范围的中文网站，如果该网站不采取禁止或限制的技术措施，被告的搜索引擎就能从中获得用户所搜索的有关信息；被告没有对被链接网站的内容进行非技术性的选择与控制，对所链接的内容没有进行任何的识别、筛选或整理，不存在侵权的主观故意或过失。相反，被告为保护权利人的合法权利，在其网站上发布"权利声明"，为权利人维护权利提供了顺畅、有效和方便的保护途径。虽然国际唱片业协会亚洲区办事处在诉前向被告发送律师函，要求被告停止侵权并赔偿损失，但在律师函中没有提供涉案作品的权利人，以及侵权的网络地址。在此情况下，被告还是积极地回复国际唱片业协会亚洲区办事处的委托代理人，希望其配合百度公司提供相应文件并列出侵权歌曲所在的被搜索网站的URL，并承诺在收到文件资料后会依法采取移除措施。但是国际唱片业协会亚洲区办事处未作进一步的答复。收到7家唱片公司的诉状后，被告又立即书面致函7家公司的代理人，希望其尽快提供相应证明文件，并承诺在收到文件后，即采取积极措施，断开相关检索链接。但被告仍没有从7家公司处得到任何的反馈。以上事实充分说明，被告对保护权利人合法权利的态度是积极的,措施是有力的,不存在任何主观过错,而原告7家公司怠于履行义务,滥用诉权。原告起诉主体有误,其应当将涉案歌曲被搜索网站的所有者列为本案的被告。本案中,被告作为搜索引擎服务提供商,仅为用户提供了搜索服务,真正为网络用户提供涉案歌曲在线播放和下载服务的行为人是被搜索网站的所有者。对于被搜索网站所提供的音乐是否系盗版音乐,是否已取得合法授权,被告没有能力也没有法定义务去查证。因此,如果涉案歌曲被搜索网站的所有者不参加诉讼,那么被搜索网站下载、在线播放涉案歌曲是否构成侵权就无法查证属实,更谈不上被告是否构成侵权了。综上所述,原告的主张如果成立,将导致整个搜索引擎行业所有搜索服务被迫停止服务的毁灭性后果,并极大地阻碍科学技术的发展和人类文明的进步。请求法院驳回原告对被告的诉讼请求。

北京市第一中级人民法院经审理依据《中华人民共和国著作权法》第10条第1款第(12)项、最高人民法院《关于审理涉及计算机网络著作权纠纷案件适用法律若干问题的解释》第8条第1款之规定,判决驳回原告华纳唱片有限公司的诉讼请求。

案例7:华纳唱片公司诉北京阿里巴巴信息技术有限公司侵犯著作邻接权纠纷案[1]

原告华纳唱片公司诉被告北京阿里巴巴信息技术有限公司(以下简称阿里巴巴公司)侵犯著作邻接权纠纷一案。原告华纳唱片公司起诉称:该公司对Faith Hill演唱的专辑Cry、Green

---

[1] 参见北京市第二中级人民法院(2007)二中民初字第02630号民事判决书。

Day 演唱的专辑 American Idiot、James Blunt 演唱的专辑 Back to Bedlam、Linkin Park 演唱的专辑 Meteora、Madonna 演唱的专辑 American Life 和 Confessions on a Dance Floor 享有录音制作者权,并未授权被告或者相关第三方通过被告经营的雅虎中文网站等相关网站传播、或者通过链接方式传播上述录音制品,对其进行在线播放和下载。被告阿里巴巴公司自 2006 年 4 月 10 日开始,通过其经营的雅虎中文网站,向公众提供上述 6 张专辑中共计 37 首歌曲的试听及下载服务。其中包括 Cry 专辑中的歌曲 One 等 3 首、American Idiot 专辑中的歌曲 Wake Me Up When September Ends 等 3 首、Back to Bedlam 专辑中的歌曲 So Long, Jimmy 等 8 首、Meteora 专辑中的歌曲 Breaking The Habit》等 7 首、American Life 专辑中的歌曲 Die Another Day 等 5 首和 Confessions on a Dance Floor 专辑中的歌曲 Hung up 等 11 首;同时,通过对涉案歌曲 Somewhere I Belong 等歌曲信息进行人为的搜集、整理、分类和编排,按照歌曲风格、流行程度、歌手性别等标准制作诸如"歌曲排行榜"、"最佳男歌手"、"最佳女歌手"等不同的分类链接,便于网络用户搜索;提供涉案歌曲 One、Breaking The Habit 和 Hollywood 的音乐盒服务,存储用户的歌曲链接,并可以实现共享等功能,方便其他网络用户通过"音乐盒"直接试听和下载。原告认为被告的上述行为使网络用户无需离开被告网站网页即可实现歌曲的试听及下载,已经超出了普通搜索引擎的服务范围。被告把第三方网站的资源变成自己的资源加以控制和利用,属于直接复制并通过网络传播原告享有录音制作者权的涉案歌曲的侵权行为;即使不构成上述侵权行为，被告亦未尽到合理注意义务，构成诱使、参与、帮助他人实施侵权的行为，侵犯了其对涉案歌曲所享有的录音制作者权中的复制权、信息网络传播权以及相应的获得报酬权。国际唱片业协会曾经代表原告与被告就涉案事宜进行过协商，原告也曾于2006年7月4日向被告发出于7日内断开相关链接的通知，但是被告直到7月底仍未删除相关链接。故诉至法院，请求判令被告停止侵权；在雅虎网站、《人民日报》、《北京晚报》、《中国日报》、《中国青年报》上向原告公开赔礼道歉；赔偿原告经济损失及为诉讼支出的律师费、公证费、差旅费等合理费用共计50万元并承担本案诉讼费用。

被告阿里巴巴公司答辩称：①其作为搜索引擎服务商所提供的搜索服务的工作原理是：由蜘蛛程序从互联网自动搜索到各种音频文件的统一资源定位符（Uniform Resource Locator, URL），并收录到索引数据库；当互联网用户在客户端输入关键字查询后，搜索引擎自动在索引数据库中进行检索及逻辑运算，以链接列表的方式给出搜索结果。用户点击搜索结果进行试听和下载时，客户端直接被链接到目标文件所在的第三方网页。涉案试听和下载的歌曲均来源于第三方网站，被告提供的仅是涉案歌曲的搜索和链接服务，并非歌曲的试听和下载服务。②通过分类信息，即关键字搜索推荐的方式查询，是搜索引擎服务商普遍采用的服务方式；相关分类信息系由搜索引擎系统通过对用户提交的搜索关键字进行自然计算后得出，被告未对任何搜索结果进行非技术性的选择、编辑或控制；被告通过关键字搜索推荐的方式提供的仍然是搜索链接服务，而非下载服务。③音乐盒服务只是为网络用户提供存储空间,用来存储相关的链接地址,而非存储歌曲本身,其功能等同于 Internet Explorer 浏览器中的"收藏夹",所以也不构成侵权。④被告已经严格履行了法律义务,在接到原告合乎法律要求的相关通知后,于 8 月初完全断开了原告提供 URL 地址的相关链接,并在雅虎网站公告栏中进行了公告。原告要求断开所有侵权链接的要求于法无据。故请求法院驳回原告的诉讼请求。

北京市第二中级人民法院经审理依照《中华人民共和国著作权法》第 41 条第 1 款、第 47 条第(一)项、第 48 条、《信息网络传播权保护条例》第 14 条、第 15 条、第 23 条、《最高人民法院关于审理涉及计算机网络著作权纠纷案件适用法律若干问题的解释》第 3 条之规定,判决如下:

一、自本判决生效之日起,北京阿里巴巴信息技术有限公司删除雅虎中文网站"雅虎音乐搜索"中与 One 等 36 首涉案歌曲有关的搜索链接;

二、自本判决生效之日起 10 日内,北京阿里巴巴信息技术有限公司赔偿华纳唱片公司经济损失人民币 14 400 元及为诉讼支出的合理费用人民币 11 000 元;

三、驳回华纳唱片公司的其他诉讼请求。

笔者认为,上述第 1、2 案例实质上涉及三个问题:①数字图书馆使用他人作品的性质是合理使用还是侵权行为?该问题应当从数字图书馆性质是营利还是非营利;使用他人作品的目的是否营利;使用他人作品是否对作品的正常使用造成了一定的影响等方面予以判定。②网络环境下使用他人作品如何取得授权?这一问题是网络环境下使用他人作品最棘手的一个问题。因为，一方面网络环境下的"海量"授权许可，一对一授权不现实。另一方面通过其他方式如著作权集体管理组织授权，我国现阶段并非所有作品都可以通过该方式获得授权。故该问题仍然是网络环境下使用作品面临的一个主要问题。对此，笔者下文将重点讨论。③网络环境下的侵权行为如何确定赔偿范围和标准。建议国家通过立法明确侵权范围、侵权行为种类、赔偿标准及侵权主体承担的法律责任。

上述第 3 至 7 案例除第 6 案例为侵犯他人作品信息网络传播权外，其他均为网络环境下邻接权侵权纠纷。从这些案例本身和审理案件法官的评判思路来看，我认为对如何规范网络环境下的版权交易，了解交易中发生的问题，以及防止发生侵权行为有以下启示：

（1）从这些案件所反映的突出问题和争议的焦点来看，网络环境下因使用而引起的著作权或者邻接权侵权纠纷主要表现为以下特征：①网络盗版比重上升。互联网中的私服外挂、音乐、文学作品侵权盗版现象最为突出。②侵权手段日益隐蔽。多数侵权盗版网站不断变换 IP 地址和网络服务器，网站经营者、内容提供者、域名所有人、网站服务器提供者、网络接入服务提供者分由不同主体担任，以此干扰办案人员对侵权事实的认定。由于不同主体承担侵权责任的条件各不相同，给查处办案人员准确认定实际侵权人带来较大难度。③固定证据难度加大。网络案件证据容易灭失、办案时效短、保密性强、专业技术性要求高，与传统侵权盗版相比取证难度加大。由于网络证据具有易复制性和易篡改性，对网络证据的要求也很高。这样对事实认定和法律适用带来了一定的难度。当然从导致侵权发生的原因来看，都涉及一个重要的问题，即在网络环境下使用他人作品，通过什么方式、如何取得权利人的授权？尽管有关部门正在建立互联网侵权盗版监管系统，研究有效监管网络的视频、音频侵权等问题，并不断提高政府的监管能力和服务水平，但从作品著作财产权交易的模式层面我们可以认为：传统授权模式与网络时代的海量需求之间的矛盾已成为制约数字出版业发展的巨大瓶颈。据我国有关部门的不完全统计，目前全国每年出版10余万种图书、1万种期刊，因出版涉及到的权利人次多达数千万。从这个数据可见，即使使用者只与10万版权人达成协议，在未支付著作权人使用费之前至少得付3000万元成本，在盈利状况不明晰前即投入这样的成本，没有一家数字厂商敢承担这样的风险。在这样的情况下，数字图书馆面临着两难的选择：严格按照传统版权交易模式，成本高，发展速度慢，没有足够的作品，也就失去了数字图书馆的价值；不按照传统模式，就有可能像书生公司一样面临吃官司的危险。[1] 笔者认为这样的观点值得商榷。除了采用传统方式之外，事实上还有其他之路可走，对此后文详述。

(2) 关于网络环境下授权模式的思考。从我国的实践看，关于数字出版业的授权模式基本上可归纳为三种情形：即合意许可模式、法定许可模式、版权集体管理机构模式。合意许可即授权

---

[1] 参见周季钢、唐宜青："难以通达的'未来之路'"，《经济月刊》（电子版），2005年第9期。

许可，包括两种情形：一是通过"一对一洽谈版权"的方式，著作财产权人将其权利许可他人行使；二是通过"授权要约"的方式，即著作权在发表作品的同时作出一个要约，声明著作权人的权利，并声明别人在什么样的条件下可以使用，并通过代理机构向著作权人支付报酬。第一种情形下，由于是与著作权人直接签约，获得的授权应当是安全、合法的；但其不足在于交易成本高，且速度迟缓。尽管有的数字图书馆通过这种方式取得了一定授权，[1]但与创设数字图书馆所期望的数据还是有一定的差距。而第二种情形虽然简单可行，但往往著作权人的声明根本无法涵盖使用人的使用方式，且报酬支付也无法保障。第三种模式是指法定许可模式。依这种模式，数字图书馆和网上传播可以事先不经作者许可，事后向作者支付报酬，也就是类似于现行著作权法规定的"转载"。这种方式如果在使用后报酬支付能够得以保障，也许会受到广大作者或者著作权人的支持，但其不足在于可能会涉及到作品出版者、制作者等相关传播者的利益问题，且这种行为在法律制度上的定位也难以把握。

版权集体管理机构的办法在国外是一种比较流行的授权模式。依照这种模式，著作权集体管理组织根据著作权人或者邻接权人的授权，对授权人作品的使用和保护提供法律服务和帮助。这种方式实质上也应当属于合意许可模式。我国也有类似的机构，如1992年成立的"中国音乐著作权协会"。笔者认为这种模

---

〔1〕据超星公司统计，截至2008年11月，超星公司已与30万位作者直接签订了授权协议。参见 http://www.ssreader.com/zhuanti/15/，访问时间：2009年3月5日。

式不仅便于权利人更好的实现自己的利益,而且便于公众更好的、更方便的使用他人的作品,且这种模式也利于降低交易成本和交易风险。我国在这方面已做了大量的工作,并取得了一定的经验,但还有大量的工作需要进一步完善。如作品类型化问题、作品信息处理中心的建立问题、电子交易系统的开发和使用问题等均是与之相关,并需要研究的问题。

(3) 在网络环境下,作品的交易或者实现往往涉及到网络服务提供商的权利、义务和责任问题。一个不可否认的事实是,随着网络的发展,网民的数量不断增加,据CNNIC不完全统计,截至2008年6月底,中国网民数量达到2.53亿,比去年同期增长了9100万人,仅2008年上半年,中国网民数量净增量为4300万人。网民规模跃居世界第一位,而这庞大的人群要享受网络带给他们的一切都需要网络服务提供商的帮助。[1]尽管《信息网络传播权保护条例》规定,权利人认为网络上的作品侵犯其权利或删除、改变了权利管理电子信息,可以书面要求网络服务提供者删除该作品或断开与该作品的链接;网络服务提供者根据权利人书面通知,立即删除涉嫌侵权的作品或者断开与该作品的链接,并转告服务对象;服务对象认为其提供的作品未侵犯他人权利,提出书面说明要求恢复的,网络服务提供者立即恢复被删除的作品,还可以恢复与该作品的链接,同时转告权利人;权利人不得再通知网络服务提供者删除该作品,或者断开与该作品的链

---

[1] "中国互联网络发展状况统计报告",参见 http://www.cnnic.net/uploadfiles/doc/2008/7/23/170424.doc,访问时间:2009年3月5日。

接。但通知是否为权利人的义务？以及权利人通知时采取什么样的形式就构成了"适格"？这些均对行为的判定有一定的影响，如华纳公司状告百度侵犯其歌曲网络传播权一案法院最终判决驳回华纳公司的诉讼请求。

（4）上述案件反映的另一个比较突出的问题便是网络环境下，版权交易过程中一旦发生侵权行为如何承担赔偿责任？《信息网络传播权保护条例》仅规定了承担侵权责任的形式包括停止侵权、消除影响、赔偿损失等，但并没有规定具体的数额计算标准。因此，在司法实践中，由于相关的法律操作性不强，权利人一般又难以证明自己的实际损失和侵权人的违法所得，而最终的赔偿数额往往是由法院综合考虑涉案作品的类型、知名度、侵权行为的性质、持续时间、规模、社会影响后果、主观过错程度以及原告支出费用的合理性等因素酌情确定。

从以上分析我们可以看出，在网络环境下版权交易出现了许多新情况和新问题，如何促进版权交易又不增加版权交易成本，还可以防止权利人受到不法侵害，并且客观上不影响科学技术的进步，同时能够平衡著作权人、传播者和作品使用者的利益，是我们还要进一步研究的问题。

8.2 著作财产权交易制度构建的障碍

我国著作权法律制度起步较晚，而著作财产权交易无论是从理论研究上还是实务操作上与国外相比都有较大的差距。从本章上节所论及的国家有关职能部门的统计数据来看，在近10多年以来，我国在版权贸易中引进版权与出口版权的比例为10∶1，尽管这种逆差随着我国版权交易的不断扩展而在变化，但总体上还是和发达国家有较大差距。笔者认为，在版权贸易方面我国存在巨大逆差的主要原因除能够适应国际市场需求的作品不多之外，另一个重要原因就在于对外著作财产权交易不够，且在著作财产权交易中存在以下问题：

8.2.1 理论研究不足

我国对著作权交易的定义性质、功能特点、交易模式、体系结构和机理规律缺乏系统研究。理论研究不足造成交易规章制度缺乏理论依据。尤其是有关著作财产权交易的原则、交易的模式、交易的规则不仅在学术理论上缺乏系统研究，而且现实操作中也尚未形成合理可行的规范。理论上的缺失主要表现在三个方面：一是有关著作财产权交易的现有成熟的理论成果不多。笔者曾于2009年3月5日通过互联网的Baidu和Google搜索引擎在著作财产权交易目录下进行检索，所得出的结果几乎没有该方面的理论性的阐述。二是有关著作财产权的创新性研究成果不多。从现有成果来看，大多停留在对著作财产权的基本概念和基本知识的说明层面，而缺乏创新性的研究方法和研究成果。三是有关著作财产权理论研究的深度和广度还不够。如对著作财产权交易的价值研究、著作财产权交易与文化传播的关系、国外著作财产权交易的规则和经验等还缺乏理论上的探索。

8.2.2 交易意识缺乏

著作财产权的价值和作用不仅在于拥有，更重要的是在于交易和利用；著作财产权的地位和效用不仅在于国内，更应当注重国际。但从我国实际看，相当多的出版或者代理单位，并未意识到著作财产权交易和利用在出版产业中的地位和作用，并且往往将目光投放在国内和我国港、澳、台地区，并没有走向世界。尤其是对国外的著作财产权交易缺乏了解，信息不灵，要么不重视或者根本不懂得如何从事著作财产权交易，从而导致著作财产权交易，特别是著作财产权输出方面与发达国家存在较大差距。近10年来我国对欧美的版权交易存在较大逆差的现状便说明了这一问题。另中信出版社2001年引进《谁动了我的奶酪》一书的实例也可以对此予以证明。[1]《谁动了我的奶酪》是由进军美国市场的英国企鹅普特南出版社于1998年出版的一本不足百页的小开本图书。该书出版后很快风靡全球，尤其是在美国各大媒体连续创造了惊人的上榜记录。1999年几乎一年在《商业周刊》、《华尔街日报》等商务类畅销书榜连续荣登榜首，被《今日美国》评为1999年最好的图书，2000年在 publishing weekly 评选的51周图书排行榜上榜书有40周排名第一，2001年又有52次荣登榜首。至2001年度在美国已再版印刷92次，销售550万册，在世界各地创出销量超过2000万册。就是这样一部作品，当版权公司将其推荐给中国6家出版社及多个书商时，却没有人接这块"奶酪"。而中信出版社于2001年7月获得该书出版权，到11月该书在北京开卷图书市场研究所非文学畅销书排行榜位列第一，后连续4个月名列前茅，至2002年3月，该书已销售150

---

[1] 渠竞帆："奶酪旋风席卷世界"，《中国图书商报》，2002年3月6日。

万册。[1] 从中信出版社成功事例不难看出，著作财产权交易的意识和信息对一个出版行业而言是多么的重要。

8.2.3 版权代理欠缺

版权代理机构提供的中介服务在著作财产权交易过程中起着重要的作用。我国版权代理不健全主要体现在两个方面：一是版权代理机构不完善。据不完全统计，我国截至2005年底，经国家版权局批准的版权代理机构仅有30多家，除中国电视节目代理公司代理电视节目、中国电影输出输入公司和北京天都电影版权代理中心代理电影、九州音像公司版权部等代理音像外，其他23家代理机构均以图书版权代理为主。在23家图书版权代理机构中，代理人员在10人左右的只有中华版权代理公司、广西万达版权代理公司等几家，其他机构人员一般都在2至3人，累计起来，23家图书代理机构的代理人员总数不足百人。相对全国560多家出版社、200多家电子音像出版社、8000多家杂志社、2000多家报社、几百家网站和其他与版权有关的产业而言，版权代理队伍实在小得不成比例。与发达国家相比，我国版权代理机构的数量还相差很远，如英国有200多家版权代理公司、美国就有600多家。二是版权代理机构的代理业务开展的不好。目前，大多数代理机构已处于亏损境地，有的已名存实亡。导致的原因一方面是版权代理公司的内部体制和经营机制所引起的；另

---

[1] 张美娟：《中外版权贸易比较研究》，北京图书馆出版社，2004年12月版，第187—188页。

一方面是由于大多数出版机构版权代理意识比较淡薄，不愿意或者较少利用版权代理机构提供的服务。

8.2.4 交易市场无序

著作财产权交易如同其他有形商品交易，也需要完备的交易市场才能顺利实现交易目的。如果著作财产权交易市场不够完善，就必然限制著作财产权进入市场，更谈不上加速交易，从而使得作品无论是被用作公益用途使用还是营利性使用，都会增大使用人的交易成本，且容易诱发著作权侵权行为。因为在交易市场不完善的情况下，一个不可否认的事实便是：作品的使用人根本无法找到每一个著作财产权人。可见，完善的市场是著作财产权正常交易的现实基础。从我国当前市场现状看主要存在以下问题：①著作财产权的评估机制尚不发达；②著作财产权人尚未真正成为交易主体；③网络环境下的在线交易系统和交易平台尚未创建；④缺乏有效的组织管理方式；⑤尚无一个权威机构或者部门对著作财产权交易进行统一监管等。

8.2.5 交易规则缺位

交易规则缺位是造成我国著作财产权交易滞后的一个重要原因。交易规则应当是指在著作财产权交易的整个过程中所有当事人都必须共同遵守的制度或者准则。健全的法律制度和完善的交易规则是从事著作财产权交易的前提和条件。法律制度及规则不健全，不仅使当事人缺乏交易安全感，而且会直接影响著作财产权交易的效率以及著作财产权的开发利用。从目前交易规范来看,亟待完善的是制定著作财产权交易规则和规范著作财产权交易合同。我国著作权法虽对著作财产权交易合同,如著作权许可使用合同、著作权转让合同及著作权质押合同的内容作了原则性规定,但在实际交易中,并无较为规范的合同文本,尤其是引进版权谈判中,往往因合同具有涉外因素,就经济条款的约定、使用术语的解释、法律的适用、纠纷解决的途径等,更无标准合同参考,从而阻碍或者影响了正常的著作财产权交易活动,也易引起有关的著作权纠纷。如歌曲作者杨臣刚将自己作品《老鼠爱大米》在两年之内先后转让给了4位受让人,从而引起了系列著作权纠纷。[1] 究其原因,实为著作财产权交易合同不规范所致。

8.3 构建和完善我国著作财产权交易制度的设想

8.3.1 确立交易的战略地位

21世纪为知识经济时代,而知识经济是以知识为基础建立的市场经济。在"科技进步超速化,知识信息网络化,经贸活动全球化,游戏规则国际化及其派生的知识产权保护范围扩大化,保护标准国际化,保护水平高度化"[2] 的时代背景下,一国著作财产权交易是否迅捷以及交易量的多少直接意味着该国是否拥有先进知识、先进文化和先进科技成果,并对该国的经济增长及

---

[1] 参见中国知识产权交易网(http://www.ipat.com.cn/),访问时间:2004年12月25日。
[2] 陶鑫良:"知识经济时代的智慧财产权保护之思考",参见刘江彬、陈美章:《两岸智慧财产权保护与运用》,元照出版公司,2002年7月版,第89页。

综合实力产生重大影响。正如有学者用形象的分工理论比喻当今的世界分工：随着知识经济的到来，拥有先进知识的国家将成为国际分工体系中的"大脑"，而知识落后或缺乏知识的国家就成为这个分工体系中的"手脚"，前者提供知识和技术，后者进行生产和装配。随着知识的不断进步，这种"大脑"和"手脚"的分工将成为越来越普遍的现象。[1] 随着国际版权市场竞争的加剧，著作财产权交易同样面临着新的挑战。一方面，我们应当理性地评价我国著作财产权交易的现状，即优秀作品少；交易能力差；交易国别和地区不均衡；交易信息不灵；交易途径不畅；交易规则和市场不规范；交易逆差大等。面对这一国情，我们在从事著作财产权交易过程中应当充分考虑我国的经济、科技与文化的发展水平，立足我国现实并最大限度地实现法律的本土化与国际化之间的协调。另一方面，随着知识产权法律制度国际化、一体化的发展，著作财产权交易的国际市场、统一规则及标准已逐步形成，我们必须从战略上关注国际著作权法律制度的发展动态，使我国的著作财产权交易行为在国际平台上更公平、更公正、更合理。

确立著作权产业和交易的战略地位是我国知识产权战略的需要。知识产权战略是我国21世纪为推动经济和社会发展而做出的重大战略决策，是服务于国家的经济、社会发展的全局，是国家的总体战略，与国家的科教兴国战略、可持续发展战略、人才强国战略等国家总体战略相互补充、相互依存、相互促进，共同

---

[1] 黄亚钧等：《知识经济论》，山西经济出版社，1998年版，第344页。

为全面建设小康社会，进而实现中华民族伟大复兴的宏伟目标做出贡献。温家宝总理曾指出：知识产权的竞争是最高层次的，我国制定知识产权战略，对经济发展具有全局性，是国家总体战略的重要组成部分。战略虽然是宏观的，但战略是一个复杂而巨大的系统，[1]其制定和实施必须借助于知识产权各个部门的战略，即版权战略、专利战略和商标战略。而著作权产业及其交易则是版权战略的核心。西方国家近20年的经济发达史表明，著作权产业是发达国家经济中发展最快的部类，已成为国民经济发展中一个新的经济增长点和重要支柱。[2]笔者认为，确立著作权产业和交易的战略地位不仅是落实实践科学发展观和建立创新型国家的必然要求，也是实施《国家知识产权战略纲要》的具体体现。基于此，我国著作权产业和交易的战略应当从两个方面考虑：一方面应当考虑国际著作权产业及交易的现状和发展趋势，即在Trips协议框架下，如何使我国的版权产业和著作财产权交易步入国际平台并不断得以发展。另一方面应当考虑我国国内版权产业和著作财产权交易的不足和如何完善，即将版权产业及著作财产权交易方面的政策与国家的科技政策、产业政策、文化政策、教育政策等紧密结合，除注重自主创新、版权保护外，还应当注重构建一个与我国社会主义市场经济和国际经济一体化相适应的著作财产权交易市场。

---

[1] 王骅："制定知识产权战略之我见"，《中国版权》，2006年第1期。
[2] 张美娟：《中外版权贸易比较研究》，北京图书馆出版社，2004年12月版，第229页。

8.3.2 构建科学的交易体系

著作财产权交易对理论工作者和实务者来讲都是新课题，应当运用经济的、比较的、实证的等方法对著作财产权交易进行全方位、综合性的研究，寻求著作财产权交易的规律，以指导著作财产权交易活动。同时，应当针对我国具体国情，参考国外的经验，对实践中所存在的问题和发生的争议进行个案分析和研究，探索适合我国的著作财产权交易的理论框架和操作模式。笔者认为，著作财产权交易的体系首先应当构建专业人才体系。著作财产权交易专业性、技术性非常强，开展著作财产权交易，人才是第一要素。必须从战略的高度重视对著作财产权交易专门人才的培养，尤其是面对著作财产权交易的信息化、数字化、国际化的快速发展，应当制定切实可行的人才培养方案和培养目标，采取相应对策，从根本上尽快解决人才问题。对此，笔者建议首先应当在法学本科教育计划中以及在硕士、博士生教学计划中独立开设知识产权法专业，培养具有知识产权理论和实践的专门人才，并在此基础上尽快设立我国"版权代理人资格证"制度。其次，应当注重著作财产权交易的法律体系构建。正常的著作财产权交易需要完备的法律制度加以保障。我国尚在创建社会主义市场经济条件下具有中国特色的法律体系，著作财产权交易作为整个市场经济的一部分，也应当具有完善的法律体系。我认为，就此应重点完善著作财产权交易前的确权体系、交易中的权利义务体系、交易后的权利行使系统以及发生侵权应采取的救济体系。最后，应当健全著作财产权交易的中介体系。任何交易活动均离不开经纪人的作用,著作财产权交易也不例外。版权代理是著作财产权交易中的重要一环。版权代理人不仅熟悉版权业务,而且了解著作财产权交易市场,能够较好的预知著作财产权交易的利弊。国外近年来已出现从事网上知识产权交易的中介机构,如利用因特网沟通买卖双方进行技术交易的中介服务公司在欧美国家已为数不少。[1] 美国杜邦公司和其它企业最近设立的 YET2 网络公司由于服务便捷,已经吸引了 20 多家欧美和日本大公司,西门子、飞利浦、英国电信、波音、福特、索尼、东芝、美国桑迪亚国家实验室等公司和机构,已经或即将在 YET2 的网站上公布它们的技术产品。与其它做网上知识产权交易的公司相比,YET2 网络公司的业务范围有所不同。YET2 不仅销售专利技术和产品,而且还让人们分享"原始技术信息"。这家公司的网站可提供一些未获专利的最新技术、保密知识和技术。但是,调阅这些资料的公司须交纳 500 美元至 10 000 美元不等的年会员费。通常情况下,技术的拥有者若想在网上进行知识产权交易须填写一张上网表格,其中包括某项技术的概要和详细说明,并要用研究人员的通用语言说明某项发明投入市场的潜在价值。技术的需求者除了在网页上搜寻外,还可以填写一个匿名的需求单在网页上公布。需求者一旦发现所需技术或接到反馈信息,即可要求网上中介公司安排与技术拥有者联系,尔后进行谈判和交易。我国的版权代理机构及其代理人较之国外而言,不仅出现晚、机构少,而且水平低。为了促进著作财产权交易,在条件许可情况

---

[1] 参见《中国高新技术产业导报》,2000 年 3 月 25 日。

下，应当加大版权代理机构的设立，尤其是尽快创设网络环境下的版权中介机构，培养高素质的专门从事版权代理的人员，创建迅捷、高效的中介机制，使版权中介机构在著作财产权交易活动中真正发挥作用。

8.3.3 建立中国著作财产权交易中心

建立科学、高效的著作财产权交易模式是实现著作财产权正常交易的桥梁。从著作财产权变动审视，任何一个著作财产权的交易过程实质是一部作品创作完成、作者、著作财产权、传播者等信息的搜集、拥有、传递与使用的过程。随着网络技术的不断发展，著作财产权交易信息的社会化、网络化、产业化的程度越来越高，尤其是电子版权已成为各国著作财产权交易新的关注点，各国也通过不同的技术手段尽力搭建网络上的著作财产权交易平台。1999年上半年，WIPO在日内瓦举行了全球信息网络版权与邻接权管理顾问委员会第一次会议，拟建立的电子版权管理体系之内容是提供全天候的自动查询作品网络，通过网络取得授权并付酬，甚至可以直接从网上获得作品。[1] 另据报道，世界第一个半导体知识产权网上交易系统于2000年10月23日在英国爱丁堡开通，企业用户可以利用它进行新型芯片设计方案等技术的买卖。这个名为"虚拟元件交易"的新系统能提供一个类似于股票或商品交易所的环境，用户可以利用大量现成的工具来

---

[1] 张美娟：《中外版权贸易比较研究》，北京图书馆出版社，2004年12月版，第238页。

进行交易，许多在现实交易中费时费力的工作都可由系统自动完成。"虚拟元件交易"公司认为，这一系统不仅能为用户简化知识产权买卖步骤、节约时间和经费，还将促进半导体工业的技术交流，缩短新产品问世所需的时间。[1] 笔者也主张应当尽快构建我国著作权信息中心，能够全面、真实、及时、安全地反映我国作品著作权的市场信息，降低交易成本，并在此基础上，创建全球范围的网上谈判与交易的功能。在交易的模式上可采取授权模式和要约模式相结合的方式，实现规模交易。为实现这一目标且保障其真实、安全，笔者建议在国家版权局下设作品著作权信息中心。尽管中华版权代理总公司于2001年1月开通了中国版权信息网（www.ccopyright.com），但并未起到作品著作权信息中心的功能和作用。此外，据悉我国各地已相继成立了著作权交易中心或者基地，主要有：2007年9月13日，北京国际版权交易中心在京成立。该中心宗旨是促进国际文化交流，为国内外的版权贸易提供高品质、全方位的服务；提高全民在版权使用方面的守法意识；完善国内版权保护系统，维护全球作者的合法权益，力求推动中国版权事业与全球同步发展。中心的业务范围主要包括：提供国内外各类版权业务的咨询，提供完善的国内外版权信息交流平台。代理国内外图书、音像、电子出版物、广播、影视、音乐、美术作品及各类版权业务；为国内外出版机构提供版权服务；提供重大选题的策划方案；承办各类版权交流的展览展示，配合行政管理部门完善国内版权保护工作。另据报道，

---

[1] 参见《人民日报》，2000年10月25日。

2009年2月16日,中国版权保护中心版权登记大厅作为首家进驻国际版权交易中心的单位举行了揭牌仪式。国内首家版权交易中心于2004年初落户长沙。该中心是根据国家《出版物市场管理规定》的要求,在国家新闻出版署备案,由湖南省新闻出版局审批的出版物版权、物权交易集散中心,是全国首家出版物批发和版权交易、会展和展览等服务于一体,具有"孵化器"功能的交易平台。据了解,该中心已通过合资、合作、联合、招商方式引进出版产业链商的各类企业100余家。目前已经引进人民出版社、中国美术出版社、中国荣宝斋集团、新华书店总店、中国邮政物流局等国内大型文化企业,并与上海盛大(网络游戏公司)、湖南蓝猫(动画公司)等出版物边缘产业取得合作,国际知名文化企业贝塔斯曼也正与中心商讨入场事宜。2007年10月30日,"国家版权贸易基地授牌仪式"在中国人民大学文化科技园文化大厦举行。[1] 早在2007年8月6日,国家版权局正式批复中国人民大学成立国家版权贸易基地。基地定位为从事版权交易的综合性平台,具有"集聚、辐射、交流、展示交易、孵化、培训、代理"七大功能,是版权交易主体集中从事交易活动的市场,同时也是版权代理公司和其他版权贸易服务机构参与交易的场所。基地定位于为从事版权交易提供服务的综合性平台,成为中国版权交易主体从事交易活动的重要市场,同时也是版权代理公司和其他版权贸易服务机构参与服务的场所。在对外合作方面,基地

---

[1] 参见中国知识产权交易网(http://www.ipat.com.cn/? q=node/1412),访问时间:2008年11月5日。

将帮助企业在输出或引进版权方面寻找合作伙伴，组织园区企业参加对外版权交易洽谈会和相关的交流考察活动，提供项目的转让、许可、退税等进出口贸易服务。2008年4月28日，在第8个世界知识产权日到来之际，位于北京CBD核心区域的国内首家版权领域综合交易和服务大厅正式投入运营，标志着北京国际版权交易中心这个国内版权产业的航空母舰开始扬帆远航。[1] 随着国内文化消费需求的不断增长，版权产业日趋多元化，产业主体数量迅速增长，版权产业发展速度和规模也在不断加快，在国际及国内贸易中的比重不断攀升。但是版权产业发展中也存在着不少问题，缺乏有效承载多种版权产品的交易服务平台，缺乏国际性的版权交易中心，缺乏功能完整协调、横向贯通版权产业所有环节的专业化版权交易场所，是其中比较突出的问题。北京国际版权交易中心交易和服务大厅的开业运营，将会在一定程度上缓解上述问题，并在版权产业化的道路上进行有益的探索。该版权交易和服务大厅设有版权登记、法律服务、版权保护、联合执法、版权投融资和版权集体管理等多种服务窗口，尽可能为版权产业相关机构和个人提供全方位的服务。今后根据版权产业发展相关要求，还将陆续增加更加齐全的服务，真正使交易和服务大厅成为版权综合服务平台，成为版权产业的集聚地。据悉，北京国际版权交易和服务大厅已被授予"北京版权贸易基地"称号。北京版权贸易基地的成立，标志着版权产业链的逐步规范和

---

[1] 参见中国国际版权交易网（http://www.icocen.con/，ICC），访问时间：2008年11月5日。

成熟，使得版权作品在版权交易过程中的前端登记、版权保护以及版权交易都可以直接完成。北京国际版权交易和服务大厅的运营，对于权利人作品市场化运作，版权保护与维权，文化创意产业的整体提升有着标志性的历史意义。2008年7月17日从上海联合产权交易所获悉，由上海市版权局和上海联合产权交易所合作组建的"上海版权产权交易中心"16日下午正式揭牌，与此同时双方签署了《战略合作协议》。此举标志着上海在发展文化产业上又迈出了坚实的一步。[1] 这也是继成立联合国全球技术产权交易所、国家动漫游戏产业产权交易中心之后，上海产权市场开拓出的又一片新的业务领域。据悉，"上海版权产权交易中心"旨在建设一个公开、公平、公正的版权交易平台，主要从事以版权为主要资产的企业的产权、股权交易，也包括版权的许可使用和转让交易，以及与版权有关权利的交易。上海联合产权交易所采取项目推介会等多种形式，向社会投资者推广有关的版权交易项目，组织有关版权的挂牌、举牌、交易、交割和资金结算，并为相关版权交易活动提供必要的支持。"上海版权产权交易中心"的成立是上海产权市场开展文化产权交易的一项新的探索，也是全国版权产权交易的一项创举，此举必将对我国知识产权保护、文化产业发展产生深远的影响。

---

[1] 参见《上海证券报》，2008年7月18日。

8.3.4 制定我国《著作财产权交易规则》

8.3.4.1 《著作财产权交易规则》制定的原则

制定《著作财产权交易规则》是构建完善的著作财产权交易市场体系的必然要求，也是著作财产权交易保障体系中的一个重要方面。将知识产权的成果"产业化"即进入市场是知识产权战略的核心内容，著作权也不例外。只有制定完善的《著作财产权交易规则》，才能从制度上确保著作财产权交易的顺利实现。我国现存的产权交易市场以及相应的规则主要针对的是企业或者其他各类经济实体的产（股）权的交易活动，而专门就著作财产权交易的市场规则并未创建。笔者认为，鉴于著作财产权交易的特殊性，在我国应当设立专门从事著作财产权交易的市场以及相应的交易规则。在制定交易规则时，应当遵守和体现以下原则：①保护著作权人以及邻接权人合法权益的原则。这是著作财产权交易的前提和基础，也是著作权法的立法目的所在。②兼顾效率和公平原则。著作财产权交易作为谋求私利最大化的一种手段，应当体现效率优先，兼顾公平的原则。这是著作财产权交易行为的经济价值取向，基于此，笔者建议国家和地方著作权行政管理部门应当大力扶持和引导不同类型的著作财产权交易中心，以加大著作财产权交易活动。③利益平衡原则。著作财产权交易中的利益冲突和利益平衡充分体现了著作权法律制度的特色，著作财产权交易规则同样应当体现这一原则，以平衡著作权人、邻接权人、受让人、社会公众和社会公共利益。这是著作财产权交易的法律价值取向。④繁荣市场、促进科技文化不断发展原则。著作财产权交易的终极目标在于促进全人类科技文化事业的不断发展，也是著作财产权交易社会价值取向的体现。

8.3.4.2 《著作财产权交易规则》的主要内容

依据上述原则，针对我国著作权交易的现状及未来发展的趋势，笔者起草了我国《版权交易规则》（建议稿）。并且笔者也认为著作财产权交易的规则应当包括以下主要内容：

《版权交易规则》（建议稿）

第一条 为了维护著作财产权交易中各方的合法权益，创造良好的交易环境，规范著作财产权交易行为，培育和发展著作财产权交易市场，保护知识产权人的利益，促进知识产品传播，根据《中华人民共和国著作权法》及相关法律法规，制定本规则。

第二条 本规则适用于在中华人民共和国领域内著作财产权交易市场所进行的一切版权交易活动。各交易分市场、事务所以及从事著作财产权交易的中介机构及其他交易者的相关交易活动应当遵守本规则。

第三条 著作财产权交易应当遵循自愿、平等、等价有偿、诚实信用、公平、公正的原则。

第四条 著作财产权交易的方式：

（一）协议交易；

（二）竞价交易；

（三）招标交易；

（四）法律、法规、规章规定的其他交易方式。

第五条 著作财产权交易一方须是作者或者著作权有关权能的拥有或享有者;另一方须是境内外具有民事权利能力和民事行为能力的独立承担民事责任的自然人、法人或其他经济组织。著作财产权为两人以上共有的,交易人为全体著作财产权人。

第六条 著作财产权交易的范围为著作财产权。

第七条 著作财产权交易可自行交易,也可委托具有资格的代理人进行交易。委托代理进行交易的,委托方应与受托方签订《著作财产权交易委托合同》并应载明以下事项:

(一)标的;

(二)代理的权限、范围及期限;

(三)报酬标准及支付方式;

(四)违约责任;

(五)纠纷解决方式;

(六)双方约定的其他内容。

第八条 著作财产权交易当事人应当提供以下文件,并对文件的完整性和真实性负责:

(一)著作财产权权属证明;

(二)双方资格证明或者其他有效证明;

(三)法律、法规规定的其他材料。

第九条 交易双方可通过"国家或者地方著作财产权交易信息系统"对著作财产权信息进行查询。

第十条 著作财产权交易达成协议后,交易双方应当签订《著作财产权交易合同》。《著作财产权交易合同》示范文本的内容可参照相关交易合同示范文本。

第十一条 《著作财产权交易合同》可在著作财产权交易中心登记。交易中心应当对著作财产权交易的主体资格、交易条件以及所提供材料的规范性、合法性进行审核并出具《著作财产权交易凭证》。未经登记的《著作财产权交易合同》不得对抗善意第三人。

第十二条 著作财产权交易双方当事人持《著作财产权交易凭证》和《著作财产权交易合同》到有关部门办理权证变更手续。

第十三条 交易双方通过著作财产权交易中心所完成的交易或者进行登记的，著作财产权交易中心按规定收取手续费。收费标准按照国家有关规定确定。

第十四条 《著作财产权交易合同》履行过程中，出现未尽事宜，由双方协商签订补充协议的，应报著作财产权交易中心备案。

第十五条 有下列情形的，应中止著作财产权交易活动：

（一）交易一方认为须中止著作财产权交易的；

（二）第三方对所交易的著作财产权提出异议并提供证明材料的；

（三）交易的著作财产权在法律事项中有争议的；

（四）依法应当中止著作财产权交易的其他情况。

第十六条 中止著作财产权交易的，应当向著作财产权交易中心备案。

第十七条 在著作财产权交易过程中，有下列情形之一的，应当终止交易：

（一）交易一方向著作财产权交易中心提出终止著作财产权交易的；

（二）人民法院依法发出终止交易书面通知的；

（三）被中止的著作财产权交易逾期未提出申请而被依法终止的；

（四）依法终止的其他情形。

第十八条 交易双方当事人、参与交易的事务所、中介机构以及著作财产权交易中心违反市场有关章程、规定和交易规则造成国家、集体或者第三人财产损失的，国家市场管理部门可责令行为人予以纠正，并由其赔偿受害人的损失；恶意交易情节严重的可提交有关部门予以处罚；构成犯罪的依法追究其刑事责任。

第十九条 在著作财产权交易中心进行著作财产权交易的过程中，发生著作财产权交易纠纷的，当自行协商无效时，可提请著作权行政管理部门调解；也可以依据《著作财产权交易合同》的约定申请仲裁；或依法向人民法院提请诉讼。

第二十条 本规则自＿＿＿年＿＿＿月＿＿＿日起生效。

8.3.5 规范著作财产权交易合同文本

著作财产权交易合同种类繁多，建议实行国际通行惯例"一权一合同"的形式。我国现行的法律或法规对于著作财产权交易合同的规范，主要是《著作权法》中关于转让与许可使用两类合同的粗略规定以及我国《合同法》中的相关规定。但是，随着网络技术的不断发展，著作财产权交易合同的种类愈来愈多，即使原有的相关规定也需要进行补充和完善。因此，规范著作财产权各种交易的合同文本是引导交易、降低交易风险和维护交易双方合法权益的重要手段；也可对著作权合同仲裁机关、人民法院和著作权行政管理部门仲裁、处理和调解著作权合同纠纷起参考作用。

本书仅就下列常见的著作财产权交易合同文本进行探讨，供交易双方当事人参考。

8.3.5.1 《图书出版合同》文本[1]

甲方（著作权人）：＿＿＿＿＿＿　　　地址：＿＿＿＿＿＿

乙方（出版者）：＿＿＿＿＿＿　　　　地址：＿＿＿＿＿＿

作品名称：＿＿＿＿＿＿

作品署名：＿＿＿＿＿＿

甲乙双方就上述作品的出版达成如下协议：

第一条　甲方授予乙方在合同有效期内，在＿＿＿＿＿＿（中国大陆、中国香港、中国澳门、中国台湾、或其他国家和地区、全世界）以图书形式出版发行上述作品（汉文、×文）文本的专有使用权。

第二条　根据本合同出版发行的作品不得含有下列内容：

（一）反对宪法确定的基本原则；

（二）危害国家统一、主权和领土完整；

（三）危害国家安全、荣誉和利益；

---

[1] 参见国家版权局于1993年3月修订了《图书出版合同（标准样式）》，后于2003年12月予以废止。

（四）煽动民族分裂，侵害少数民族风俗习惯，破坏民族团结；

（五）泄露国家机密；

（六）宣扬淫秽、迷信或者渲染暴力，危害社会公德和民族优秀文化传统；

（七）侮辱或者诽谤他人；

（八）法律、法规规定禁止的其他内容。

第三条 甲方保证拥有第一条授予乙方的权利。因上述权利的行使侵犯他人著作权的，甲方承担全部责任并赔偿因此给乙方造成的损失，乙方并有权可以终止合同。

第四条 甲方的上述作品含有侵犯他人名誉权、肖像权、姓名权等人身权内容的，甲方承担全部责任并赔偿因此给乙方造成的损失，乙方并有权终止合同。

第五条 上述作品的内容、篇幅、体例、图表、附录等应符合下列要求：……（双方具体协商）。

第六条 甲方应于____年____月____日前将上述作品的誊清稿或电子文本交付乙方。甲方不能按时交稿的，应在交稿期限届满前____日通知乙方，双方另行约定交稿日期。甲方到期仍不能交稿的，应按本合同第十一条约定报酬的____％向乙方支付违约金，乙方并有权终止合同。甲方交付的稿件应有作者的签章。

第七条 乙方应于____年____月____日前出版上述作品，最低印数为_____册。乙方不能按时出版的，应在出版期限届满前____日通知甲方，并按本合同第十一条约定报酬的____％向甲方支付违约金，双方另行约定出版日期。乙方在另行约定期限内仍不出版的，除非因不可抗力所致，乙方应按本合同第十一条约定向甲方支付报酬和归还作品原件，并按该报酬的____％向甲方支付赔偿金，甲方可以终止合同。

第八条　在合同有效期内，未经双方同意，任何一方不得将第一条约定的权利许可第三方使用。如有违反，另一方有权要求经济赔偿并终止合同。一方经对方同意许可第三方使用上述权利，应将所得报酬的____％交付对方。

第九条　乙方尊重甲方确定的署名方式。乙方如需更动上述作品的名称，对作品进行修改、删节、增加图表及前言、后记，应征得甲方同意，并经甲方书面认可。

第十条　上述作品的校样由乙方审校。（上述作品的校样由甲方审样。甲方应在____日内签字后退还乙方。甲方未按期审校，乙方可自行审校，并按计划付印。因甲方修改造成版面改动超过____％或未能按期出版，甲方承担改版费用或推迟出版的责任。）

第十一条　乙方采用下列方式及标准之一向甲方支付报酬：

（一）基本稿酬加印数稿酬：____元/每千字×____千字＋印数（千册）×基本稿酬____％。或

（二）一次性付酬：____元。或

（三）版税：____元（图书定价）×____％（版税率）×印数（千册）。

第十二条　以基本稿酬加印数稿酬方式付酬的，乙方应在上述作品出版后____日内向甲方支付报酬，但最长不得超过半年。

或以一次性支付方式付酬的，乙方在甲方交稿后____日内向

甲方付清。

或以版税方式付酬的,乙方在出版后____日内向甲方付清。

乙方在合同签字后____日内,向甲方预付上述报酬的____%(元)。

乙方未在约定期限内支付报酬的,甲方可以终止合同并要求乙方继续履行付酬的义务。

第十三条 甲方交付的稿件未达到合同第五条约定的要求,乙方有权要求甲方进行修改,如甲方拒绝按照合同的约定修改,乙方有权终止合同并要求甲方返还本合同第十二条约定的预付报酬。如甲方同意修改,且反复修改仍未达到合同第五条的要求,预付报酬不返还乙方;如未支付预付报酬,乙方按合同第十一条约定报酬的____%向甲方支付酬金,并有权终止合同。

第十四条 上述作品首次出版____年内,乙方可以自行决定重印。首次出版____年后,乙方重印应事先通知甲方。如果甲方需要对作品进行修改,应于收到通知后日内答复乙方,否则乙方可按原版重印。

第十五条 乙方重印、再版,应将印数通知甲方,并在重印、再版____日内按第十一条的约定向甲方支付报酬。

第十六条 甲方有权核查乙方应向甲方支付报酬的账目。如甲方指定第三方进行核查,需提供书面授权书。如乙方故意少付甲方应得的报酬,除向甲方补齐应付报酬外,还应支付全部报酬____%的赔偿金并承担核查费用。如核查结果与乙方提供的应付报酬相符,核查费用由甲方承担。

第十七条 在合同有效期内,如图书脱销,甲方有权要求乙方重印、再版。如甲方收到乙方拒绝重印、再版的书面答复，或乙方收到甲方重印、再版的书面要求后____月内未重印、再版，甲方可以终止合同。

第十八条　上述作品出版后____日内乙方应将作品原稿退还甲方。如有损坏，应赔偿甲方____元；如有遗失，赔偿____元。

第十九条　上述作品首次出版后____日内，乙方向甲方赠样书____册，并以折价售予甲方图书____册。每次再版后____日内，乙方向甲方赠样书____册。

第二十条　在合同有效期内乙方按本合同第十一条（一）基本稿酬加印数稿酬方式，或者按本合同第十一条（二）一次性付酬方式向甲方支付报酬的，出版上述作品的修订本、缩编本的付酬的方式和标准应由双方另行约定。

第二十一条　在合同有效期内，甲方许可第三方出版包含上述作品的选集、文集、全集的，须取得乙方许可。

在合同有效期内，乙方出版包含上述作品的选集、文集、全集或者许可第三方出版包含上述作品的选集、文集、全集的，须另行取得甲方书面授权。乙方取得甲方授权的，应及时将出版包含上述作品选集、文集、全集的情况通知甲方，并将所得报酬的____%交付甲方。

第二十二条　在合同有效期内，甲方许可第三方出版上述作品的电子版的，须取得乙方的许可。

在合同有效期内，乙方出版上述作品电子版或者许可第三方出版上述作品电子版的，须另行取得甲方书面授权。乙方取得甲方授权的，应及时将出版上述作品电子版的情况通知甲方，并将所得报酬的____％交付甲方。

第二十三条 未经甲方书面许可,乙方不得行使本合同第一条授权范围以外的权利。

〔甲方授权乙方代理行使(本合同第一条授权范围以外)使用上述作品的权利,其使用所得报酬甲乙双方按约定比例分成。〕

第二十四条 双方因合同的解释或履行发生争议,由双方协商解决。协商不成将争议提交仲裁机构仲裁或向人民法院提起诉讼。

第二十五条 合同的变更、续签及其他未尽事宜,由双方另行商定。

第二十六条 本合同自签字之日起生效,有效期为____年。

第二十七条 本合同一式两份,双方各执一份,具有同等法律效力。

甲方:_____   乙方:_____
(签章)   (签章)
____年____月____日   ____年____月____日

8.3.5.2 《翻译版权许可合同》文本

甲方(版权所有者):_____   地址:_____
乙方(出版者):_____   地址:_____
作品名称:_____
作品署名:_____

鉴于甲方拥有____(作者姓名)(下称"作者")的作品____(书名)(下称"作品")第____(版次)的著作权,双方就该作品的翻译、制作、出版达成协议如下：

第一条 甲方授予乙方在合同有效期内，在＿＿（国家/地区）以图书形式用＿＿（文字）＿＿（翻译/出版）＿＿册（印数）上述作品译本（下称"译本"）的专有使用权。

第二条 甲方保证拥有第一条授予乙方的权利。如因上述权利的行使侵犯他人版权，甲方承担全部责任并赔偿因此给乙方造成的损失，乙方可以终止合同。

第三条 为翻译的目的，甲方应免费向乙方在＿＿提供上述作品的＿＿本加工副本。

第四条 乙方根据本合同第十七条的规定，为获得出版译本的权利，向甲方支付报酬，支付方式为：

（一）版税：（货币单位＿＿）=［译本定价×＿＿%（版税率）×销售数（或印数）］；

（二）一次性付酬：＿＿（货币单位）。如果译本的最后定价高出预计定价，乙方应在译本出版后按＿＿%增加向甲方支付的报酬。

乙方在本合同签订后＿＿月内，向甲方预付＿＿%版税，其余版税开出版后第＿＿月结算期分期支付，或在＿＿月内一次付清。

第五条 乙方负责安排有资格和有能力的译者对作品进行准确翻译，译者姓名和其资格证明应送交甲方，未经甲方事先书面同意，不得删节、增加或以其他方式修改作品。

第六条 有关译本的质量问题，由甲乙双方商定。

第七条 乙方将作者的姓名标注在译本的封面、护封和扉页的显著位置，并注明："此版本____（书名）系____（乙方名称）与____（甲方名称）于____年____月协议出版"。

第八条 乙方应于____年____月____日前出版译本。乙方因故未能按时出版，应在出版期____限届满前____日通知甲方，双方另行约定出版日期。乙方支付逾期违约金，比例为____，乙方在双方另行约定的出版日期仍不能出版，甲方可以终止合同，乙方应向甲方赔偿损失，并支付违约金，比例为____。

第九条 译本一经出版，乙方应免费于____日前向甲方提供____本样书。

第十条 如果乙方增加____册（印数），____年内乙方可以自行决定增加印数，但应将拟定的印数和定价通知甲方，并于____日内按第四条规定的____方式向其支付报酬____。如果乙方未在译本脱销后____月内再次重印译本，授予的权利回归甲方。

第十一条 未经甲方事先书面同意，乙方不得行使除第一条规定的译本的其他任何权利。

第十二条 未经甲方事先同意，乙方不得将所授予的翻译权许可任何第三方行使，译本也不得单独使用乙方自己的版本说明。

第十三条 如果乙方未在____日内支付本合同规定的报酬，如甲方不解除合同，乙方应继续履行合同支付报酬，并支付逾期违约金，比例为____；如果乙方解除合同，乙方应赔偿损失，并支付违约金，比例为____。

第十四条 除本合同明确授予乙方的权利之外，作品的其他所有权利由甲方保留。乙方希望取得的权利，应在本合同中明确约定。

第十五条 甲方有权核查译本的印数。如甲方指定第三方核查，需提供授权委托书。如乙方隐瞒印数，除向甲方补齐应付报酬外，还应支付违约金并承担核查费用。如核查结果与乙方提供的印数相符，核查费用由甲方承担。

第十六条 如果乙方违反了本合同的约定，又未能在甲方通知其＿＿月内改正，或甲方已撤销不能履行的合同，本合同自动终止，授予乙方的翻译权回归甲方，乙方应向甲方赔偿损失，并支付违约金，比例为＿＿。

第十七条 乙方委托＿＿（银行）以＿＿（票据）的方式向甲方支付报酬，并按＿＿日中国国家外汇管理局公布的外汇价折算成合同确定的币种支付。

第十八条 双方因合同的解释或履行发生争议，由双方协商解决。协商不成，由＿＿（仲裁机构）仲裁，或向＿＿（法院）提起诉讼。

第十九条 因本合同纠纷提起的仲裁或诉讼，适用《中华人民共和国民事诉讼法》有关规定。

第二十条 本合同以中、＿＿（外国文字）两种文字写成，两种文字具有同等法律效力。

第二十一条 合同的变更、续签及其他未尽事宜，由双方另行商定。

第二十二条 本合同自签字之日起生效，有效期为＿＿年。

第二十三条 本合同一式两份，双方各执一份，具有同等法律效力。

甲方（签章）：_____　　乙方（签章）：_____
____年____月____日　　　　____年____月____日

8.3.5.3 《著作权转让合同》文本

甲方（版权所有者）：_____　　地址：_____
乙方（受让者）：_____　　地址：_____
作品名称：_____
作品署名：_____

甲乙双方就上述作品著作财产权的转让达成如下协议：

第一条 作品作者为_____。甲方保证拥有该作品的著作财产权。

第二条 转让的权利种类：本合同转让的权利是指作品著作财产权（包括复制权、发行权、出租权、展览权、表演权、放映权、广播权、信息网络传播权、摄制权、改编权、翻译权、汇编权等）中的____权利。

第三条 转让地域范围：本合同的效力及于____（中国大陆、中国香港、中国澳门、中国台湾、或其他国家和地区、全世界）。

第四条 转让期限：本合同第二条所指权利____年。

第五条 转让价金：转让金额为_____。

第六条 交付转让价金的日期：应于本合同签订时_____日之内支付。

第七条 转让价金支付方式：在约定期限内一次性交付（或者分期交付：首付____万元，于合同签订之日一次性付清；第二次付____万元，于____年____月____日前一次性付清；第三次付____万元，于____年____月____日前一次性付清）。

第八条 甲方权利和义务：

（一）在合同有效期内，未经乙方同意，甲方不得将本合同约定的作品著作权转让第三方或许可第三方使用。

（二）甲方对合同约定转让的作品著作权仍保留人身权。

（三）甲方有获取著作权转让金的权利。

（四）甲方在合同生效之日起____日内，负有协助乙方办理合同约定作品著作财产权的登记等相关手续。

第九条 乙方权利和义务：

（一）乙方对合同约定作品著作财产权依合同约定享有相关权利。

（二）乙方负有按照合同约定支付转让金的义务。

（三）乙方享有按照合同约定使用方式使用作品著作财产权。

（四）乙方负有不得侵犯作品未转让的其他权利。

第十条 违约责任：

（一）甲方逾期交付或者逾期办理相关转让手续，乙方有权解除本合同，并向甲方要求赔偿损失。

（二）乙方如延期付款，按____向甲方支付延期付款补偿金。如该项付款超过____日，乙方仍未付款，甲方有权解除本合同，并可自由使用著作权，已收取的款项不再退回。

第十一条 争议解决方式：双方因合同的解释或履行发生争议，由双方协商解决，协商不成，由____仲裁或向人民法院起诉。

第十二条 当事人约定的其他事项。

第十三条 本合同自双方签字之日起生效。

第十四条 本合同一式两份，双方各持一份，具有同等法律效力。

第十五条 本合同名词和术语的解释。

甲方（签章）：_____　　乙方（签章）：_____

____年____月____日　　　　____年____月____日

8.3.5.4 《著作权质押合同》文本

甲方（出质人）：_____　　地址：_____

乙方（质权人）：_____　　地址：_____

作品名称：_____

作品署名：_____

甲乙双方就上述作品著作财产权的质押达成如下协议：

第一条 作品_____作者为_____。甲方保证拥有该作品的著作财产权。

第二条 被担保的主债权种类为：_____

第三条 被担保的主债权的数额为：_____

第四条 被担保的债权债务中，债务人履行债务的期限为：_____

第五条 出质的权利种类：本合同出质的权利是指作品著作财产权（包括复制权、发行权、出租权、展览权、表演权、放映权、广播权、信息网络传播权、摄制权、改编权、翻译权、汇编权等）中的_____权利。

第六条 出质著作财产权的地域范围：本合同的效力及于_____（中国大陆、中国香港、中国澳门、中国台湾、或其他国家和地区、全世界）。

第七条 出质著作财产权的保护期限：本合同第五条所指权利____年。

第八条 本合同质押担保的范围为：_____

第九条 本合同质押担保的期限为：_____

第十条 本合同质押的金额为：_____

第十一条 本合同质押金额的支付方式为：_____

第十二条 双方权利和义务：

（一）甲乙双方当事人订立书面合同后应当到合同登记机关办理相关登记手续。本合同于《著作权质押合同登记证》颁发之日起生效。

（二）双方当事人有义务向登记机关提供以下文件：按要求填写的著作权质押合同申请表；出质人、质权人合法身份证明或法人注册登记证明；主合同及著作权质押合同；作品权利证明；以共同著作权出质的，共同著作权人的书面协议；向外国人质押计算机软件著作权中的财产权的，国务院有关主管部门的批准文件；授权委托书及被委托人合法身份证明；著作权出质前该著作权的授权使用情况证明文件；其他需要提供的材料。

（三）质押合同担保之主债权的种类、数额等发生变更或质权的种类、范围、担保期限发生变更的，双方当事人应于变更之日起十日内持变更协议、《著作权质押合同登记证》及其他有关文件向原登记机关办理著作权质押合同变更登记。逾期未办理变更登记的，变更后的质押合同无效。

（四）当事人提前终止著作权质押合同的，应当持合同终止协议、《著作权质押合同登记证》及其他有关文件向原登记机关办理著作权质押合同注销登记。

（五）在质押担保期限内质押合同履行完毕的，当事人应在质押期限届满之日起十日内持合同履行完毕的有效证明文件及《著作权质押合同登记证》到原登记机关办理著作权质押合同注销登记。

（六）登记和变更登记的费用由双方协商解决。

第十三条 违约责任：

甲乙任何一方逾期交付或者逾期办理相关手续，对方有权解除本合同，并有权向对方要求承担违约金和赔偿损失。

第十四条 争议解决方式：双方因合同的解释或履行发生争议，由双方协商解决，协商不成，由_____（仲裁机构）仲裁，或向_____（法院）提起诉讼。

第十五条 当事人约定的其他事项。

第十六条 本合同一式三份，双方各持一份，登记机构一份，具有同等法律效力。

甲方（签章）：_____　　乙方（签章）：_____

____年____月____日　　　　　____年____月____日

8.3.6 完善著作财产权交易法律保障机制

发达的著作财产权交易需要完备的法律制度加以保障。从1990年新中国第一部《著作权法》颁布至今，经过多年发展，我国版权法律法规体系逐步健全，执法水平不断提高；优秀作品的拥有量快速增长，效益日益显现；市场主体运用版权能力逐步提高；版权领域的国际交往日益增多，国际影响力逐渐增强。版权制度的建立和实施，激励了文化创作，促进了对外开放和知识资源的引进，对经济社会发展发挥了重要作用。但从整体来看，完备的法律保障体系并未构成，主要表现为两个方面：一方面是有关著作权的法律、法规、规章、司法解释以及有关政策比较分散，需要进行合理地整合。除《著作权法》及《著作权法实施条例》之外，我国现行法律制度中有关著作权方面的规定较多，如《传统工艺美术保护条例》、《印刷业管理条例》、《计算机软件保护条例》、《出版管理条例》、《音像制品管理条例》、《计算机软件著作权登记办法》、《作品自愿登记试行办法》、《著作权质押合同登记办法》、《实施国际著作权条约的规定》、《知识产权海关保护条例》、《著作权涉外代理机构管理暂行办法》、《著作权行政处罚实施办法》、《书籍稿酬暂行规定》、《出版文字作品报酬规定》、《著作权集体管理条例》、《信息网络传播权保护条例》、《互联网著作权行政保护办法》、《对侵犯著作权行为行政处罚的实施办法》、《全国人大常委会关于惩治侵犯著作权的犯罪的决定》以及《最高人民法院关于审理著作权民事纠纷案件适用法律若干问题的解释》等。针对我国目前立法上的这一现状，笔者建议，应依据我国《知识产权战略纲要》的要求，对上述相关规定进行整合，使我国著作权法律制度尽快达到法制与体制的一元化与最优化，并最终实现与我国的经济、科技与文化的发展水平相适应的著作权法律保障机制的一体化。另一方面是有关执法机关和人员应当尽快提高著作权执法的水平,尤其是著作权行政管理部门和人民法院的执法能力和水平与发达国家以及有关国际公约的要求还有一定的差距,尽管我国著作权执法在实践中也取得了重大成就,但因执法不到位,"盗版"及其他侵犯著作权行为仍时有发生。笔者建议,我国著作权行政管理部门、公安部门、司法部门、工商管理等部门各自管理职责和权项应进一步优化和明确,且应培养和配备具有著作权专门知识和技能的人员,从根本上提高著作权管理水平和执法的能力,以适应国内外著作权发展的需要。此外,笔者认为,在考虑著作财产权交易保障机制时重点应当考虑完善著作财产权交易前的确权制度和评估制度、交易中的版权代理及监管制度、交易后的权利行使和价值实现制度以及发生侵权应采取的救济制度。因此,应当不断完善我国版权制度,促进版权市场化。特别是进一步完善版权质押、作品登记和转让合同备案等制度,拓展版权利用方式,降低版权交易成本和风险。同时,充分发挥版权集体管理组织、行业协会、代理机构等中介组织在版权市场化中的作用。从而尽快将我国建设成为版权创造、运用、保护和管理水平较高的国家。

结 语

以著作财产权的变动为主线，综观著作财产权交易的过程和体系，我们不难发现作者创作作品的目的在于传播和利用，并以此体现创作的价值和作用。作品传播和利用的前提在于作品著作财产权的可交易性。因此，著作权交易的系统理论研究，在首先回答著作财产权交易的正当性和必然性的基础上，以作者、传播者与使用者的利益平衡为原则寻求著作权交易模式。本书使我们观察到著作权交易不仅是著作权人实现其财产权利的最佳途径，也是鼓励作者创作、促进作品传播的最佳手段，同时又是满足传播者、使用者需要的主要方式。对著作财产权唯有最有效地利用方能实现其价值最大化，从而最终实现创设著作权法律制度的目的。故笔者认为，受版权法保护的优秀作品、完善的交易市场、完备的交易规则组成了我国著作财产权交易的支持体系。对著作财产权交易进行深入的考察和思考，并在此基础上提出完善建议和交易规则，目的在于鼓励创新，加速优秀作品传播，实现作品、著作财产权的价值和作者及社会公众利益的最大化，促进我国社会主义文化和科学事业的发展与繁荣。

主要参考文献

一、中文类(含中译本)

1. 江平主编:《中华人民共和国合同法精解》,中国政法大学出版社,1999年3月版。
2. 沈仁干主编:《著作权实用大全》,广西人民出版社,1996年10月版。
3. 郑成思:《版权公约、版权保护与版权贸易》,中国人民大学出版社,1992年版。
4. 江平、米健:《罗马法基础》,中国政法大学出版社,1987年6月版。
5. 江平主编:《法人制度论》,中国政法大学出版社,1996年版。
6. 王卫国:《改革时代的法学探索》,法律出版社,2003年9月版。
7. 江平主编:《民法学》,中国政法大学出版社,2002年1月版。
8. 江平主编:《民商法学》,群众出版社,2000年1月版。
9. 李永军:《合同法》,法律出版社,2004年1月版。
10. 刘春田主编:《知识产权法教程》,中国人民大学出版社,1995年11月版。
11. 吴汉东等:《知识产权基本问题研究》,中国人民大学出版社,2005

年3月版。

12. 来小鹏:《知识产权法学》,中国政法大学出版社,2008年9月版。
13. 吴汉东、胡开忠:《无形财产权制度研究》,法律出版社,2001年9月版。
14. 辛广伟:《版权贸易与华文出版》,河北人民出版社,2001年3月版。
15. 周枏:《罗马法原论》,商务印书馆,2001年版。
16. 谢怀栻:《大陆法国家民法典研究》,中国法制出版社,2004年11月版。
17. 辛广伟:《版权贸易与华文出版》,重庆出版社,2003年7月版。
18. 杜景林、卢谌译:《德国民法典》,中国政法大学出版社,1999年8月版。
19. 孙宪忠:《论物权法》,法律出版社,2001年10月版。
20. 孙宪忠:《德国当代物权法》,法律出版社,1997年7月版。
21. 尹田:《物权法理论评析与思考》,中国人民大学出版社,2004年8月版。
22. 邓曾甲:《日本民法概论》,法律出版社,1995年4月版。
23. 费安玲等译:《意大利民法典》,中国政法大学出版社,2004年11月版。
24. 梁慧星、陈华彬编著:《物权法》,法律出版社,2005年4月版。
25. 龙文懋:《知识产权法哲学初论》,人民出版社,2003年8月版。
26. 费安玲:《著作权的权利体系研究》,中国政法大学博士学位论文。
27. 尹田:《法国物权法》,法律出版社,1998年版。
28. 吴海民:《中国版权备忘录》,华艺出版社,2008年9月版。
29. 王先林:《知识产权与反垄断法》,法律出版社,2001年9月版。

30. 萧雄淋：《新著作权法逐条释义》，五南图书出版公司，1997年5月版。

31. 吴汉东、胡开忠：《无形财产权制度研究》，法律出版社，2005年2月版。

32. 胡开忠编著：《知识产权法比较研究》，中国人民公安大学出版社，2004年10月版。

33. 杨立新：《人身权法论》，人民法院出版社，2002年1月版。

34. 张美娟：《中外版权贸易比较研究》，北京图书馆出版社，2004年版。

35. 郑成思：《世界贸易组织与贸易有关的知识产权》，中国人民大学出版社，1996年版。

36. 中国社会科学院语言研究所词典编辑室编：《现代汉语词典》，商务印书馆，1996年版。

37. 《北京晚报》，2004年12月18日。

38. 谢怀栻：《谢怀栻法学文选》，中国法制出版社，2002年7月版。

39. 李明山主编：《中国近代版权史》，河南大学出版社，2003年5月版。

40. 来小鹏：《著作权法理论研究》，陕西人民出版社，1999年10月版。

41. 冯晓青主编：《知识产权法前沿问题研究》，中国人民公安大学出版社，2004年8月版。

42. 刘茂林：《知识产权法的经济分析》，法律出版社，1996年版。

43. 《马克思恩格斯全集》，人民出版社，1972年版。

44. 《法国知识产权法典》（法律部分），黄晖译，郑成思审校，商务印书馆，1999年7月版。

45. 宋木文：《亲历出版三十年》，商务印书馆，2007年7月版。

46. 国家版权局编:《意大利版权法》版权参考资料增刊,刘波林等译。
47. 孙新强、于改之译:《美国版权法》,中国人民大学出版社,2002年4月版。
48. 国家版权局编:《美国版权法》版权参考资料增刊,陈锦诚、张光珠译。
49. 《俄罗斯联邦著作权和邻接权法》(1993年7月9日通过),焦广田译,《著作权》,1995年第2期。
50. 国家版权局编:《日本著作权法》版权参考资料增刊,邵延丰译。
51. 张静:《著作权法评析》,水牛出版社,1983年版。
52. 黄少安:《产权经济学导论》,山东人民出版社,1997年4月版。
53. 杨崇森:《著作权的保护》,正中书局,1991年版。
54. 施文高:《国际著作权法制析论》(下册),台北三民书局,1985年版。
55. 来小鹏主编:《知识产权法教程》,中国政法大学出版社,1997年版。
56. 史文清、梅慎实:《著作权诸问题研究》,复旦大学出版社,1992年9月版。
57. 李小伟:《试论著作权转让制度及我国法律的选择》(1993中国版权研究会学术年会论文选编),西北大学出版社,1993年12月版。
58. 朱启才:《权力、制度与经济增长》,经济科学出版社,2004年7月版。
59. 韦之:《著作权法原理》,北京大学出版社,1998年4月版。
60. 戴建志:《合作作品的著作权》,法律出版社,1998年9月版。
61. 郑成思:《版权法》(修订本),中国人民大学出版社,1997年8月版。

62. 严永和:《论传统知识的知识产权保护》,法律出版社,2006 年 1 月版。
63. 最高人民法院著作权法培训班编:《著作权法讲座》,法律出版社,1991 年 6 月版。
64. 沈达明:《知识产权法》,对外经济贸易大学出版社,1998 年版。
65. 周世中:《法的合理性研究》,山东人民出版社,2004 年 3 月版。
66. 刘华:《知识产权制度的理性与绩效分析》,中国社会科学出版社,2004 年 6 月版。
67. 李永明主编:《知识产权法》,浙江大学出版社,2000 年 12 月版。
68. 国家版权局编:《著作权的管理和行使文论集》,上海译文出版社,1995 年 1 月版。
69. 胡开忠:《权利质权制度研究》,中国政法大学出版社,2004 年 1 月版。
70. 陈华彬:《外国物权法》,法律出版社,2004 年 2 月版。
71. 许明月:《英美担保法要论》,重庆出版社,1998 年版。
72. 扬明:《知识产权请求权研究》,北京大学出版社,2005 年 6 月版。
73. 陈家驹、吕荣海:《电脑软体著作权》,蔚理法律出版社,1987 年版。
74. 朱谢群:《创新性智力成果与知识产权》,法律出版社,2004 年 12 月版。
75. 联广公司翻译:《日本著作权法》,台北文化公司,1985 年 9 月版。
76. 杨春福:《权利法哲学研究导论》,南京大学出版社,2000 年版。
77. 梁慧星:《民法总论》,法律出版社,1996 年版。
78. 陈风兰、吕静薇:《西方版权沿革与贸易》,河南人民出版社,2004 年版。
79. 徐建华:《版权贸易新论》,苏州大学出版社,2005 年版。

80. 马育民译:《法国民法典》,北京大学出版社,1982年6月版。

81. 李琛:《论知识产权法的体系化》,北京大学出版社,2005年3月版。

82. 蒋茂凝:《国际版权贸易法律制度的理论建构》,湖南人民出版社,2005年版。

83. 世界知识产权组织编:《知识产权纵横谈》,世界知识出版社,1992年版。

84. 乔生:《信息网络传播权研究》,法律出版社,2004年10月版。

85. 乌家培、谢康、王明明编著:《信息经济学》,高等教育出版社,2002年版。

86. 世界知识产权组织编:《世界各国版权法概论》,江伟珊、连先译,中国政法大学出版社,1990年12月版。

87. 刘春茂主编:《中国民法学·知识产权》,中国人民公安大学出版社,1997年4月版。

88. 郑成思:《WTO知识产权协议逐条讲解》,中国方正出版社,2001年1月版。

89. 中国版权研究会编:《版权研究文选》,商务印书馆,1995年4月版。

90. 吴汉东、胡开忠等:《走向知识经济时代的知识产权法》,法律出版社,2002年10月版,前言部分。

91. 刘春田:《中国知识产权二十年》,专利文献出版社,1998年12月版。

92.《马克思恩格斯全集》(第1卷),人民出版社,1956年版。

93.《马克思恩格斯全集》(第4卷),人民出版社,1956年版。

94. 柳新元:《利益冲突与制度变迁》,武汉大学出版社,2002年3

月版。

95. 梅仲协:《民法要义》,中国政法大学出版社,1998年6月版。
96. 《列宁全集》(第16卷),人民出版社,1988年版。
97. 《马克思恩格斯全集》(第1卷),人民出版社,1978年版。
98. 曾世雄:《民法总则之现在与未来》,中国政法大学出版社,2001年10月版。
99. 张中秋:《中西法律文化比较研究》,南京大学出版社,1999年版。
100. 费安玲:《著作权法教程》,知识产权出版社,2003年6月版。
101. 李明德、许超:《著作权法》,法律出版社,2003年8月版。
102. 黄亚钧等:《知识经济论》,山西经济出版社,1998年版。
103. 吴汉东等:《西方诸国著作权制度研究》,中国政法大学出版社,1998年版。
104. 朱榄叶、刘晓红主编:《知识产权法律冲突与解决问题研究》,法律出版社,2004年12月版。
105. 郑成思、李明德主编:《知识产权文丛》(1—10卷),中国方正出版社。
106. 郑成思、唐广良主编:《知识产权研究》(1—15卷),中国方正出版社。
107. 李明德:《美国知识产权法》,法律出版社,2003年10月版。
108. 薛虹:《网络时代的知识产权法》,法律出版社,2000年版。
109. 吕荣海、陈家骏:《从出版现场了解著作权、出版权》,蔚理法律出版社,1988年版。
110. 汤宗舜:《著作权法原理》,知识产权出版社,2005年7月版。
111. 陶鑫良:"知识经济时代的智慧财产权保护之思考",参见刘江彬、陈美章:《两岸智慧财产权保护与运用》,元照出版公司,2002年7

月版。

112. 史可荣:"著作权的转让与许可使用",《中南政法学院学报》,1989年第 3 期。

113. 刘春田:"知识财产权",《中国社会科学》,2003 年第 4 期。

114. 吴汉东:"论财产权体系",《中国法学》,2005 年第 2 期。

115. 王骅:"制定国家版权战略之我见",《中国版权》,2006 年第 1 期。

116. 杨紫:"财产所有权客体新论",《中外法学》,1996 年第 3 期。

117. 马俊驹、梅夏英:"无形财产的理论和立法问题",《中国法学》,2001 年第 2 期。

118. 谢怀栻:"论民事权利体系",《法学研究》,1996 年第 2 期。

119. 屈茂辉:"关于物权客体的两个基础性问题",《时代法学》,2005 年第 2 期。

120. 张沁:"对文化消费可持续发展的思考",《宏观经济管理》,2004 年第 4 期。

121. 孙仁中:"文化产业:21 世纪产业扩张之新亮点",《重庆邮电学院学报》,2004 年第 12 期。

122. 来小鹏:"著作权转让比较研究",《比较法研究》,2005 年第 5 期。

123. 高凌瀚:"著作权的转让和许可使用",《著作权》,1997 年第 4 期。

124. 韦之:"梁祝著作权能拍卖吗?",《法制日报》,1996 年 10 月 21 日。

125. 彭学龙:"'复制'版权之反思与重构",《知识产权》,2005 年第 2 期。

126. 郑成思:"知识产权、财产权与物权",《知识产权》,1997 年第 5 期。

127. 刘波林:"关于著作权转让合同登记的对抗效力",《著作权》,1998 年第 1 期。

128. 李明发:"著作权转让的若干法律问题",《法学家》1997 年第 6 期。
129. 王拙:"著作权质押是版权产业融资的有效途径",《中国版权》,2003 年第 1 期。
130. 张耕、唐铉:"论我国著作权质押制度的立法完善",《中国版权》,2004 年第 2 期。
131. 任寰:"论知识产权法的利益平衡原则",《知识产权》,2005 年第 3 期。
132. 孙国华:"论法与利益之关系",《中国法学》,1994 年第 4 期。
133. 孙国华、黄金华:"论法律上的利益选择",《法律科学》,1995 年第 4 期。
134. 周俊强、胡坚:"知识产权的本质及属性探析",《知识产权》,2005 年第 2 期。
135. 辛广伟:"1990-2000 年十年中国图书版权贸易状况分析",《出版经济》,2001 年第 1、2 期。
136. 叶新:"2003 年我国版权贸易统计分析",《出版广角》,2004 年第 9 期。
137. 计亚男:"北京图书博览会版权贸易取得突破",《中国作家网》。
138. 周群:"透过书展看中国版权贸易",《中国版权》,2002 年第 1 期。
139. 渠竞帆:"奶酪旋风席卷世界",《中国图书商报》,2002 年 3 月 6 日。
140. 粟源:"知识产权及其制度本质的探讨",《知识产权》,2005 年第 1 期。
141. 李雨峰:"版权法上基本范畴的反思",《知识产权》,2005 年第 1 期。

142. 王晓晔:"知识产权中的限制竞争",转引自:http//www.iolaw.org.cn/shownews.asp?id=11676.

143. 张晓明、鄂云龙:"数字图书馆—信息时代发展行阶段的国家级挑战",参见 http://www.cass.net/chinese/s14—zxs/org/zxin/whzxin/stguan.htm.

144. 周季钢、唐宜青:"难以通达的'未来之路'",中国营销传播网(http://www.emkt.com.cn/article/230/23014—2.html),访问时间:2005年9月23日.

145. 北京市海淀区人民法院(2002)海民初字第5702号民事判决书,新华网(http://www.fubusi.com),访问时间:2005年6月28日.

146. 〔美〕E·博登海默:《法理学:法律哲学与法律方法》,邓正来译,中国政法大学出版社,1999年版.

147. 〔美〕罗斯科·庞德:《普通法的精神》,唐前宏等译,法律出版社,2001年1月版.

148. 〔美〕马克斯·韦伯:《论经济与社会中的法律》,张乃根译,中国大百科全书出版社,1998年版.

149. 〔美〕彼德·斯坦、约翰·香得:《西方社会的法律价值》,王献平译,郑成思校,中国人民公安大学出版社,1990年12月版.

150. 〔美〕理查德·A·波斯纳:《法律的经济分析》,苏力译,中国大百科全书出版社,1997年版.

151. 〔美〕罗伯特·考特等:《法与经济学》,张军等译,上海三联书店,1995年版.

152. 〔美〕保罗·戈尔茨坦:"关于版权和邻接权的原始所有及其行使的基本文化、经济和法律考虑",《著作权》,1994年第2期.

153. 〔美〕博利曼:《法律与社会》,吴锡堂等译,巨流图书公司,1991年

7月版。

154.〔美〕威廉·M·兰德斯、理查德·A·波斯纳:《知识产权法的经济结构》,金海军译,北京大学出版社,2005年5月版。

155.〔英〕坎南:《亚当·斯密关于法律、警察、岁入及军备的演讲》,陈福生、陈振骅译,商务印书馆1962年版。

156.〔英〕F·H·劳森、B·拉登:《财产法》(中译本),施天涛等译,中国大百科全书出版社,1999年版。

157.〔英〕亚当·斯密:《国民财富的性质和原因的研究》(简称《国富论》下册),郭大力、王亚南译,商务印书馆,1979年版。

158.〔英〕莱内特·欧文:《中国版权经理人实务指南》,袁方译,法律出版社,2004年1月版。

159.〔英〕休谟:《人性论》,商务印书馆,1981年版。

160.〔英〕萨莉·斯皮尔伯利:《媒体法》,周文译,武汉大学出版社,2004年4月版。

161.〔英〕洛克:《论国民政府的两个条约》,转引自中国版权协会编:《版权研究文选》,商务印书馆,1995年版。

162.〔英〕洛克:《政府论(下篇)》,叶启芳、瞿菊农译,商务印书馆,1964年版。

163.〔德〕汉斯·赫尔穆特·勒林:《现代图书出版导论》,邓西录译,商务印书馆,1998年版。

164.〔德〕卡尔·拉伦茨:《法学方法论》,陈爱娥译,商务印书馆,2004年1月版。

165.〔德〕黑格尔:《法哲学原理》,范扬、张企泰译,商务印书馆,1982年版。

166.〔德〕M·雷炳德:《著作权法》,张恩民译,法律出版社,2005年1月版。

167.〔德〕鲍尔·施蒂尔纳:《德国物权法》,张双根译,法律出版社,2004年2月版。

168.〔日〕小岛庸和:《无形财产权》,日本创成社,1998年版。

169.〔日〕富田彻男:《市场竞争中的知识产权》,廖正衡等译,商务印书馆,2000年版。

170.〔日〕阿部浩二:"各国著作权法的异同及其原因",《法学译丛》,1992年第1期。

171.〔日〕半田正夫、纹谷畅男:《著作权法50讲》,魏启学译,法律出版社,1990年7月版。

172.〔加〕迈克尔·盖斯特主编:《为了公共利益——加拿大版权法的未来》,李静译,知识产权出版社,2008年6月版。

173.〔法〕克洛德·科隆贝:《世界各国著作权和邻接权的基本原则——比较法研究》,高凌瀚译,上海外语教育出版社,1995年7月版。

174.〔古罗马〕优士丁尼:《法学阶梯》(第2版),徐国栋译,阿贝特鲁奇、纪蔚民校,中国政法大学出版社,2005年6月版。

175.〔古罗马〕盖尤斯:《法学阶梯》,黄风译,中国政法大学出版社,1996年11月版。

176.盖尤斯:《论十二表法》(第6卷),载〔意〕桑德罗·斯契巴尼选编:《物与物权》,范怀俊译,中国政法大学出版社,1999年版。

177.庞·巴维克:《权利与关系》,转引自〔美〕康芒斯:《制度经济学》(下),于树生译,商务印书馆,1997年版。

二、外文类

1. James A. D. White, "Misuse or Fair Use Doctrine", *Berkeley Law Journal*, Fall 1977, vol. 2.
2. Section 8, Art. 2 of Convention Establishing the World Intellectual Property Organization of 1967.
3. Mary A. Glendon, Michael W. Gordon and Paolo G. Carozza, *Comparative Legal Traditions*(《美国法精要》影印本), 法律出版社, 2004年1月版.
4. Tom G. Palmer, "Are patents and Copyrights Morally Justified?" The Philosophy of Property Rights and Ideal Objects, *Harvard Journal of Law & Public policy*, 13, no. 3(Summer 1990), at 819.
5. Arthur R. Miller and Michael H. Davis, *Intellectual Property: Patents, Trademarks and Copyright*(3rd Edition)(《美国法精要》影印本), 法律出版社, 2004年1月版.
6. John McMillan, *Reinventing the Bazaar* P165, Norton & Company, 2002.
7. Surya Prakash Sinha, *Jurisprudence: Legal Philosophy*(《美国法精要》影印本), 法律出版社, 2004年1月版.
8. DMCA Section 104 Report, U. S. Copyright Office August 2001.
9. Alan S. Gutterman and Bentley J. Anderson, *Intellectual Property in Global Markets*, Kluwer Law International, Ltd. 1997.
10. Black's Law Dictionary(7th ed.), 1999.

11. W. R. Cornish, *Intellectual Property: Patents, Copyright, Trade Marks and Allide Rights* (Third Edition), Sweet & Maxwell, London, (1996).

12. Adolf Dietz, *Copyright law in the European Community*, 1978.

后　记

2003年当我调入中国政法大学时,便师从我国著名法学家江平教授学习、研究民商法学。本书正是在我博士学位论文的基础上完成的。

版权交易制度涉及财产法与合同法的基本理论,如何将二者融入到版权交易研究中是我多年思考的一个问题,也是当时论文选题时面临的难点。在导师江平教授的指点和鼓励下,我最终鼓起勇气确定了这一选题。在写作的过程中,从论文构思、写作大纲、资料收集与梳理直至最后定稿,都深得导师江平教授的教诲与指导。江平教授以他特有的人格魅力和为人为学的高尚风范,始终勉励着我,使我在繁忙、紧张的教学工作之余完成了学业。特别是书稿完成后,江平教授审阅了全文并亲自为本书作序,使我深深地感受到了导师对我的关爱和期望。在学习期间,我得到了导师组王卫国教授、方流芳教授、米健教授、赵旭东教授、李永军教授、费安玲教授和杨振山教授(已故)等导师给予的指导和帮助。在论文资料收集中,国家新闻出版总署条码中心齐相潼主任给予了大力支持与帮助。论文的写作与完成也得到了中国政法大学民商经济法学院的各位领导、同事和朋友们的支持与帮助,饱含了中国政法大学民商经济法学院知识产权法研究所同事们的期望与关怀。2006年5月16日,我的博士学位论文通过了答辩。答辩委员会由著名的民商法学者王卫国教授、陈甦教授、施天涛教授、李永军教授、费安玲教授组成。答辩会上,各位老师对我的论文提出了许多宝贵的意见,使我得以在论文出版前进行修改和完善。书稿出版前,承蒙我国著名版权法专家、中国版权协会理事长沈仁干先生厚爱,其审阅了全文并欣然作序。我的同事李祖明副教授、陈健副教授对书中的评估部分提供了相关资料。在此,对所有指导、帮助和关爱我的老师、领导、同事、家人和朋友们一并表示衷心的感谢!

  我的硕士研究生赵晓伟、傅家杰、王孝、宋琴、王春燕等同学为本书的文字校对提供了帮助,对他们表示诚挚的谢意。

  需要指出的是,版权交易是一个涉及面广、内容丰富的研究领域,本书的研究尚存在不少值得商榷之处,恳请各位专家、学者及同仁不吝赐教。

来小鹏

2009年4月9日于北京

图书在版编目（CIP）数据

版权交易制度研究 ／来小鹏著.—北京：中国政法大学出版社，2009.7
ISBN 978-7-5620-3516-9
Ⅰ.版… Ⅱ.来… Ⅲ.版权－国际贸易－研究 Ⅳ.F746.18
中国版本图书馆CIP数据核字(2009)第105128号

书　名	版权交易制度研究
出 版 人	李传敢
出版发行	中国政法大学出版社(北京市海淀区西土城路25号) 北京 100088 信箱 8034 分箱　邮政编码 100088 zf5620@263.net http://www.cuplpress.com（网络实名：中国政法大学出版社） (010)58908325(发行部) 58908285(总编室) 58908334(邮购部)
承　印	固安华明印刷厂
规　格	880×1230　32开本　12.25印张　240千字
版　本	2009年7月第1版　2009年7月第1次印刷
书　号	ISBN 978-7-5620-3516-9/D·3476
定　价	30.00元
声　明	1. 版权所有，侵权必究。 2. 如有缺页、倒装问题，由本社发行部负责退换。

本社法律顾问　北京地平线律师事务所